Cemetery Records of Somerset County Maryland

by

Ruth T. Dryden

HERITAGE BOOKS
2011

HERITAGE BOOKS
AN IMPRINT OF HERITAGE BOOKS, INC.

Books, CDs, and more—Worldwide

For our listing of thousands of titles see our website
at
www.HeritageBooks.com

Published 2011 by
HERITAGE BOOKS, INC.
Publishing Division
100 Railroad Ave. #104
Westminster, Maryland 21157

Copyright © 1989 Ruth T. Dryden

All rights reserved. No part of this book may be reproduced or transmitted in any form or by any means, electronic or mechanical, including photocopying, recording or by any information storage and retrieval system without written permission from the author, except for the inclusion of brief quotations in a review.

International Standard Book Numbers
Paperbound: 978-1-58549-137-7
Clothbound: 978-0-7884-8690-6

This is NOT a complete list of all of the cemeteries and plots in Somerset County. Many people contributed to this book. It includes a graveyard census by the Historical Society of Somerset County whose members gave of their time to record many of the markers that still exist, some in very remote areas.

Also included are some church records where the place of burial was listed but the stones no longer exist, and a few obituaries. Some stones were made of a soft material and have weathered to the point of unreadability. I have included them anyway to indicate the locations of the grave. There were also problems in determining dates so a 3 could have been an 8 on the old stones, in other words so there could be errors in the listings. I tried to be accurate.

Contributors were -

Mary Beth Long
Lewis Long
Vanessa Long
Wayne Wallace (president of the Historical Society)
Grace A. Morris
Wilmer O. Lankford III
Woodrow Wilson (from his book on Quindocqua Maryland, with
            permission to copy.)

Members of the Historical Society

Robert Dykes
Gorman Puzey
Karen Brewer
Edna Hopkins
Mrs. Edwin Murray
C. W. Wallace
Mrs. Roy Adler
Althea H. Whitney
Pauline Batchelder

I appologize to anyone who was omitted from this list.

Abreviations used.

h/o = Husband of
w/o = Wife of
s/o = Son of
d/o = Daughter of
wid/o= Widow of
no.S. = No stone (usually recorded in church records. The
        death date is the burial date.)

SOMERSET COUNTY CEMETERIES & PLOTS LIST

So-1   Rehobeth Presbyterian Church Cemetery

So-2   Rehobeth Episcopal Church Cemetery

So-3   Beechwood Cemetary,Princess Anne Md., American Legion

So-4   St. Pauls M.E. and Trinity Churchyard at Quindocqua

So-5   Lower Quindocqua, near Marion, Adams Farm,plot

So-6   Quindocqua, near St. Pauls,Whittington plot near Gunbys Creek

So-7   Near Marion, Charles Cannon Farm,Williams plot

So-8   Quindocqua, Guy Chelton Farm,Adams plot

So-9   Quindocqua, Cash Corner Road,Betts plot

So-10 Perryhawkin Christian Church Cemetery

So-11 Quindocqua, at Country Club Road at Cash Corner,Handy plot

So-12 Quindocqua, Hastings Place,Wilson plot

So-13 Marion, John Horsey Homestead,plot

So-14 Marion, Ned Long Farm,Wilson plot

So-15 Quindocqua, Jack Maddox Farm,plot

So-16 Brittingham & Horsey plot at Hopewell, Furman Dize Farm,

So-17 Tull's Corner, woods, south,plot "Little Sam Tull" farm

So-18 At Marion, Solomon Tull farm, Dixon plot

So-19 Quindocqua, Billy Williams Farm,Tull plot

So-20 Quindocqua, Polk- Williams Farm,plot

So-21 At Burnettsville, Coulbourn Swift Farm,Wilson plot

So-22 Charles Barnes Farm at Quindocqua,Purnell plot

So-23 Lower Somerset County, near Charles Brittingham,Sterling plot

So-24 On Route 13, opposite Carvel Hall, Miles plot

So-25 Pruitt & Muir plot, Reginald Cox Farm on Old Crisfield Road 1/2 mile from Mariners Church

So-26 At Cash Corner and Hopewell Road,Cox plot

So-27 Cullen Homestead, plot at Hopewell

So-28 Quindocqua, north of Bill Daughertys farm, plot

So-29 Mariners, rear of Jesse Evans farm, Nelson plot

So-30 Marion, Pomfret Homestead, Coulbourn plot

So-31 Mariners, Clement Sterling homestead, plot

So-32 Hopewell, Stevenson Homestead, Whittington plot

So-33 At Apes Hole Road, near Chrisfield, Tyler plot

So-34 Byrdtown, James Aswell Home, plot

So-35 Byrdtown Cemetery

So-36 Near Byrdtown, Thomas Coulbourn Home plot

So-37 A. Hill Cemetary, Rumbley Maryland

So-38 Byrdtown, opposite Emely home, Byrd homestead plot

So-39 Byrdtown, corner of Lloyd Webb Road and Calvary Road, Byrd & Riggin plot

So-40 Lower Somerset County, at Jenkins Creek, Nelson plot.

So-41 At Lawsonia, opposite Pilgrim Holiness Church, Sterling plot

SO-42 At Lawsonia, near Pilgrim Holiness Church, Sterling & Merrill plot

So-43 Byrdtown, on Byrdtown road near Calvary Road, Tyler plot.

So-44 At Calvary, Brice Revelle Home, Sears plot

So-45 Crisfield, Cemetery, Riggin Cemetery on Richardson Avenue

So-46 Lawsonia, south of Burns Sterling store, Somers plot

So-47 Calvary, Stoughton Sterling home, Sterling - Nelson plot

So-48 Lawsonia, near Swiney's store, Sterling plot

So-49 Asbury, Linwood Sterling home, plot.

So-50 Lower Somerset at Dead Man's corner, Sterling plot.

So-51 Calvary, Edward Thornton home, Davy & Juett plot.

So-52 Jenkins Ceek Marsh, lower Somerset County, Cullen plot

So-53 Byrdtown, near farm of Bill Lankford, Byrd plot

So-54 Lawsonia, near Elwood Long, plot

So-55 Asbury, Paul Maddrix home, Sterling plot.

So-56 At Johnson Creek, near Makepeace, Lawson plot

So-57 Crisfield, Dr. Norris Drive Somers plot

So-58 Crisfield, Peyton Road Cemetery

So-59 Byrdtown, Ky Tyler home, Lawson plot near Jenkins Creek

So-60 Byrdtown, Low Woods Marsh, Tyler plot

So-61 Byrdtown, Stanford Tyler home, plot

So-62 Lower Somerset Co. Ward Cemetery on Mariners Road

So-63 Lawsonia, on Tull property, Sterling & Lankford plot

So-64 Byrdtown, south of Travis Tyler, Sterling plot

So-65 Mariners, south of old Scout cabin, Mason plot.

So-66 Marion, Douglas Chelton farm, Miles plot

So-67 St. Peters churchyard, at Hopewell

So-68 Quindocqua Methodist Epis. Church Cemetery in Marion adjacent to St. Pauls churchyard (So-4)

So-69 Smith Island, Rhoads Point

So-70 St. Stephens churchyard, Upper Fairmount

So-71 Geanquakin Cemetery

So-72 Chance & Rock Creek Cemetery

So-73 Rumbley Cemetery

So-74 Mt. Olivet Methodist M.E. churchyard on Revels Neck Road

So-75 Smith Cemetery at Oriole, beyond end of Sharpless Road in the woods

So-76 Revells Neck Road, Milligan plot on property of Weldon Nelson

So-77 Revells Neck Road, Long plot on property of Paul Milligan

So-78 Chance, Webster plot on property of Capt. Payne

So-79 Wenona, Daniels & Rowe plot on the property of Henry Edwards

So-80 Dames Quarter, Ford graveyard, Bozman plot

So-81   Sudler Family Plot, at Westover

So-82   Dames Quarter, White graveyard at shore side

So-83   Dames Quarter, Dashiell graveyard

So-84   Dames Quarter, Kelly Graveyard, Duncan-Shores plot

So-85   Dames Quarter, Simpkin & Jones plot in the front yard of James Dashiell

So-86   Dames Quarter Churchyard

So-87   Dames Quarter, Davis plot opposite the church

So-88   Dames Quarter, White plot on road to Dan Jones farm

So-89   Dames Quarter, White plot opposite to old Kelly Home

So-90   Dames Quarter, plot on White's lot

So-91   Dames Quarter, Long point at shore front and old Roberts place

So-92   Dames Quarter, Todds graveyard at Long Point

So-93   Dames Quarter, White graveyard at shoreside

So-94   Dames Quarter, Samuel Ford graveyard

So-95   Dames Quarter, Bozman graveyard at shore front

So-96   Dames Quarter, plot on Workington Farm

So-97   St. Johns Methodist E. churchyard, Deal Island

So-98   Mt. Vernon John Wesley United Methodist churchyard,

So-99   Asbury United Methodist Church, lower Mt. Vernon

So-100 Long family Plot on old route 13, West of Princess Anne, at Robert Long's, in the field

So-102 Hall Maddux plot, Upper Fairmount

So-103 Sudlers Conclusion on Back Creek

So-104 Ballard Cemetery, Fairmount at Schoolhouse Ridge farm

So-105 Ballard plot in woods at Upper Fairmount

So-106 Cox-Muir cemetery on Cornog Farm near Fairmount Academy

So-107 Mariners M. P. Church Cemetery

So-108 Upper Fairmount, cemetery opposite Christ M. Church

So-109 Oriole Churchyard

So-110 Oriole Cemetary at Locust Point Road on Fitzgerald farm

So-111 Smith Island, at Tyler Town

So-112 Smith Island, at Ewell

So-113 Ballard Maddox plot 1/2 miles from Sudlers Conclusion

So-114 Miles plot on n/s Rumbley Road, Upper Fairmount

So-115 Leach family Plot on n/w Rumbly Road, Lower Fairmount

So-116 Christ Methodist Church cemetery, Fairmount

So-117 Palmetto Cemetary on Palmetto church road 1/2 from West Post Road

So-118 Lankford Cemetary, West Post Road 3/12 miles east of Princess Anne, (stones now missing)

So-119 St. Andrews Episcopal Churchyard, Princess Anne

So-120 Antioch Methodist Church cemetery, Princess Anne

So-121 Manokin Presbyterian Church Cemetery, Princess Anne

So-122 Manokin Cemetery, Episcopal Section of St Andrews, Pr.Anne

So-123 Emmanuel Methodist Church Cemetery, Perryhawkin, E. Pr. Anne

So-124 Sunnyridge Cemetery, Hopewell near Marion

So-125 Franklin Causey farm on road from Perryhawkin to Friendship church in Dublin District.

So-126 Plot of William A.D. Bounds, Hungary Neck on Wicomico River at the "Lott"

So-127 Plot George B. Wallers farm on the north side of Little Monie Creek at "Lindenwood"

So-128 Farm of Robert K. W. Dashiell on Deal's Island Road, Monie

So-129 Plot at farm of Robert Patterson in Dames Quarter

So-130 Grace Episcopal Church, Mt Vernon, Hungary Neck

So-131 Plot at Col. Woolfords farm in West Princess Anne

So-132 All Saints Episcopal Churchyard, at Venton in Monie

So-133 Plot on Whitney Farm near Grace Church, Mt. Vernon

So-134 Atkinson Family Cemetery on Petes Hill Road in the field , East Pr. Anne near Perryhawkin

So-135 Plot at Dr. Hylands farm at St. Peters Creek.

So-136 Rehobeth Baptist Church Cemetery

So-137 Asbury Cemetery at Lawsonia near Crisfield

So-138 Quinton Churchyard on road between Westover & Pocomoke

So-139 Marsh grave on Mt Vernon Road at intersection with Dorsey Road on the left side.

So-140 Plot on Webster Road off Pine Beach Road from Mt. Vernon on hilltop at the right.

So-141 Bozman Plot at Monie at "Pigeon House"

So-142 Mt. Vernon, south east corner of Whitehaven Ferry Road and Bobtown Road, in the field

So-143 Mt. Vernon, plot in the field near the end of Harris Landing road

So-144 Graveyard on Mt. Vernon Road at intersection with Wharf Road.

So-145 Mariners Methodist Cemetery in Crisfield

So-146 Rehobeth Methodist Church Cemetery

So-147 John Gunby cemetery on Gunbys Creek near Crisfield

So-148 Miles Family Farm on Coulbourn Creek, on Bozman Road at Fairmount

(note plots 149 thru 163 are from burial records recorded in Episcopal Church records and stones not located)

So-149 Covington Burying Ground "The Ridge" Dublin district.

So-150 Harris plot near house in Hungary Neck

So-151 Miles, farm three miles east of Princess Anne

So-152 Heath homestead at Habnab, near Monie Creek.

So-153 Gale Homestead at Tusculum near Princess Anne

So-154 Smith Farm at Saint Peters

So-155 Ballard homestead on St. Peters Creek

So-156 Maddux Farm in East Princess Anne

So-157 Waters plot at Beechwood, Princess Anne

So-158 Stewart farm at Manokin

So-159 Holbrook farm at Monie

So-160 Miller farm near Princess Anne

So-161 Horner plot at "California" in Hungary neck

So-162 Matthews plotat "Peach Blossom" farm

So-163 King farm at St. Peters Creek.

So-164 Ford Family graveyard at Fairmount Md.

So-165 Parks Graveyard on John Parks place, Fairmount

So-166 John Travis Landon plot on Landonville Road, Fairmount

So-167 John Henry Ford graveyard on Landonville Rd. Fairmount

So-168 Fountaine plot on Normandy Farm in Manokin

So-169 French graveyard at Frenchtown, in Carroll French yard

So-170 Union Church Cemetery (aka Flatlands Church) on Frenchtown Road

So-171 Powell-Pearson plot back of Nevitt Muir home, Fairmount

So-172 Salem M. P. Church graveyard, Manokin

So-173 St. Marks Church Cemetery, Kingston on Old Crisfield Road

So-174 Layfield plot on Route 13, in filed off old Princess Anne Rd.

So-175 Thornton Farm near Princess Anne

So-176 Simms Cemetery at Mt. Vernon

So-177 Cemetery on west side of Moore's point, Mt. Vernon on property of Signe Webster

So-178 Wilson-Phoebus Cemetery on Jeruslum Road

So-179 Lawson-Patterson Cemetery in Monie, in the woods

So-180 Parks Cemtery at Oriole

So-181 Little Creek Cemetery at Mt. Vernon

Name		Birth	Death	Ref
ABBOTT, Charles	(no stone)	none	8 Aug 1869	So-119
ABBOTT, Clara w/o George W.		1884	1903	So-97
ABBOTT, George W.		1844	1904	So-97
ABBOTT, James B.	(no stone)	(d.age35yr)	15 May 1883	So-119
ABBOTT, Julius C.	(no stone)	(d.age30yr)	28 Jun 1879	So-119
ABBOTT, Linda J.		1950	1956	So-22
ABBOTT, Mason	(no stone)	(d.age87yr)	20 Jul 1869	So-119
ACWORTH, Mary Amelia		1840	1910	So-122
ADAMS, Algie Stevenson		18 Oct 1861	24 Aug 1882	So-4
ADAMS, Allen H.		1891	1962	So-1
ADAMS, Annie E.		1868	1901	So-72
ADAMS, Annie M.		22 Feb 1870	19 Dec 1915	So-1
ADAMS, Araminta Matilda		(d.age21yr)	4 Aug 1822	So-119
ADAMS, Artis		1916	1924	So-68
ADAMS, Bessie June		1872	1896	So-72
ADAMS, Carroll W.		1903	1956	So-146
ADAMS, Charles E.		1859	1924	So-172
ADAMS, Charles M.		1862	1927	So-4
ADAMS, Charles R. WWII		18 Nov 1905	13 Dec 1964	So-121
ADAMS, Cinderella A.		1846	1922	So-120
ADAMS, Corine Whittington		9 Nov 1873	1959	So-4
ADAMS, E. Shreeve		19 Dec 1875	1903	So-4
ADAMS, E. Susan		1831	1902	So-4
ADAMS, Eleanor w/o Morris H.		17 May 1817	24 Jul 1892	So-121
ADAMS, Eleanor w/o Stephen		21 Mar 1789	16 Oct 1858	So-1
ADAMS, Elijah B.	(no stone)	(d.age48yr)	26 May 1865	So-119
ADAMS, Elizabeth Ann w/o J. T.		18 Dec 1826	22 Oct 1879	So-4
ADAMS, Elizabeth J. D. w/o Henry J.		(d.age50yr)	11 Mar 1872	So-173
ADAMS, Elizabeth M. w/o William H.		1852	1938	So-4
ADAMS, Elsie R.		1892	1931	So-132
ADAMS, Ernest		1892	c1923	So-68
ADAMS, Eugene J.		1863	1937	So-68
ADAMS, Francis		1872	1895	So-121
ADAMS, Fred Thomas		31 Mar 1871	1960	So-4
ADAMS, George F.		1859	1919	So-68
ADAMS, George R. Jr. w/o Geo. & Helen		7 Jun 1941	23 Sep 1942	So-121
ADAMS, George W.		1865	1929	So-67
ADAMS, Gladys Florence		1912	1933	So-121
ADAMS, Gordon J.		1887	1923	So-68
ADAMS, Henry Francis s/o Frank & J.		14 May 1908	25 Sep 1909	So-67
ADAMS, Henry Frank		1872	1949	So-67
ADAMS, Irma Tull w/o Stanley J.		4 Sep 1886	1970	So-68
ADAMS, James H.		1846	1929	So-121
ADAMS, James T.		11 Dec 1823	22 Nov 1857	So-4
ADAMS, Jane D.		1799	1870	So-4
ADAMS, John		(d.age20yr)	30 Jan 1852	So-119
ADAMS, John F. Jr.		1912	1926	So-68
ADAMS, John F. Sr.		1885	1963	So-68
ADAMS, John R.		19 Feb 1851	10 Feb 1910	So-4
ADAMS, John S.		27 Apr 1862	1940	So-68
ADAMS, John S. s/o Eugene J.		13 May 1912	12 Feb 1926	So-4
ADAMS, John Samuel USMC		24 Nov 1904	30 Jun 1971	So-3
ADAMS, Josephine M. d/o R. W. & Rose		10 Oct 1895	15 Jun 1896	So-121
ADAMS, Joshua T.		1887	1959	So-1
ADAMS, Kate		1870	1857	So-4

ADAMS,Laura F. Lokey	1864	1952	So-68
ADAMS,Laura Williams w/o John S.	10 Aug 1869	6 Nov 1928	So-68
ADAMS,Lillian R.	1889	1958	So-1
ADAMS,Littleton	1811	1870	So-2
ADAMS,Louis C. s/o Louis E.	18 Dec 1921	Mar 1922	So-68
ADAMS,Louis E.	18 Jul 1895	19 Feb 1958	So-68
ADAMS,Maggie Ford	1899	1937	So-68
ADAMS,Marion Louise d/o R. W.	12 Aug 1882	27 Aug 1890	So-121
ADAMS,Mary A.	1839	1928	So-4
ADAMS,Mary Ann Wilson w/o Samuel	19 Oct 1805	1881	So-5
ADAMS,Mary Cecilia w/o Samuel J.	1868	1948	So-68
ADAMS,Mary J.	(d.age61yr)	11 Oct 1884	So-67
ADAMS,Mary J. Long w/o George	22 Mar 1872	31 Dec 1903	So-67
ADAMS,Mary V. w/o Henry Frank	1874	1929	So-67
ADAMS,May L.	1866	1944	So-68
ADAMS,Mildred B. w/o Morris H.	31 Aug 1893	6 Nov 1961	So-121
ADAMS,Minnie Priscilla	4 May 1865	14 Sep 1882	So-4
ADAMS,Morris H.	(d.age71yr)	Jul 1874	So-121
ADAMS,Nannie S.	20 Nov 1881	5 Sep 1882	So-4
ADAMS,Oakland F.	1891	1947	So-68
ADAMS,Rena M.	1880	1956	So-67
ADAMS,Robert W.	16 Oct 1847	18 Oct 1919	So-121
ADAMS,Rose Dryden w/o Robert W.	8 Feb 1857	5 Jan 1912	So-121
ADAMS,Rufus A. s/o H. C. & M.C.	none	24 Mar 1890	So-107
ADAMS,Sallie Lankford	1866	none	So-68
ADAMS,Samson	1793	1866	So-8
ADAMS,Samuel	(d.age74yr)	26 Apr 1883	So-4
ADAMS,Samuel James	22 Sep 1856	1944	So-68
ADAMS,Samuel T.	1832	1881	8o=4
ADAMS,Samuel Thomas	6 Apr 1792	27 Jul 1848	So-5
ADAMS,Samuel Thomas	20 Jan 1893	11 Sep 1919	So-4
ADAMS,Sarah C. w/o Seth	20 Jul 1870	25 Jun 1915	So-1
ADAMS,Sarah E. w/o James H.	1845	1915	So-121
ADAMS,Seth	20 Jul 1852	21 Oct 1926	So-1
ADAMS,Sidney Y.	1841	1920	So-120
ADAMS,Stanley James	17 Apr 1886	27 Sep 1951	So-68
ADAMS,Stephen B.	1862	1884	So-11
ADAMS,Steven L.	1846	1926	So-1
ADAMS,Virginia B.	1851	1878	So-4
ADAMS,Walter	15 Jan 1900	5 Oct 1927	So-68
ADAMS,William H.	11 Sep 1848	12 Feb 1889	So-4
ADAMS,William H. s/o Wm. H.	1852	1938	So-4
ADAMS,Winnie P.	1865	1882	So-4
ADKINS,Allen Wade s/o E. William	18 Oct 1893	24 May 1914	So-4
ADKINS,Earl P.	1911	1967	So-110
ADKINS,Effie A. w/o E. Wm.	2 Sep 1861	5 Dec 1914	So-4
ADKINS,Elsie L.	1893	1978	So-68
ADKINS,Gordon W.	1920	1955	So-122
ADKINS,N. Virginia w/o Earl P.	1918	none	So-110
ADKINS,Naida W.	5 Apr 1881	3 Jan 1904	So-4
ADKINS,William R. s/o E. Wm.	9 Nov 1882	10 Jun 1912	So-4
AKE,Rosina Dennis d/o Geo.R.	13 Apr 1858	5 Mar 1939	So-119
ALDER,George H.	9 Nov 1906	26 Jan 1856	So-121
ALDER,John Roy Sr.	1903	1967	So-3
ALDRICH,Louis B.	1877	1907	So-132

```
ALDRICH,William F.                                  1857              1927  So-132
ALEXANDER,Harvey George                             1869              1920  So-97
AMES,Charles B. J.                                  1921              1939  So-121
AMES,Charles B. Sr.                                 1889              1943  So-121
AMES,Helen B.                                       1892              19--  So-121
AMOS,Charles G.                                     1887              1947  So-122
AMOS,Elmer P.                                       1892              1962  So-122
AMOS,Ethel S.                                       1895              none  So-122
ANDERSON,Ann Maria w/o Stephen G.                   none   17 Jan 1857 So-119
ANDERSON,Anne Upshur                                1909              1932  So-121
ANDERSON,Catherine w/o Thomas G.                    1878              1965  So-97
ANDERSON,Eleanor Powell w/o Nathan J. 25 Sep 1876    7 Jul 1923       So-121
ANDERSON,Flora P.                                   1902    6 Aug 1983 So-72
ANDERSON,Georgia May w/o L. A.                      1869              1932  So-97
ANDERSON,Grace d/o William J.                       none   21 May 1901 So-121
ANDERSON,Howard                              6 Apr 1869   24 Aug 1934 So-121
ANDERSON,James    (d.Phil.Pa.no stone)              none   31 Dec 1874 So-119
ANDERSON,James D.                                   1852              1911  So-97
ANDERSON,Johannes                                   none   19 May 1890 So-69
ANDERSON,L. A.                                      1854              1922  So-97
ANDERSON,Leroy          (no stone)        (d.age21yr)   27 Sep 1863   So-119
ANDERSON,Mary Lankford                              1883              1969  So-121
ANDERSON,Mary Reid                           23 May 1868  30 Aug 1957 So-121
ANDERSON,Nathan J.                                  1871              1932  So-121
ANDERSON,Sarah E. w/o James D.                      1850              1911  So-97
ANDERSON,Sarah H. w/o William J.             28 Feb 1841  17 Mar 1927 So-121
ANDERSON,Stephen G.     (no stone)                  none   19 May 1857 So-119
ANDERSON,Thomas G.                                  1863              1939  So-97
ANDERSON,Upshur                                     1870              1957  So-121
ANDERSON,William J.                          13 Apr 1835  30 Oct 1907 So-121
ANDERSON,William Upshur                             1912              1912  So-121
ANDREW,Edna F.                                      1905              1967  So-68
ANDREW,Ollie F.                                     1900              1968  So-68
ARMSTRONG,Daniel Charles                     5 Oct 1870  21 Dec 1924 So-121
ARMSTRONG,Elizabeth W.                      18 Sep 1876  30 Dec 1960 So-121
ARNOLD,Emma J. Hopkins w/o John A.          28 Sep 1866  26 Aug 1893 So-99
ASHMEADE,Annie                                      1855              1941  So-45
ASHMEADE,John L.                                    1835              1872  So-45
ASTAKOV,Ivan                              (d.age72yr)    3 Dec 1971   So-67
ATKINSON.Gordon s/o H. Milton               15 Aug 1896  16 Aug 1896 So-4
ATKINSON,A. F. Rev.                          4 Jun 1853  18 Dec 1942 So-121
ATKINSON,Adaline E. w/o Samuel              27 Aug 1823  21 Jul 1906 So-134
ATKINSON,George Daniel s/o Isaac            23 Mar 1860   6 Feb 1862 So-119
ATKINSON,George S.                           5 Jan 1816  24 May 1853 So-119
ATKINSON,Henrietta at Almodington         (d.age67yr)   15 Dec 1861   So-119
ATKINSON,Levin James Miller s/o Sam.         9 Sep 1849  28 Dec 1939 So-134
ATKINSON,Lillie Belle Riggin w/o L.J.11 Nov 1868  19 Jun 1908 So-134
ATKINSON,Lizzie E. Hudson w/o L.J.M.         1 Jan 1863   1 Jun 1893 So-134
ATKINSON,Priscilla d/o Samuel & A.          27 Aug 1855   1 Jun 1911 So-134
ATKINSON,Samuel J.                          22 Jan 1822  11 Apr 1895 So-134
ATKINSON,Sarah M. Atkinson                   3 Jan 1856  28 Dec 1940 So-121
ATKINSON,Susan H. w/o Isaac S.            (d.age64yr)    3 Aug 1885   So-119
ATKINSON,William R. s/o George               6 Nov 1821  28 Sep 1850 So-119
ATLINSON,Eliza Russum d/o Isaac S.        (d.age21mo)    4 Jan 1864   So-119
AUSTIN,Annie E. w/o Isaac                    5 Dec 1855  12 Sep 1905 So-142
```

Name	Birth	Death	Location
AUSTIN,Elias T.	1873	1939	So-98
AUSTIN,Ellen C. w/o W. A.	20 Jun 1853	6 Apr 1888	So-130
AUSTIN,Ellen E.	1854	1936	So-99
AUSTIN,George W. s/o John W.	28 Feb 1871	1876	So-99
AUSTIN,Infant s/o John W.	1888	1888	So-99
AUSTIN,John	(d.age62yr)	14 Feb 1870	So-140
AUSTIN,John W.	1851	1927	So-99
AUSTIN,John W.	14 Feb 1808	14 Feb 1870	So-177
AUSTIN,Lillian J.	1904	none	So-3
AUSTIN,Marion H.	1909	1964	So-3
AUSTIN,Marion H.	18 Mar 1889	8 Sep 1908	So-98
AUSTIN,Michael W.	28 May 1877	9 Sep 1909	So-98
AUSTIN,Sarah E. w/o John W.	1 Mar 1827	22 Nov 1899	So-99
AUSTIN,Viola M.	1883	1944	So-98
AVERY,Josephine	1851	1932	So-106
AVERY,Josiah Smith	5 Jan 1823	2 Nov 1909	So-106
AVERY,Martha Anne w/o Josiah	18 Oct 1831	30 Nov 1887	So-106
AVERY,Walter E. Rev.	18 Oct 1851	22 Apr 1902	So-106
BAILEY,Aubrey Luther	22 Feb 1905	3 Dec 1960	So-99
BAILEY,Caroline w/o Elias	8 Jan 1818	5 Mar 1890	So-130
BAILEY,Elias	18 Feb 1811	10 Oct 1884	So-130
BAILEY,Eliza A.	12 Mar 1846	12 Sep 1912	So-99
BAILEY,Elizabeth K. d/o F. E. & M.F.	30 Jan 1912	12 Mar 1913	So-130
BAILEY,Glendon G.	1900	1971	So-99
BAILEY,J. Guy	22 Mar 1897	12 Oct 1968	So-99
BAILEY,Jacob W.	1801	1887	So-120
BAILEY,James	1871	1960	So-99
BAILEY,James	1928	1946	So-130
BAILEY,Leo A.	1903	1978	So-130
BAILEY,Lucy	1873	1939	So-99
BAILEY,Mary D.	1803	1881	So-120
BAILEY,May F. w/o F. E.	1 Mar 1878	11 Jun 1919	So-130
BAILEY,O. A. (Civil War)	none	none	So-99
BAILEY,Oliver C.	4 Jun 1904	14 Aug 1956	So-99
BAILEY,Sarah E. w/o Leo A.	1902	1974	So-130
BAILEY,Susan W.	19 Sep 1824	23 Mar 1872	So-119
BAILEY,Susan w/o William A.(no stone)	(d.age47yr)	23 Mar 1872	So-119
BAILEY,William A. (no stone)	(d.age67yr)	17 Dec 1887	So-119
BAIN,William Rev.	1811	1880	So-120
BAKER,Betty McIntyre	1966	1912	So-130
BAKER,Elijah F. s/o William	24 Dec 1883	1 Dec 1885	So-86
BAKER,Gary F.	28 Nov 1887	9 Aug 1911	So-86
BAKER,Louise B.	14 Oct 1915	30 Sep 1977	So-146
BAKER,William	(d.age55yr)	1 Jan 1889	So-86
BALDERSON,Bobby Lee	1957	1979	So-68
BALL,Bertha F.	21 Jan 1876	4 Feb 1951	So-121
BALL,Christopher C.	1849	1926	So-121
BALL,Henry Blackstone	1887	1906	So-121
BALL,J. Thomas s/o C.C.	(d.age12yr)	none	So-121
BALL,John R. s/o C. C. & Lenora	none	1892	So-121
BALL,Lenore w/o C. C.	1849	1917	So-121
BALL,Louis T. s/o C. C.	(d.age14yr)	none	So-121
BALL,William O. s/o C.C	(d.age15yr)	none	So-121
BALLARD,Daniel	17 May 1763	5 Oct 1847	So-113
BALLARD,Daniel J.	12 Aug 1808	11 Oct 1891	So-113

Name	Birth	Death	Location
BALLARD,Daniel James s/o Daniel T.	21 Jan 1851	17 Jul 1921	So-113
BALLARD,Dorothy w/o Daniel	24 Nov 1775	22 Sep 1831	So-113
BALLARD,Edward D.	(d.age43yr)	21 Feb 1865	So-155
BALLARD,Edward W.	4 Nov 1840	11 Mar 1925	So-110
BALLARD,Eleanor G. w/o Daniel J.	12 Jan 1801	24 Aug 1852	So-113
BALLARD,Elizabeth A. w/o Daniel J.	27 Jun 1827	10 Aug 1903	So-113
BALLARD,Erma Turpin d/o Thomas E.	2 Sep 1858	1 Oct 1869	So-104
BALLARD,Florence H.	1923	none	So-70
BALLARD,George (no stone)	(d.age60yr)	23 Mar 1860	So-119
BALLARD,George R.	(d.age85yr)	4 Sep 1879	So-155
BALLARD,Harriet (no stone)	none	27 Sep 1852	So-119
BALLARD,Harriet E.	1830	none	So-70
BALLARD,Henry	1887	none	So-70
BALLARD,Infant d/o Thomas E. & R.	23 Sep 1862	8 Oct 1862	So-104
BALLARD,Infant s/o M. & E.	1861	2 Apr 1861	So-104
BALLARD,Ira Phoebus	1904	1969	So-122
BALLARD,John U.	23 Nov 1859	14 Nov 1861	So-104
BALLARD,Joseph S.	1883	1896	So-4
BALLARD,Kitturah H. w/o Thomas E.	13 Mar 1802	4 Sep 1856	So-104
BALLARD,Leila R.	none	1936	So-70
BALLARD,Levin E.	12 Aug 1823	4 Jun 1904	So-70
BALLARD,Mahaley E.	1844	1917	So-4
BALLARD,Mark s/o Thomas E.	1868	1868	So-104
BALLARD,Mary A. w/o Edward W.	none	23 Feb 1914	So-110
BALLARD,Mary B.	(d.age11yr)	16 Nov 1843	So-105
BALLARD,Robert	(d.age 1mo)	18 May 1857	So-105
BALLARD,Robert R.	(d.age10mo)	3 Jul 1845	So-105
BALLARD,Sarah Dorothy	8 Jun 1829	2 Sep 1914	So-70
BALLARD,Solomon	1830	1920	So-4
BALLARD,Susan U.	1873	1956	So-68
BALLARD,Thomas E.	1866	1866	So-104
BALLARD,Thomas J. s/o Thomas E.	4 Jun 1841	14 Oct 1861	So-104
BALLARD,William R. W.	1909	none	So-70
BALLOCK,Mary H. Dennis w/o Guy R.	13 Sep 1880	12 Jul 1962	So-121
BANKS,Elizabeth A. d/o George Taylor	20 Jul 1841	19 Feb 1905	So-99
BANKS,Ira T.	29 Mar 1879	21 Mar 1919	So-99
BARBON,Annie L. Bounds w/o Matthew	11 May 1861	1925	So-130
BARBON,Frank Howard	1867	1953	So-130
BARBON,Sorin James s/o Annie L.	17 Jul 1891	2 May 1892	So-130
BARCLAY,Nettie P.	1885	1932	So-110
BARKLEY,Esther D.	1824	1907	So-120
BARKLEY,Joseph W.	1850	1937	So-120
BARKLEY,Mary E.	1855	1933	So-120
BARKLEY,W. O. Kelso	1883	1901	So-120
BARNES,Annie L. d/o Henry E. & M.W.	11 Jan 1890	7 Jun 1890	So-121
BARNES,Benjamin J.	1867	1948	So-120
BARNES,Benjamin Lankford	1902	1957	So-121
BARNES,Charles P.	1869	1941	So-1
BARNES,Daniel W.	16 Feb 1873	6 Sep 1933	So-1
BARNES,Daniel W. s/o L.P.& Marcella	16 Dec 1871	6 Sep 1911	So-1
BARNES,Debie Sharp	1870	none	So-121
BARNES,Eddie T.	17 Dec 1893	16 Nov 1902	So-1
BARNES,Emma F. L.	1846	1936	So-120
BARNES,Enoch O.	1878	1955	So-1
BARNES,Frances J.	1839	1909	So-120

Name	Birth	Death	Location
BARNES, Frank H. (father)	1873	1952	So-1
BARNES, George B.	6 Oct 1878	20 Apr 1948	So-122
BARNES, George W. (Scoot)	1916	1967	So-3
BARNES, Glenn L.	1888	1891	So-120
BARNES, Gorden H.	1873	1932	So-1
BARNES, Gordon H.	1861	1929	So-121
BARNES, Grace Johnson w/o Lankford	1905	1963	So-121
BARNES, Harry A. MD	1880	1953	So-121
BARNES, Helena S.	1852	1932	So-121
BARNES, Henry P.	1862	1937	So-121
BARNES, Ida Bell (mother)	1878	1949	So-1
BARNES, Isaac T.	22 Jan 1822	27 Jul 1902	So-121
BARNES, Isaac s/o Samuel & Mary	none	none	So-121
BARNES, Joshua Isaac s/o Samuel	20 Mar 1896	10 Dec 1909	So-121
BARNES, Josie L.	1893	1948	So-1
BARNES, L. Parker	17 Oct 1834	3 Jan 1908	So-1
BARNES, Laura E. w/o Isaac T.	26 Aug 1830	17 Sep 1916	So-121
BARNES, Lillie K.	1882	1920	So-1
BARNES, Lulu M.	1873	1964	So-121
BARNES, M. Daisey	1870	1954	So-120
BARNES, Maggie E.	1874	1938	So-1
BARNES, Marcillia	14 Jan 1844	22 Jan 1911	So-1
BARNES, Mary Emma	27 Aug 1866	4 Aug 1938	So-121
BARNES, Mary W.	1864	1941	So-121
BARNES, Oliver T. s/o L.P.& Marcella	23 Oct 1882	14 Jan 1898	So-1
BARNES, Patricia Ann	4 Feb 1844	none	So-121
BARNES, Samuel Smith Coston	8 Jan 1852	7 Feb 1930	So-121
BARNES, Walter C.	1868	1928	So-121
BARNES, William H.	1851	1921	So-121
BARNES, Willie P.	23 Nov 1896	8 Sep 1925	So-1
BARNET, Clarence E.	1872	1961	So-122
BARNET, Jean B.	1869	1954	So-122
BARNET, Robert J.	1904	1961	So-122
BARNETT, Elizabeth P.	1842	1929	So-132
BARNETT, John	1 Sep 1841	16 Nov 1916	So-132
BARNETT, Maude	1880	8 Apr 1974	So-130
BARNETT, Sarah Jane	28 Aug 1831	21 Jan 1904	So-130
BARNETT, Thomas L.	1868	1935	So-130
BARRY Richard J. WWI	4 Jun 1896	9 Feb 1972	So-3
BARRY, Benjamin Frank Wright	9 Aug 1907	21 Jan 1948	So-3
BARRY, Elizabeth C.	11 Jul 1899	30 Oct 1963	So-3
BARRY, William J. s/o John and Cora	(d.age68yr)	10 Sep 1987	So-3
BARRY, Willie M. s/o Wm. & E.	19 Feb 1905	15 Nov 1907	So-172
BARTON, Anne Mara w/o John	15 Feb 1835	20 Dec 1907	So-119
BARTON, Fannie d/o Rev. John O.	1869	1954	So-119
BARTON, John O. Rev.	23 Feb 1826	4 Mar 1890	So-119
BARTON, Oliver Page s/o John O.	1866	1924	So-119
BARTON, William Charles s/o John O.	(d.age17yr)	7 Jun 1877	So-119
BASSETT, Arthur J. Sr.	1895	1969	So-3
BASSETT, Lula F. Beauchamp w/o Arthur	(d.age82yr)	19 Jul 1987	So-3
BASSETT, Lulu F.	1905	none	So-3
BATCHELDER, Louise Road	1888	1963	So-99
BATES, Edward L.	1911	1972	So-3
BAYLEY, ALice O.	11 Jun 1888	11 Oct 1928	So-121
BAYLEY, Elizabeth Jones	18 Jul 1851	4 Nov 1892	So-121

Name		Born	Died	Location
BAYLEY, Harry J.		1876	1936	So-121
BAYLEY, James McKembry	7 Jul	1840	28 Jun 1913	So-121
BAYLEY, Nannie E.		1874	1936	So-121
BEACH, Una w/o Enod J.	3 Jul	1893	11 Mar 1924	So-72
BEALTY, Lillian R.	26 Aug	1870	4 Nov 1917	So-132
BEAUCHAMP, E. Florence		1868	1941	So-121
BEAUCHAMP, Anna V.		1923	1934	So-1
BEAUCHAMP, Annie Dashiell w/o L.Creston		1890	1937	So-121
BEAUCHAMP, Charles C.	11 Sep	1845	5 Mar 1870	So-170
BEAUCHAMP, Elizabeth A. w/o Wm. A.	21 Oct	1823	28 Feb 1867	So-1
BEAUCHAMP, Ethel L.		1893	1952	So-1
BEAUCHAMP, Eva B.		1894	1968	So-72
BEAUCHAMP, Florence A.		1870	1960	So-121
BEAUCHAMP, Francis F.	26 Nov	1869	28 Sep 1896	So-115
BEAUCHAMP, George T.		1885	1966	So-1
BEAUCHAMP, Grace A.		1853	1932	So-1
BEAUCHAMP, Helen A. d/o Levin H.& M.	27 Mar	1862	23 Oct 1884	So-115
BEAUCHAMP, Ida I.		1866	1926	So-121
BEAUCHAMP, Julius F. K.		1835	1867	So-121
BEAUCHAMP, L. Creston		1880	1966	So-121
BEAUCHAMP, L. Wesley		1852	1936	So-1
BEAUCHAMP, Leah Mrs.	(d.age68yr)		12 Aug 1863	So-131
BEAUCHAMP, Levin H.		1808	11 Feb 1887	So-70
BEAUCHAMP, Lulu B. w/o William T.		1878	1965	So-74
BEAUCHAMP, Margaret A. G.		1820	1900	So-121
BEAUCHAMP, Margaret E. P. w/o Levin H.	29 Jan	1829	20 Jan 1898	So-70
BEAUCHAMP, Mary Etta	21 Feb	1871	20 Oct 1953	So-121
BEAUCHAMP, Maze D. w/o Francis T.	1 May	1871	3 May 19--	So-115
BEAUCHAMP, Melvin L.		1887	1962	So-72
BEAUCHAMP, Mollie E. w/o Washington	17 Sep	1849	26 Aug 1921	So-4
BEAUCHAMP, Nettie d/o S. W. & V. U.	(d.age23yr)		1889	So-115
BEAUCHAMP, Oliver T.		1860	1906	So-121
BEAUCHAMP, Oliver T. Lieut.	5 Nov	1896	1 Aug 1918	So-121
BEAUCHAMP, Priscilla F. w/o Tubman A.	27 Feb	1862	18 Apr 1943	So-74
BEAUCHAMP, Robert H. s/o Charles S.	none		7 Nov 1870	So-170
BEAUCHAMP, Robert T.		1868	1958	So-121
BEAUCHAMP, Russell F.		1912	1916	So-121
BEAUCHAMP, Tubman A.	18 Mar	1851	13 May 1908	So-74
BEAUCHAMP, Tubman F.		1883	1940	So-121
BEAUCHAMP, Vernon A.		1902	1972	So-3
BEAUCHAMP, Virginia U. 1st w/o Sam.W.	12 Nov	1843	8 Aug 1874	So-170
BEAUCHAMP, Washington	22 Feb	1848	23 Aug 1919	So-4
BEAUCHAMP, William T.		1880	1956	So-74
BEAUCHAMP, William T.	none		21 Feb 1926	So-121
BEAUCHAMP, William W.		1804	1886	So-121
BEDSWORTH, Ann Eliza w/o Whittington A.		1847	1881	So-109
BEDSWORTH, Apsola	13 Mar	1862	9 Jun 1914	So-107
BEDSWORTH, Atwood WWII		1903	1958	So-110
BEDSWORTH, Benjamin	(d.age69yr)		29 Jul 1850	So-4
BEDSWORTH, Charles E.		1906	1907	So-145
BEDSWORTH, Charles F. s/o Charles H.	11 Sep	1906	9 Aug 1907	So-107
BEDSWORTH, Charles H.	7 Jun	1857	24 Oct 1920	So-107
BEDSWORTH, Charles Henry		1857	1920	So-145
BEDSWORTH, E. Louise w/o W. Harold		1900	none	So-110
BEDSWORTH, Elizabeth V.Gladden w/o L.	(d.age70yr)		11 Sep 1987	So-4

Name	Birth	Death	Location
BEDSWORTH,Ella T. w/o William H.	1875	1910	So-110
BEDSWORTH,Emeline Wilson w/o Geo.W.	none	none	So-145
BEDSWORTH,Emily	1904	1914	So-145
BEDSWORTH,Emily C. d/o C.H.&Cornelia	16 Dec 1904	14 Feb 1914	So-107
BEDSWORTH,Eva S. w/o F. Clark	1892	1964	So-110
BEDSWORTH,F. Clark	1892	none	So-110
BEDSWORTH,George H.	1875	1955	So-110
BEDSWORTH,George R.	1900	1966	So-110
BEDSWORTH,George Washington	1837	1907	So-145
BEDSWORTH,Henry s/o W. & E.	1850	1872	So-109
BEDSWORTH,John Laird s/o John T.	16 Sep 1912	9 May 1920	So-107
BEDSWORTH,Myrtle d/o F. Clark	(d.age11yr)	none	So-110
BEDSWORTH,Rebecca w/o Benjamin S.	24 Mar 1788	29 Sep 1865	So-4
BEDSWORTH,Sallie H.	17 Nov 1852	7 Jan 1931	So-110
BEDSWORTH,Sallie J. w/o George H.	1878	1945	So-110
BEDSWORTH,Solomon E.	15 Apr 1844	4 May 1907	So-110
BEDSWORTH,Ulmont F.	6 Jun 1888	11 Jul 1923	So-107
BEDSWORTH,Ulmont Fitzgerald	1888	1923	So-145
BEDSWORTH,Viola E. w/o George R.	1901	none	So-110
BEDSWORTH,Virginia D. w/o Atwood	1912	1966	So-110
BEDSWORTH,W. Harold	1890	1961	So-110
BEDSWORTH,Whittington	1842	1911	So-110
BEDSWORTH,William H.	1873	1935	So-107
BEDSWORTH,William H.	1875	1951	So-110
BEDSWORTH,William Henry	1873	1935	So-145
BELL,Alma Blanch	1882	1921	So-146
BELL,Annie E. w/o G. W.	2 Mar 1844	6 Jun 1921	So-146
BELL,Annie P.	1872	1966	So-121
BELL,Arentha	1863	1937	So-107
BELL,Benson Calvin WWII	31 Aug 1823	25 Mar 1967	So-146
BELL,E. Thomas	1869	1940	So-121
BELL,Edward E.	1873	1954	So-146
BELL,Edwin C.	(d.age69yr)	15 Jul 1977	So-146
BELL,Elizabeth H. w/o John J.	16 Oct 1822	22 Oct 1898	So-4
BELL,Elizabeth J. w/o William T.	1877	1968	So-146
BELL,Elizabeth L.	1892	1967	So-1
BELL,Francis A.	1 May 1846	5 Mar 1905	So-146
BELL,Francis J.	1920	1923	So-146
BELL,G. W.	1840	Aug 1913	So-146
BELL,George A.	1915	1975	So-146
BELL,George W.	1888	1960	So-146
BELL,Hubert L.	5 Oct 1875	8 Nov 1964	So-146
BELL,J. Mainster	none	none	So-146
BELL,John (no stone)	(d.age69yr)	Dec 1891	So-119
BELL,John J.	27 Mar 1824	5 Jul 1901	So-4
BELL,Manie A.	1913	none	So-146
BELL,Mary E.	25 Oct 1851	18 Aug 1930	So-146
BELL,Mary Emma w/o George Asbury	1869	1893	So-146
BELL,Mary M. w/o Norvin B.	1894	1964	So-146
BELL,May L.	1888	1980	So-146
BELL,Norvin B.	1895	none	So-146
BELL,Oroville A.	1868	1853	So-146
BELL,Robert A. WWII	19 Dec 1921	9 Oct 1873	So-146
BELL,Sadie	1869	1906	So-146
BELL,Sadie R. w/o Hubert L.	1 Jan 1887	19 May 1970	So-146

Name	Birth	Death	Location
BELL, William T.		1870	1932	So-146
BELOTE, Mary M. w/o J. Walter	10 Aug 1897	3 Oct 1918	So-1
BENNETT, Addie R. w/o William S.	1878	1899	So-110
BENNETT, Alice V. K.	1854	1899	So-72
BENNETT, Arintha	1868	1941	So-148
BENNETT, Charles	1877	1945	So-106
BENNETT, Clifford	none	14 Jul 1947	So-110
BENNETT, Edward E.	17 Mar 1907	23 Mar 1976	So-148
BENNETT, Evelyn P.	1901	1967	So-132
BENNETT, George W.	1862	1926	So-121
BENNETT, Harley D.	1879	1927	So-72
BENNETT, Harry A.	14 Aug 1887	21 May 1951	So-110
BENNETT, Herman W. WWI	29 Oct 1891	11 Nov 1962	So-110
BENNETT, James L.	1849	1914	So-72
BENNETT, John H.	28 Jun 1828	10 Jan 1913	So-110
BENNETT, John T.	17 Jun 1835	23 Apr 1914	So-72
BENNETT, John W.	1874	1926	So-148
BENNETT, Lola	5 Jul 1887	22 Jun 1899	So-148
BENNETT, Mary J.	1868	1956	So-110
BENNETT, Mary Ziegler w/o Herman	8 Nov 1895	none	So-110
BENNETT, Maude	1879	1940	So-121
BENNETT, Nina Muir w/o Charles	1887	none	So-106
BENNETT, Nora	15 Apr 1885	8 Sep 1964	So-110
BENNETT, Robert E.	1889	1918	So-148
BENNETT, Rosa P. w/o William S.	12 Dec 1882	23 Feb 1949	So-132
BENNETT, Ruby O.	7 Jan 1913	26 Mar 1933	So-110
BENNETT, Samuel	1858	1940	So-148
BENNETT, Sarah H.	4 Jul 1832	23 Dec 1912	So-110
BENNETT, Sarah J.	(d.age85yr)	26 Mar 1912	So-148
BENNETT, Thomas G.	1891	1936	So-110
BENNETT, Thomas H.	1864	1947	So-110
BENNETT, Virginia B. w/o John T.	31 Dec 1846	29 May 1882	So-72
BENNETT, William	27 Jul 1829	21 Jan 1908	So-148
BENNETT, William J.	1901	1064	So-132
BENNETT, William S.	23 Nov 1872	10 Feb 1953	So-132
BENSON Emma C.	1868	1959	So-120
BENSON, Arthur E. WWI	27 Aug 1887	26 Feb 1968	So-3
BENSON, B. Fred	1860	1921	So-120
BENSON, Daniel	(d.age63yr)	10 Aug 1856	So-173
BENSON, John A. D. Dr.	8 May 1817	(d.age22yr)	So-173
BENSON, Lillian T. Nurse WWI	31 Aug 1890	31 May 1971	So-68
BENSON, Myrtle Elda	16 Mar 1906	6 Jul 1970	So-3
BENSON, Sallie E. w/o Daniel	7 Nov 1797	27 Dec 1871	So-173
BENTON, Alexander	1874	1923	So-97
BENTON, Anna w/o John D.	1888	1954	So-97
BENTON, Ida w/o Alexander	1879	1955	So-97
BENTON, John D.	1886	1959	So-97
BENTON, Lenora	1866	1924	So-97
BENTON, Paul	1897	1962	So-97
BENTON, Ronald E.	1905	1966	So-97
BENTON, Vernon s/o John	1908	1925	So-97
BENTON, Willie	1885	1956	So-97
BERRY, Elizabeth C.	1846	1871	So-30
BERRY, George H. Dr.	2 Jun 1824	1909	So-67
BERRY, George W.	1857	1895	So-67

Name	Date 1	Date 2	Ref
BERRY, Mary A. w/o George H.	16 Oct 1825	24 Jul 1903	So-67
BERRY, William J.	1861	1861	So-30
BETHARD, Jennie T.	188-	1953	So-1
BETHARD, Jesse James WWII	18 May 1907	6 Jul 1965	So-1
BETHARD, Joseph S. s/o Solomon	16 Feb 1883	17 Aug 1896	So-4
BETHARD, Mahaley E. w/o Solomon	1844	1917	So-4
BETHARD, S. Purnell	(d.age74yr)	19 Oct 1931	So-1
BETHARD, Solomon	1830	1920	So-4
BETHARD, Solomon	1857	1931	So-1
BETTS, Emory R.	27 May 1886	22 Jul 1889	So-9
BETTS, Eugenia Horsey w/o Charles J.	15 May 1881	26 Dec 1912	So-107
BETTS, George W.	5 Jan 1871	14 May 1871	So-9
BETTS, James W/ s/o Charles & Hazel	31 Jan 1917	3 Oct 1918	So-107
BETTS, John B.	Jan 1852	28 May 1926	So-9
BETTS, Mary A. w/o John B.	3 Dec 1851	none	So-9
BETTS, Mary E.	3 Apr 1888	13 Jun 1888	So-9
BEYE, Adolph	1884	1930	So-121
BEYE, Sarah T.	1897	none	So-121
BISHCHOF, Herman pastor	1881	1960	So-1
BISHOP, Eunice M.	1902	1969	So-3
BISHOP, Harry H.	1902	none	So-3
BLACK, Nettie C.	1881	1967	So-3
BLACK, Una w/o Enoch J.	3 Jul 1893	11 Mar 1924	So-72
BLADES, Doshia S. T. B.	1890	1971	So-68
BLADES, Gary L.	1891	1964	So-107
BLADES, George	1921	1921	So-68
BLADES, Julius R.	1894	1917	So-68
BLADES, Maude H. d/o L.R. & Mary E.	1885	1902	So-107
BLADES, William F.	1914	1914	So-68
BLADES, William H.	1879	1952	So-68
BLAIR, Annie E.	1860	1889	So-28
BLAKE, Charlotte w/o William T.	(d.age84yr)	26 Jan 1902	So-99
BLAKE, Dorothy Wilson w/o William	14 Sep 1873	9 Feb 1943	So-68
BLAKE, George A. s/o H. & N.	none	25 Mar 1872	So-37
BLAKE, Margaret E.	6 Sep 1872	22 Jun 1892	So-165
BLAKE, Thomas s/o Jane	30 Oct 1874	12 Nov 1891	So-165
BLAKE, Virginia A. d/o J. H. & M. Y.	(d.age 1yr)	5 Aug 1874	So-170
BLAKE, William	6 Apr 1868	31 Mar 1938	So-4
BLAKE, William T. Capt.	(d.age68yr)	8 Nov 1897	So-99
BLANEY, John Capt. (b.New England)	(d.age31yr)	5 Jan 1715	So-175
BLATCHFORD, Henry A. M. Rev. s/o Sam.	(d.age34yr)	7 Sep 1822	So-121
BLOM, John A.	1867	1948	So-99
BLOODSWORTH, Ada M. w/o Winifred S.	1876	1956	So-99
BLOODSWORTH, Agnes C. w/o William S.	1893	1965	So-110
BLOODSWORTH, Amanda w/o William	1865	1938	So-110
BLOODSWORTH, Ann Maria w/o Risdon P.	(d.age65yr)	16 Feb 1900	So-98
BLOODSWORTH, Annie M. w/o Herman	1894	1964	So-130
BLOODSWORTH, Arthur Lee	7 Nov 1877	27 Dec 1969	So-98
BLOODSWORTH, B. Plummer	1862	1950	So-99
BLOODSWORTH, Bessie Marie Muir	16 Jun 1917	29 Mar 1980	So-132
BLOODSWORTH, Charles W.	1885	1959	So-121
BLOODSWORTH, Cora E. w/o James D.	1870	1941	So-110
BLOODSWORTH, Dorothy H.	1908	1961	So-121
BLOODSWORTH, Edna	1903	1969	So-99
BLOODSWORTH, Emma R. w/o R. W.	23 Mar 1875	30 Nov 1914	So-99

Name	Birth	Death	Location
BLOODSWORTH, Frances B. w/o Paul M.	1906	none	So-98
BLOODSWORTH, George A.	1847	1933	So-98
BLOODSWORTH, George W.	2 Nov 1866	6 Oct 1947	So-122
BLOODSWORTH, George W. Jr.	27 Jun 1902	none	So-122
BLOODSWORTH, Herman	1899	1967	So-130
BLOODSWORTH, I. R.	28 Feb 1824	23 Jun 1897	So-98
BLOODSWORTH, Isadore	1866	1921	So-99
BLOODSWORTH, J. H.	2 May 1892	28 Apr 19--	So-132
BLOODSWORTH, James D.	1963	1937	So-110
BLOODSWORTH, James D.	2 Nov 1910	11 Sep 1978	So-132
BLOODSWORTH, John F.	1856	1938	So-98
BLOODSWORTH, Joseph	(d.age 65yr)	none	So-72
BLOODSWORTH, L. A.	3 Mar 1868	8 May 1941	So-132
BLOODSWORTH, Lester	1883	1967	So-99
BLOODSWORTH, Lillian F.	12 Aug 1898	30 Oct 1970	So-132
BLOODSWORTH, Lois P.	1915	1916	So-72
BLOODSWORTH, Lottie E. d/o Lottie	1895	1935	So-72
BLOODSWORTH, Lucretia A. w/o Littleton	9 Aug 1829	16 Jun 1894	So-176
BLOODSWORTH, Lybrand W. s/o Benjamin P.	8 Feb 1881	23 Oct 1881	So-99
BLOODSWORTH, Marvin s/o J. P.	1886	1899	So-99
BLOODSWORTH, Mary A. w/o George A.	1857	1934	So-98
BLOODSWORTH, Mary E. w/o Risdon	1870	1915	So-98
BLOODSWORTH, Mary Louise	23 Feb 1906	18 Oct 1950	So-122
BLOODSWORTH, Myrtle A. Daniels	10 Apr 1886	2 May 1938	So-98
BLOODSWORTH, Myrtle Cleone	9 May 1903	10 Nov 1918	So-98
BLOODSWORTH, Nan O.	1893	19--	So-121
BLOODSWORTH, Nancy	1900	1961	So-99
BLOODSWORTH, Ocle P. s/o John F.	27 Feb 1890	24 Dec 1906	So-98
BLOODSWORTH, Olen Hoyt	1903	1958	So-121
BLOODSWORTH, Paul M.	1892		So-98
BLOODSWORTH, R. L.	28 Sep 1901	1 Mar 1929	So-132
BLOODSWORTH, R. L. Sr.	25 Oct 1862	28 Sep 19--	So-132
BLOODSWORTH, Richard	1880	1933	So-110
BLOODSWORTH, Risdon A.	1860	1929	So-98
BLOODSWORTH, Risdon P.	25 May 1823	6 Oct 1907	So-98
BLOODSWORTH, Robert	28 Feb 1822	28 Nov 1899	So-176
BLOODSWORTH, Robert L. Jr. WWII	18 May 1925	21 Dec 1944	So-121
BLOODSWORTH, Robert R.	1898	1935	So-130
BLOODSWORTH, Rose Ella	29 Jun 1874	21 Nov 1942	So-122
BLOODSWORTH, Roy Newman	20 May 1888	unreadable	So-98
BLOODSWORTH, Russell	26 Feb 1908	15 Oct 1908	So-122
BLOODSWORTH, Ruth d/o George	26 Feb 1908	7 Nov 1908	So-122
BLOODSWORTH, Susan C. w/o John F.	1852	1937	So-98
BLOODSWORTH, V. K.	20 Jun 1842	23 Jul 1925	So-98
BLOODSWORTH, Wade	1919	1954	So-99
BLOODSWORTH, William	1858	1922	So-110
BLOODSWORTH, William S.	1892	1966	So-110
BLOODSWORTH, William s/o George	1 Nov 1927	15 Aug 1928	So-122
BLOODSWORTH, Winfield S.	1861	none	So-99
BLOODSWORTH, Winifred Clyde	1902	1933	So-99
BOCK, Thomas H.	1844	1938	So-120
BOES, Frank C.	1881	1977	So-130
BOES, Marion B. Romary	1909	1968	So-130
BOES, Marion M.	1880	1969	So-130
BOLTON, Anna May w/o John C.	1888	1934	So-97

Name	Birth	Death	Cemetery
BOLTON, John C.		1888	1955 So-97
BOSMAN, Ballard		none	22 Dec 1928 So-121
BOSMAN, Lela P.		none	26 Dec 1926 So-121
BOSMAN, Mary	8 Jan 1804	15 Feb 1880 So-121
BOSMAN, Mary L.	10 Feb 1848	10 Apr 1931 So-121
BOSMAN, Milchy A.		1838	1925 So-121
BOSMAN, Washington	17 Sep 1833	12 Jul 1918 So-121
BOSTON, Charles H.	8 Feb 1857	29 Jul 1895 So-68
BOSTON, Charles S.		1893	1967 So-121
BOSTON, Emma W.		1899	1919 So-121
BOSTON, Floyd Walter	8 Aug 1887	30 Jun 1908 So-172
BOSTON, Harmison S.		1899	1919 So-121
BOSTON, Herman S.		1895	1948 So-121
BOSTON, Irene G. w/o Charles S.		1903	none So-121
BOSTON, Lottie w/o Merritt	26 Aug 1878	8 Dec 1955 So-68
BOSTON, Merritt	28 Oct 1872	14 Jan 1923 So-68
BOSTON, Nellie B. w/o Charles S.		1895	1922 So-121
BOSTON, Willie T.	24 Mar 1891	16 Jul 1892 So-68
BOUNDS, Albert C.		1890	1976 So-130
BOUNDS, Bertha A. w/o Millard F.	12 Sep 1855	26 Mar 1917 So-130
BOUNDS, Beulah M. w/o Charles R.		1882	1972 So-98
BOUNDS, Carrie K.		1872	1950 So-130
BOUNDS, Carrollton Drake s/o Samuel D.	22 Apr 1878	6 Jul 1878 So-98
BOUNDS, Charles R.		1876	1956 So-98
BOUNDS, Claude R.		1873	1960 So-99
BOUNDS, Cynthia A. d/o M. F. & Bertha	31 Jul 1886	21 Nov 1912 So-130
BOUNDS, Edward J.		1869	1930 So-130
BOUNDS, Enoch E.		1879	1952 So-130
BOUNDS, Estella H. w/o Robert F. B.		1891	1976 So-98
BOUNDS, George A.	13 Jan 1848	4 Dec 1928 So-130
BOUNDS, George Thomas S.	22 Dec 1833	13 Aug 1913 So-134
BOUNDS, Georgia		1890	1955 So-130
BOUNDS, Harry B.	25 Jul 1879	5 Jul 1916 So-130
BOUNDS, Hattie Evelyn Wilson w/o Claude	none	17 Jul 1974 So-99
BOUNDS, Henrietta E. J. w/o H. J.	14 Jan 1841	Aug 1915 So-130
BOUNDS, Henry J.	26 Mar 1826	9 Oct 1898 So-130
BOUNDS, Ida L.	24 Nov 1883	16 Aug 1886 So-130
BOUNDS, Infant s/o Albert & Viola	4 Mar 1926	8 Mar 1926 So-99
BOUNDS, James M. s/o James W.	(d.age71yr)	May 1982 So-120
BOUNDS, Kate M. w/o Phillip		1870	none So-130
BOUNDS, M. Fillmore	21 Dec 1858	17 May 1920 So-130
BOUNDS, Mary A.	10 Jul 1859	1 Dec 1934 So-98
BOUNDS, Mary A. E. Curtis w/o Geo.	16 Feb 1845	21 Aug 1901 So-134
BOUNDS, Mary Josephine d/o Sam.D.	8 Oct 1869	6 Jul 1870 So-98
BOUNDS, Millard Filmore s/o Filmore	(d.age87yr)	20 Mar 1981 So-130
BOUNDS, Olin D.		1899	1930 So-98
BOUNDS, Phillip F.		1873	1944 So-130
BOUNDS, Robert F.		1880	1936 So-98
BOUNDS, S. D.	25 Jan 1841	19 Oct 1920 So-98
BOUNDS, Sallie H.		1875	1960 So-121
BOUNDS, Samuel Dennis s/o Sam. D.	10 Dec 1882	23 Jul 1883 So-98
BOUNDS, Samuel Joseph s/o H.J. & H.E.	15 Oct 1864	30 May 1881 So-130
BOUNDS, Samuel s/o James	(d.age17yr)	31 May 1881 So-130
BOUNDS, Sarah Elizabeth w/o Samuel D.	8 Dec 1839	19 Sep 1897 So-98
BOUNDS, Sarah M.	25 Jul 1848	26 May 1929 So-130

Name	Birth	Death	Location
BOUNDS,Temperance w/o William A.D.	(d.age76yr)	5 Nov 1879	So-126
BOUNDS,Viva Cole w/o Albert C.	1895	none	So-130
BOUNDS,William Agustus D.	9 Jul 1811	20 Mar 1879	So-126
BOUNDS,William E. J.	14 Aug 1874	22 Aug 1936	So-130
BOUNDS,William James	1881	1954	So-130
BOUNDS,Woodland C. s/o Jones	1874	1953	So-121
BOWE,Bertha B.	1879	1953	So-121
BOWE,Frank S.	1878	1947	So-121
BOWLAND,Albert Sydney	1862	1938	So-119
BOWLAND,John	6 Feb 1781	8 Jul 1850	So-119
BOWLAND,Levin P. (no stone)	(d.age62yr)	11 Nov 1882	So-119
BOWLAND,Sidney G. (no stone)	(d.age45yr)	15 Jul 1878	So-119
BOWLAND,Susan Dixon d/o John	25 Oct 1838	3 Jul 1844	So-119
BOWLAND,William W. (no stone)	(d.age51yr)	31 Aug 1866	So-119
BOZMAN,Ada G.	1892	1967	So-3
BOZMAN,Adaline G. w/o I. J.	27 Jul 1841	26 Mar 1920	So-132
BOZMAN,Adelaide	17 Oct 1867	13 Jul 1869	So-80
BOZMAN,Alexander J.	1838	1922	So-110
BOZMAN,Alfred C.	1870	1937	So-121
BOZMAN,Alonza H.	1882	1965	So-74
BOZMAN,Alonzo S.	1859	1953	So-110
BOZMAN,Ann Rebecca	5 Nov 1842	1 Dec 1862	So-84
BOZMAN,Anna Elizabeth Bennett w/oT.A.	(d.age78yr)	1 Jul 1987	So-67
BOZMAN,Anna F.	7 Jul 1839	2 Mar 1869	So-80
BOZMAN,Annie M. d/o C. & E.	26 Jul 1887	14 Mar 1904	So-77
BOZMAN,Arvilla w/o Massey	1876	1953	So-110
BOZMAN,Bennie A.	20 Jul 1898	8 Dec 1958	So-74
BOZMAN,Bessie M. w/o H. Atwood	1886	1927	So-110
BOZMAN,Bryce	1909	1961	So-110
BOZMAN,Charles W.	1940	none	So-121
BOZMAN,Chester G. WWII	21 Mar 1913	20 Feb 1971	So-110
BOZMAN,Clifford	7 Dec 1889	7 Jul 1899	So-80
BOZMAN,Clinton F.	1889	1966	So-3
BOZMAN,Daniel	9 Jan 1856	4 Nov 1921	So-80
BOZMAN,David Lee	1942	1944	So-121
BOZMAN,Donald Jr.	18 Nov 1854	5 Feb 1971	So-99
BOZMAN,Donnie	1853	1954	So-121
BOZMAN,Edward	7 Mar 1829	26 Jul 1905	So-80
BOZMAN,Edward S.	9 Mar 1873	5 Dec 1948	So-132
BOZMAN,Effie C. w/o John R.	9 Sep 1871	18 Jan 1949	So-110
BOZMAN,Elizabeth	1884	1967	So-74
BOZMAN,Elizabeth w/o Massie	1876	1919	So-110
BOZMAN,Ella Rebecca d/o B. H. & S. H.	1873	1895	So-109
BOZMAN,Ellis A.	18 Dec 1880	4 Oct 1954	So-132
BOZMAN,Emma	none	none	So-74
BOZMAN,Ethridge William	4 Sep 1900	7 Oct 1913	So-110
BOZMAN,Eva Price w/o Robert P.	29 Apr 1881	2 Jun 1971	So-132
BOZMAN,Flona M.	1889	none	So-3
BOZMAN,Frank H.	1877	1964	So-110
BOZMAN,George E.	1865	1929	So-110
BOZMAN,George E.	19 Apr 1877	11 Jul 1950	So-132
BOZMAN,George S.	1884	1949	So-110
BOZMAN,George W.	1910	1968	So-110
BOZMAN,George W. s/o Thomas	11 Oct 1848	11 Oct 1880	So-109
BOZMAN,George Wesley	1872	1962	So-110

Name	Birth	Death	Ref
BOZMAN, H. Atwood	1878	1966	So-110
BOZMAN, Harriet C. w/o Alexander	1844	1932	So-110
BOZMAN, Harvey H.	1897	1953	So-110
BOZMAN, Helen V.	1922	none	So-121
BOZMAN, Helen w/o George W.	1909	none	So-110
BOZMAN, Henrietta	31 Oct 1882	7 May 1945	So-110
BOZMAN, Henrietta C. w/o William F.	1896	1946	So-121
BOZMAN, Henry Thadeus s/o Edward	Jul 1865	1865	So-90
BOZMAN, Herman s/o Massie	1897	1917	So-110
BOZMAN, Hester w/o Robert H.	26 Mar 1846	30 May 1912	So-132
BOZMAN, Hewes s/o J. & L.	(d.age 1yr)	11 Mar 1884	So-91
BOZMAN, I. T.	1859	1931	So-121
BOZMAN, Isaac J.	3 Mar 1840	30 Nov 1905	So-132
BOZMAN, Isaac S.	3 Oct 1865	4 Nov 1887	So-72
BOZMAN, J. Carroll	1916	none	So-121
BOZMAN, James	1870	1930	So-110
BOZMAN, James H.	1900	1962	So-110
BOZMAN, John	1800	none	So-109
BOZMAN, John B.	3 Feb 1835	24 May 1897	So-141
BOZMAN, John R.	1885	1961	So-110
BOZMAN, John R.	6 Mar 1895	8 Nov 1967	So-82
BOZMAN, John R.	21 Mar 1865	1 Jul 1935	So-110
BOZMAN, John R.	27 Jan 1833	17 Oct 1912	So-95
BOZMAN, John W.	11 Feb 1839	31 Dec 1893	So-141
BOZMAN, Lida V.	1883	1968	So-121
BOZMAN, Lillian B.	1883	1965	So-122
BOZMAN, Louisa A. w/o John R.	27 Mar 1839	6 Nov 1895	So-91
BOZMAN, Mamie A. w/o W. Scott	(d.age 93yr)	Oct 1980	So-109
BOZMAN, Margaret w/o Robert	4 Mar 1816	17 Feb 1894	So-141
BOZMAN, Marie A. s/o W. Scott	1886	none	So-110
BOZMAN, Mary A. w/o Thomas A.	1853	1924	So-110
BOZMAN, Mary T. w/o Frank H.	1891	none	So-110
BOZMAN, Mary V. w/o George Wesley	1874	1958	So-110
BOZMAN, Massey	1875	1960	So-110
BOZMAN, Melissa Pratt	1853	1937	So-110
BOZMAN, Melvin	1901	1955	So-110
BOZMAN, Melvin A. s/o Alonzo	1905	1923	So-110
BOZMAN, Minnie M.	1887	1971	So-74
BOZMAN, Murrell A. WWII	3 Oct 1924	11 Apr 1945	So-110
BOZMAN, Myrtle w/o Bryce	1915	none	So-110
BOZMAN, Nancy C. w/o George E.	1880	none	So-110
BOZMAN, Nancy w/o John	(d.age 87yr)	30 Mar 1887	So-109
BOZMAN, Nora A. w/o Alonzo S.	1864	1941	So-110
BOZMAN, Nora Parks	1875	1918	So-110
BOZMAN, Presley V.	1893	1980	So-3
BOZMAN, Preston	1950	1952	So-121
BOZMAN, Raymond	10 Dec 1878	16 Mar 1911	So-80
BOZMAN, Robert H.	13 Jan 1856	14 Dec 1923	So-132
BOZMAN, Robert P.	6 Jan 1879	22 Dec 1949	So-132
BOZMAN, Roland A.	1876	1949	So-74
BOZMAN, Ronnie	1948	1950	So-121
BOZMAN, Roy A.	8 Jan 1890	18 Mar 1949	So-110
BOZMAN, Rufus W.	1875	1925	So-122
BOZMAN, Sallie A.	1882	24 Apr 1892	So-76
BOZMAN, Sallie J.	15 Mar 1872	5 Dec 1946	So-110

Name	Birth Date	Birth Year	Death Date	Death Year	Ref
BOZMAN,Sarah w/o James		1874		1945	So-110
BOZMAN,Susan	14 May	1942	15 May	1963	So-121
BOZMAN,Thomas A.		1846		1927	So-110
BOZMAN,Vernon		1943		1945	So-121
BOZMAN,Virginia		1915		1920	So-110
BOZMAN,W. Scott		1886		1969	So-110
BOZMAN,Walter Bain		1901		1955	So-74
BOZMAN,Ward I.		1910		1964	So-110
BOZMAN,Warren		1890		1963	So-97
BOZMAN,Wesley H.		1874		1952	So-110
BOZMAN,William E.	4 Apr	1882	7 Oct	1900	So-109
BOZMAN,William F.		1867		1950	So-121
BOZMAN,William T.	24 Jan	1859	12 Sep	1912	So-110
BOZMAN,William Thomas		1870		1945	So-110
BRACKETT,Theresa Louise Newman w/o G.R.		1841		1914	So-121
BRADLEY,Mary Ernestine Balty		1900		1951	So-122
BRADLEY,Mary O.	14 Aug	1867	5 Nov	1926	So-173
BRADSHAW,A. Maranda	26 Feb	1845	26 Feb	1845	So-69
BRADSHAW,Aaron B.		1846		1923	So-112
BRADSHAW,Aaron T.	14 Feb	1850	19 Jul	1937	So-67
BRADSHAW,Adaline	(d.age68yr)		25 Jul	1911	So-69
BRADSHAW,Adrain C.		1910		1964	So-111
BRADSHAW,Alex S.	20 Jul	1871	28 Nov	1918	So-111
BRADSHAW,Andrew A.		1864		1916	So-111
BRADSHAW,Andrew P.		1873		1952	So-112
BRADSHAW,Angie	(d.age53yr)			none	So-69
BRADSHAW,Annabella		1755		1836	So-111
BRADSHAW,Annie M	4 Feb	1863	3 Jun	1895	So-69
BRADSHAW,Aurinthia S.	15 Nov	1881	25 Dec	1897	So-67
BRADSHAW,Avery L.		1898		1981	So-111
BRADSHAW,Benjamin		1822		1879	So-111
BRADSHAW,Benjamin T.		1873		1874	So-112
BRADSHAW,Bessie	5 Aug	1892	24 Apr	1899	So-69
BRADSHAW,C. W.		1850		1902	So-73
BRADSHAW,Calvin T.		1892		1965	So-112
BRADSHAW,Clarence F.		none		1965	So-69
BRADSHAW,Columbus C. s/o Solomon	13 Jun	1856	22 Sep	1875	So-67
BRADSHAW,David		1833		1900	So-73
BRADSHAW,David	17 Aug	1799	31 May	1874	So-69
BRADSHAW,Eddie G.		1875		1904	So-73
BRADSHAW,Edna		1905		1925	So-73
BRADSHAW,Eldred T.		1906		1971	So-68
BRADSHAW,Eliza J.		1827		1898	So-73
BRADSHAW,Elizabeth T.	12 Jun	1851	3 Nov	1895	So-67
BRADSHAW,Ellen	25 Oct	1871	3 Apr	1914	So-111
BRADSHAW,Ellen E.		1840		1883	So-111
BRADSHAW,George		1880		1881	So-111
BRADSHAW,Hamilton		1857		1927	So-111
BRADSHAW,Hamilton		none		1869	So-111
BRADSHAW,Harold J.		1891		1926	So-97
BRADSHAW,Ida E.		1883		none	So-112
BRADSHAW,J. A.		1869		1924	So-67
BRADSHAW,John A.	19 May	1856	26 Jul	1885	So-112
BRADSHAW,John E.	21 Oct	1859	11 May	1914	So-69
BRADSHAW,John H.		1843		1909	So-111

Name	Birth	Death	Section
BRADSHAW, John H.		1912	1935 So-111
BRADSHAW, John L.		1860	1895 So-111
BRADSHAW, John L.		1876	1957 So-111
BRADSHAW, John L.	10 Oct 1867	5 Jan 1927	So-111
BRADSHAW, John P.	6 Dec 1834	10 Jan 1901	So-67
BRADSHAW, Kate A. w/o Andrew J.	29 Dec 1863	9 Aug 1909	So-67
BRADSHAW, Katie w/o Thomas P.	1866	1931	So-97
BRADSHAW, Kizy M.	3 Apr 1842	14 Oct 1904	So-69
BRADSHAW, Laura E.	1879	1880	So-111
BRADSHAW, Leonard	none	30 Jul 1885	So-111
BRADSHAW, Louis B.	27 Oct 1857	16 Nov 1872	So-111
BRADSHAW, Louise V.	26 Nov 1921	19 Nov 1922	So-69
BRADSHAW, Luther H.	23 May 1892	16 Dec 1915	So-111
BRADSHAW, Maggie E.	none	8 Jun 1901	So-69
BRADSHAW, Margaret S.	1940	1960	So-111
BRADSHAW, Marie A. d/o Saul T.	1892	1963	So-67
BRADSHAW, Marion T.	1850	1937	So-67
BRADSHAW, Martha	1864	1947	So-112
BRADSHAW, Mary Ellen	none	Oct 1853	So-69
BRADSHAW, Mary Howard w/o Eldred J.	1902	none	So-68
BRADSHAW, Mary J.	1843	1866	So-111
BRADSHAW, Mary V.	22 Jan 1891	7 Jan 1914	So-69
BRADSHAW, Mary W.	1850	1874	So-67
BRADSHAW, Milkey A. w/o John P.	25 Dec 1836	9 Mar 1891	So-67
BRADSHAW, Milton	1813	1956	So-69
BRADSHAW, Nelly	1794	1869	So-111
BRADSHAW, Newell J.	1906	1956	So-111
BRADSHAW, Norman T.	1909	1966	So-73
BRADSHAW, Omelia	12 Aug 1844	27 Jan 1930	So-111
BRADSHAW, Pallie	none	16 Jul 1906	So-111
BRADSHAW, Polly	12 Jan 1807	6 Jul 1890	So-112
BRADSHAW, Priscilla S.	18 Jul 1850	6 Aug 1925	So-69
BRADSHAW, Rachel E.	1825	1877	So-111
BRADSHAW, Richard	1742	1814	So-111
BRADSHAW, Robert B.	1877	1929	So-111
BRADSHAW, Rona C.	6 Feb 1883	12 Jun 1954	So-111
BRADSHAW, Sadie	1877	1972	So-67
BRADSHAW, Sallie A.	1835	1913	So-73
BRADSHAW, Sarah A. F.	12 Jul 1852	21 Feb 1875	So-112
BRADSHAW, Saul T.	1877	1938	So-67
BRADSHAW, Severn	15 Dec 1806	9 Apr 1889	So-112
BRADSHAW, Severn H.	15 Apr 1862	9 Nov 1926	So-69
BRADSHAW, Severn J.	none	1851	So-69
BRADSHAW, Sophronia	15 Feb 1857	25 Nov 1923	So-67
BRADSHAW, Steward K.	1850	1915	So-111
BRADSHAW, Sydney M. w/o Taylor	(d.age 56yr)	12 Feb 1877	So-170
BRADSHAW, T. B. (footstone)	none	none	So-170
BRADSHAW, Thomas	8 Mar 1811	6 Mar 1885	So-111
BRADSHAW, Thomas	10 Jul 1835	18 Jun 1865	So-69
BRADSHAW, Thomas C.	1897	1907	So-111
BRADSHAW, Thomas D.	1898	1899	So-73
BRADSHAW, Thomas P.	1861	1941	So-97
BRADSHAW, Thomas W.	1851	1892	So-73
BRADSHAW, Virgie E.	1871	1891	So-73
BRADSHAW, Virginia E.	5 Jul 1868	24 Feb 1942	So-69

Name	Birth	Death	Location
BRADSHAW,W. E. s/o Solomon	22 Mar 1851	7 Mar 1902	So-67
BRADSHAW,William	none	1959	So-111
BRADSHAW,William	none	Feb 1860	So-69
BRADSHAW,William A.	14 May 1850	12 Apr 1912	So-69
BRADSHAW,William B.	none	24 Aug 1820	So-69
BRADSHAW,William E.	(d.age83yr)	9 Feb 1915	So-69
BRADSHAW,William E.	22 Jan 1887	23 Aug 1943	So-111
BRADSHAW,William H.	(d.age73yr)	26 Oct 1841	So-69
BRADSHAW,William S.	28 May 1841	28 Feb 1912	So-111
BRADSHAW,Willie A.	13 May 1873	1 Feb 1910	So-69
BRADSHAW,Wilmar E.	2 Jun 1890	6 Dec 1915	So-111
BRAIDWOOD,Priscilla J. Adams w/o John	1 Feb 1829	29 Feb 1857	So-5
BRAND,Sidney Dryden	1919	1926	So-120
BRANFORD,Benjamin R.	3 Apr 1897	2 Jan 1908	So-148
BRANFORD,Frank	1886	1954	So-122
BRANFORD,John	2 May 1855	21 Nov 1943	So-148
BRANFORD,Sarah M.	12 Aug 1865	16 May 1934	So-148
BRATHERS,Margaret d/o Frank & Louise Cox	none	none	So-106
BRATTEN,Charles A.	1837	1862	So-4
BRATTEN,Nellie Dennis w/o Robert	27 Aug 1847	30 May 1921	So-119
BRATTEN,Robert	13 May 1845	10 May 1894	So-119
BRATTEN,Robert F. s/o Robert & Nellie	3 Nov 1892	20 Apr 1919	So-119
BRATTEN,Samuel s/o Ernest J. & Minnie	9 Nov 1893	5 Sep 1914	So-121
BRATTEN,Sarah A. w/o Anthony	11 Jun 1805	13 Sep 1855	So-4
BRERETON,Daisy Estelle	1881	1940	So-120
BRERETON,George W.	1843	1920	So-120
BRERETON,Sarah Ann	1854	1946	So-120
BRETZEL,Anna W.	1903	1980	So-72
BRETZEL,Anna W.	(d.age77yr)	1979	So-72
BREWINGTON,Aurelia A. Mrs.	(d.age76yr)	Oct 1886	So-132
BREWINGTON,Biddie E. w/o Richard	1845	1915	So-110
BREWINGTON,Elizabeth w/o George L.	12 Feb 1850	26 Apr 1902	So-121
BREWINGTON,Henry	(d.age68yr)	13 Oct 1875	So-98
BREWINGTON,James M. K. (Rev)	5 Aug 1850	29 Dec 1890	So-98
BREWINGTON,John	(d.age90yr)	Mar 1887	So-132
BREWINGTON,Richard M. J.	1840	1916	So-110
BREWINGTON,Sarah H. w/o Henry	4 Oct 1818	4 May 1896	So-98
BRIDDELL,Ada V. w/o Wm. Heber	1902	none	So-121
BRIDDELL,Annie Louise w/o J. Paul	(d.age83yr)	18 Oct 1980	So-3
BRIDDELL,Arthur E.	1885	1963	So-122
BRIDDELL,Blanche Adams	(d.age77yr)	15 Sep 1972	So-121
BRIDDELL,Charles D.	1883	1938	So-68
BRIDDELL,Charles D. Jr.	1910	1910	So-68
BRIDDELL,Elizabeth Dize	1844	1912	So-68
BRIDDELL,Grace Maddox w/o Charles D.	7 Jan 1888	25 Jun 1955	So-68
BRIDDELL,Harris	1909	1909	So-68
BRIDDELL,Henry D.	1840	1914	So-68
BRIDDELL,John W.	1860	1931	So-120
BRIDDELL,Laura E. w/o Luther	1872	1943	So-146
BRIDDELL,Luther	1870	1944	So-146
BRIDDELL,Olivia M.	1866	1927	So-120
BRIDDELL,Thomas H. s/o Charles	1914	1962	So-68
BRIDDELL,Victor M.	1890	1953	So-121
BRIDDELL,William Heber USA	20 Jun 1896	23 Feb 1972	So-121
BRIDDELLE,Olivia M. w/o John W.	(d.age60yr)	1927	So-120

Name	Birth	Death	Ref
BRIDDLE, Mary F. w/o Emerson	2 Sep 1851	6 Sep 1903	So-132
BRIGG, Lizzie w/o L. G. N.	1852	1917	So-121
BRIGHTMAN, James M.	22 Feb 1920	3 Jul 1954	So-122
BRIGHTMAN, Mamie E.	5 Mar 1901	6 Jan 1968	So-122
BRIMER, Alice C.	1896	1963	So-112
BRIMER, Blanch T.	1916	1954	So-112
BRIMER, D. Gertrude	1889	1967	So-112
BRIMER, Edgar F.	1890	1958	So-112
BRIMER, Frank S.	1855	1927	So-112
BRIMER, May Elizabeth	1870	1951	So-112
BRIMER, Ralph T.	1954	1964	So-112
BRINKLEY, Henry F.	Oct 1827	Jan 1880	So-121
BRISCOE, Henry M. D.	(d.age 42yr)	3 Apr 1873	So-119
BRISCOE, Henry s/o Henry & Esther	30 Nov 1866	1 Jun 1871	So-119
BRITTEN, Emlyn James	1947	1967	So-121
BRITTINGHAM, Allen H.	1902	none	So-121
BRITTINGHAM, Alvin M. Sgt.	1921	1944	So-122
BRITTINGHAM, Bernice M.	1898	1966	So-122
BRITTINGHAM, Bessie Gardner w/o Wm.	28 Dec 1826	22 Oct 1866	So-119
BRITTINGHAM, Charles H.	1863	1937	So-121
BRITTINGHAM, Daphane G.	1900	1939	So-16
BRITTINGHAM, Edward J.	1843	1906	So-121
BRITTINGHAM, Ella Katherine	14 Aug 1870	19 Apr 1931	So-69
BRITTINGHAM, Ellen d/o William J.	1866	1897	So-119
BRITTINGHAM, Emeline E.	none	2 May 1912	So-146
BRITTINGHAM, Esther Ann	1897	1898	So-4
BRITTINGHAM, Ethel R.	1903	1956	So-121
BRITTINGHAM, Eva d/o William J.	1853	1900	So-119
BRITTINGHAM, Everett T. Sgt.	1919	1944	So-122
BRITTINGHAM, Florence E.	1868	1941	So-121
BRITTINGHAM, Francis	1900	1973	So-68
BRITTINGHAM, Frederick Leroy	1913	1913	So-4
BRITTINGHAM, George W.	11 May 1871	5 Dec 1908	So-146
BRITTINGHAM, Harry T.	1882	1962	So-146
BRITTINGHAM, Henrietta G. w/o Wm. J.	18 Jul 1825	17 Feb 1864	So-119
BRITTINGHAM, Henry Lawrence	1888	1965	So-119
BRITTINGHAM, Henry Lawrence s/o Wm. J.	1859	1906	So-119
BRITTINGHAM, John WWI	13 Sep 1893	22 Dec 1976	So-16
BRITTINGHAM, Louise Powell w/o Wilson O.	1910	1935	So-121
BRITTINGHAM, Lydia w/o James m/o Wm.	28 Oct 1803	27 Aug 1831	So-119
BRITTINGHAM, Marion E.	15 Dec 1875	27 Jan 1923	So-146
BRITTINGHAM, Mary Polk w/o Henry L.	1861	1940	So-119
BRITTINGHAM, Melba J. w/o John	1913	none	So-16
BRITTINGHAM, Ocea	1870	1955	So-121
BRITTINGHAM, Raymond U.	1885	1945	So-146
BRITTINGHAM, Robert Lee s/o Wm. E.	1909	1909	So-4
BRITTINGHAM, Ruth	15 Sep 1893	25 Aug 1894	So-146
BRITTINGHAM, Ruth Dashiell w/o Henry L.	1891	none	So-119
BRITTINGHAM, Sarah A. w/o George W.	16 May 1856	21 Mar 1925	So-146
BRITTINGHAM, Sarah Margaret	5 Mar 1854	22 Dec 1915	So-146
BRITTINGHAM, Thomas A.	1934	1971	So-3
BRITTINGHAM, William E. s/o Ernest	(d.age 68yr)	25 Feb 1981	So-123
BRITTINGHAM, William E. s/o William J.	(d.age 18yr)	19 Aug 1876	So-119
BRITTINGHAM, William Edgar	22 Jul 1866	16 Aug 1940	So-68
BRITTINGHAM, William H.	(d.age 74yr)	25 Jan 1886	So-146

Name	Birth	Death	Location
BRITTINGHAM,William J.		1823	1900	So-119
BRITTINGHAM,William Polk s/o Henry L.		1892	1911	So-119
BRITTINGHAM,William Samuel	9 Jul 1850	25 Jun 1904	So-146
BRITTINGHAM,Wilson Olive s/o Edgar		1905	27 Dec 1850	So-122
BROOKE,Aurelia		1886	1962	So-4
BROOKE,Charles A. II		1883	1940	So-4
BROOKE,Cora T.	7 Apr 1863	10 Sep 1943	So-4
BROOKE,Edward M.	21 Nov 1859	27 Dec 1904	So-4
BROOKS,Caleb F.	1 Oct 1837	21 Apr 1910	So-130
BROOKS,John WWI	1 Nov 1889	29 Dec 1956	So-121
BROOKS,Lemuel s/o Caleb (no stone)	(d.age 5yr)	5 Dec 1872	So-119
BROOKS,Margareta	26 Feb 1841	1 Oct 1917	So-130
BROUGHTON,Elijah S.	29 Jun 1829	24 Aug 1910	So-1
BROUGHTON,Harriet A. w/o Elijah S.	(d.age71yr)	8 Dec 1900	So-1
BROUGHTON,William	21 Nov 1818	7 Mar 1895	So-121
BROUGHTON,William H. Dr.s/o E.S.& H.	(d.age26yr)	8 Aug 1887	So-1
BROWN,A. C.		1871	1918	So-120
BROWN,Anna M.		1884	1959	So-121
BROWN,Annie L.		1864	1945	So-121
BROWN,Annie Sudler	3 May 1875	21 Oct 1965	So-121
BROWN,Bertha		1885	1970	So-3
BROWN,Catherine	none	1926	So-121
BROWN,Chester A.		1910	1965	So-3
BROWN,Cladius J.		1888	1963	So-121
BROWN,Cordelia E.	none	none	So-121
BROWN,Dorothy E.		1897	none	So-121
BROWN,Elizabeth H. Mrs.	(d.age54yr)	20 Sep 1876	So-120
BROWN,Elmer		1882	1970	So-3
BROWN,Elsie M.		1887	1888	So-120
BROWN,Emma E.		1912	1932	So-111
BROWN,Euthaddeus I.		1862	1938	So-120
BROWN,Fannie K.		1848	1903	So-120
BROWN,Francis T.		1916	1920	So-121
BROWN,Frank A.		1893	none	So-121
BROWN,G. Elmer		1891	1967	So-121
BROWN,George F.		1887	1898	So-111
BROWN,George Washington		1858	1947	So-121
BROWN,H. Fred		1888	1862	So-98
BROWN,Harriett E.		1895	1963	So-121
BROWN,Henry P.		1894	1895	So-121
BROWN,Herman W.		1894	1895	So-121
BROWN,Hezekiah	14 Feb 1851	13 Jan 1927	So-111
BROWN,I. T. James		1848	1924	So-120
BROWN,Infant s/o C. B. & Alma	-	1920	1920	So-111
BROWN,Isadora Shores	22 May 1881	18 Apr 1965	So-121
BROWN,James A. Rev.	none	1930	So-121
BROWN,John W.		1861	1930	So-121
BROWN,Joseph L.		1861	1919	So-121
BROWN,Laura F.	14 Jul 1882	15 Oct 1915	So-111
BROWN,Lucille Ingersoll	3 Apr 1820	2 Apr 1946	So-121
BROWN,M. Louise		1890	1961	So-98
BROWN,Maranda J.		1883	1907	So-73
BROWN,Margaret	6 Mar 1852	24 Apr 1932	So-111
BROWN,Mary A.		1867	1917	So-120
BROWN,Mary H.		1879	1894	So-120

Name	Birth	Death	Section
BROWN,Mary H. Smith	none	1940	So-121
BROWN,Mary L.	1863	1934	So-73
BROWN,Mary Whittington	1891	1965	So-68
BROWN,Rachel A.	5 Jun 1876	30 Sep 1909	So-111
BROWN,Randolph L.	1896	1897	So-120
BROWN,Susan E. w/o J. E.	1861	1944	So-121
BROWN,William A.	1884	1951	So-121
BROWN,William Coulbourn	3 Dec 1874	15 Nov 1936	So-121
BROWN,William J.	none	none	So-121
BRUCE,Annie T.	1866	1937	So-112
BRUCE,Carson H.	17 Feb 1897	23 Apr 1943	So-111
BRUCE,Florence A.	23 Dec 1896	none	So-111
BRUCE,Infant s/o Tinnie	none	30 Jan 1914	So-111
BRUCE,Oliver G.	1902	1969	So-73
BRUCE,Tinnie C.	1875	1913	So-111
BRUMBLEY,Fred J.	1876	1952	So-4
BRUMBLEY,Minnie B. w/o Fred J.	1877	1933	So-4
BUNDICK,Anna	1890	1960	So-68
BUNDICK,Marjorie	1929	1941	So-68
BUNDICK,Reginald	c1816	1929	So-68
BUNDICK,Stacius	1889	1962	So-68
BURNS,Eva	1873	1962	So-121
BURNS,Sylvester	1860	1919	So-121
BUSSELS,Risdon s/o James	(d.age 1yr)	25 Oct 1868	So-87
BUTLER,A. Ella	1870	1937	So-68
BUTLER,Anna G.	1901	1972	So-68
BUTLER,Anna H.	1903	1973	So-68
BUTLER,Clifton H.	1897	1947	So-68
BUTLER,Earl D.	1918	1968	So-68
BUTLER,Gordon T.	1866	1937	So-68
BUTLER,Leroy C.	1896	1956	So-68
BUTLER,Mary C. w/o Sidney C.	6 Jun 1823	12 Dec 1912	So-121
BUTLER,Pearl Satchell	1897	1956	So-68
BUTLER,Sidney C.	8 Feb 1805	3 Jul 1853	So-121
BYRD,Adeline Henry w/o William J.	8 Oct 1834	29 Jan 1917	So-119
BYRD,Alfred T.	1866	1875	So-38
BYRD,Betsy	1772	1840	So-35
BYRD,Betsy C.	1875	1876	So-35
BYRD,Christopher G.	1856	1871	So-39
BYRD,Dora L.	1868	1875	So-38
BYRD,George R.	1850	1877	So-39
BYRD,George W.	1845	1867	So-35
BYRD,Gertrude E.	1895	none	So-122
BYRD,Hannah E. w/o Joseph	1 Feb 1828	27 Nov 1905	So-39
BYRD,J. Ignor	1770	1861	So-35
BYRD,James E.	1835	1944	So-122
BYRD,John H. D.	1861	1861	So-35
BYRD,John T.	1830	1897	So-53
BYRD,Joseph	5 Aug 1822	12 Jul 1894	So-39
BYRD,Lovey	1797	1862	So-35
BYRD,Mary	1815	1870	So-35
BYRD,Mary	1824	1900	So-35
BYRD,Mary Ann	1841	1900	So-35
BYRD,Matilda J.	1837	1904	So-53
BYRD,Melissa	1864	1871	So-35

Name	Birth	Death	Location
BYRD,Nancy	1863	1864	So-35
BYRD,Oliver P.	1856	1910	So-53
BYRD,Sallie J.	1831	1925	So-38
BYRD,Stephen	1817	1861	So-35
BYRD,Susan	1802	1849	So-35
BYRD,Thomas	1865	1865	So-35
BYRD,Thomas H.	1873	1893	So-38
BYRD,Virginia Dykes	1922	1948	So-3
BYRD,William H.	1866	1894	So-35
BYRD,William J. (d.Aiken S.C.)	25 Apr 1829	18 Jun 1860	So-119
BYRD,William R.	1829	1894	So-38
CALGINS,ALbert	1883	1951	So-112
CALHOUN,Myrtle	1914	1968	So-1
CALLAWAY,Isaac C.	8 Apr 1854	22 Oct 1907	So-121
CALLAWAY,Martha A.	(d.age24yr)	18 Jul 1851	So-94
CALLAWAY,Mary Anna	1866	1962	So-121
CALLOWAY,Charles H.	18 Nov 1875	12 Aug 1928	So-121
CALLOWAY,Effie E. w/o Charles H.	1883	1953	So-121
CALLOWAY,Harry F. WWII	5 Apr 1906	14 Feb 1957	So-121
CAMPBELL.W. O.	1870	1935	So-110
CAMPBELL,Arintha w/o W. O.	1877	1928	So-110
CAMPBELL,Aurelia F. w/o James C.	1846	1920	So-110
CAMPBELL,James C.	1847	1920	So-110
CAMPBELL,Rosa	1882	1928	So-110
CAMPBELL,Roscoe W.	1901	1951	So-110
CANNON,Alfred	4 Jul 1823	13 Jan 1903	So-173
CANNON,Amelia T.	1854	1934	So-121
CANNON,Charles F.	1863	1938	So-121
CANNON,Charles G.	20 Nov 1906	6 Apr 1928	So-121
CANNON,Elizabeth w/o Alfred	2 Jun 1817	24 May 1905	So-173
CANNON,Emma L. d/o Harvey & Lelia	24 Jun 1900	15 Nov 1906	So-98
CANNON,Flonnie Ruth w/o John	22 May 1899	23 Dec 1908	So-4
CANNON,John Russell Rev.	12 Aug 1859	Feb 1915	So-72
CANNON,May	1898	1941	So-121
CANNON,Pearl d/o Harvey & Lelia	13 Jul 1910	1 Apr 1915	So-98
CANNON,Philetus H.	1847	1933	So-121
CANNON,Raymond B.	3 Aug 1900	4 May 1933	So-121
CANTWELL,Edward W.	1819	1878	So-120
CANTWELL,George Warren	1825	1906	So-120
CANTWELL,Mary H. w/o Joseph	1790	1878	So-120
CARELS,Herbert E. WW I	13 Aug 1896	7 Sep 1966	So-72
CAREW,Ann	(d.age77yr)	7 Nov 1854	So-84
CAREW,John Wesley	none	5 Jul 18--	So-90
CAREW,Margaret w/o John W.	none	28 Feb 1867	So-90
CAREW,Pauline	1887	1973	So-72
CAREW,William	(d.age54yr)	5 Feb 1888	So-72
CAREW,William P.	6 Jan 1862	none	So-90
CAREY,Agnes w/o Francis L.	1912	none	So-121
CAREY,Bessie E.	1891	none	So-121
CAREY,Everett T.	1856	1919	So-121
CAREY,Francis LeCompte	1905	1955	So-121
CAREY,Jennie LeCompte	1861	1947	So-121
CAREY,Joshua E.	1896	1960	So-121
CAREY,Joyce H.	1918	none	So-121
CAREY,Marie E.	1887	1944	So-121

Name	Birth	Death	Location
CAREY, Orrick J.	1881	1946	So-121
CAREY, Raymond M. Jr.	1913	1969	So-121
CAREY, Raymond M. Sr.	1886	1959	So-121
CAREY, Rebecca A. w/o E. Joshua	1900	none	So-121
CAREY, Sula H. w/o Orrick Jr.	1886	1968	So-121
CAREY, Willie Mae	1889	1917	So-121
CARLSON, Estella T. w/o Victor	1902	none	So-132
CARLSON, Victor E.	1902	1962	So-132
CARROW, Charles H.	1885	1931	So-120
CARROW, Herbert L.	1882	1916	So-120
CARROW, Hughett K.	1856	1927	So-120
CARROW, James Denny	29 Mar 1879	28 Aug 1938	So-121
CARROW, Margaret E.	1862	1950	So-120
CARROW, Nellie Waller	19 Jan 1882	4 Feb 1965	So-121
CARROW, Ralph E.	1893	1952	So-120
CARROW, Timothy L.	1880	1969	So-120
CARTER, Jane P.	1925	1926	So-121
CARTER, Mary P.	1887	none	So-121
CARTER, Orman D.	1885	1960	So-121
CARVER, Alpheus L.	16 Feb 1859	26 May 1918	So-4
CARVER, Annie V.	28 Jun 1878	7 Jan 1959	So-121
CARVER, Caroline S. w/o J.Lee	19 Feb 1889	5 Mar 1920	So-68
CARVER, Elizabeth A.	6 Nov 1851	16 Feb 1938	So-4
CARVER, Fern Sumers	none	Oct 1978	So-136
CARVER, Gordon A.	7 Mar 1886	16 Feb 1938	So-4
CARVER, Lee James	2 Oct 1882	22 Jan 1972	So-68
CARVER, Marfred	13 Oct 1871	1 Jan 1939	So-121
CARVER, Marion W. s/o Henry E.	(d.age89yr)	Jul 1979	So-136
CARVER, S. Caroline Coulbourn	19 Feb 1889	5 Mar 1920	So-4
CARVER, Virginia A.	19 Apr 1884	7 May 1951	So-4
CASE, Amos H.	27 Nov 1844	24 Feb 1941	So-130
CATLIN, Catherine Keturah	1897	1970	So-3
CATLIN, Clara Bell	2 Feb 1874	7 Mar 1966	So-122
CATLIN, Herschel E.	11 May 1898	29 Jul 1971	So-121
CATLIN, Nancy	1929	1949	So-122
CATLIN, Vivian Gibbons	1900	1960	So-121
CATON, Phoebe Louis	4 Mar 1862	27 Jun 1943	So-132
CATON, Robert Charles "Bob Bob"	17 Feb 1960	8 Nov 1964	So-3
CATON, William	14 Mar 1962	3 May 1940	So-132
CAUSEY, Alonza J. s/o L. P. & Mary E.	1872	1918	So-121
CAUSEY, Annie M.	1868	1912	So-125
CAUSEY, Catherine J.	1833	1911	So-97
CAUSEY, Edith E. (no stone)	none	10 Aug 1854	So-119
CAUSEY, Edwin F.	1864	1923	So-125
CAUSEY, Edwin F.	10 Sep 1841	13 Jan 1902	So-125
CAUSEY, Ella E.	1864	1900	So-97
CAUSEY, Elsie Mildred d/o John S.	1900	1900	So-99
CAUSEY, Esther H.	1845	1895	So-97
CAUSEY, Franklin	16 Sep 1810	2 Dec 1883	So-125
CAUSEY, Gladys May d/o John S.	1900	1900	So-99
CAUSEY, Henry G.	1 Sep 1836	3 Mar 1913	So-99
CAUSEY, James C.	1841	1908	So-97
CAUSEY, John S.	1866	1954	So-99
CAUSEY, Josiah s/o Patrick	23 Dec 1811	17 Nov 1898	So-125
CAUSEY, L. Bain s/o H. W.	6 Mar 1874	29 Sep 1888	So-99

Name	Birth	Death	Location
CAUSEY,L. Irving	1878	1899	So-121
CAUSEY,Lucy B.	1890	1966	So-99
CAUSEY,M. Brady s/o John S.	8 May 1897	9 Jul 1914	So-99
CAUSEY,Mary A. d/o Henry	1 Mar 1867	25 Apr 1937	So-99
CAUSEY,Mary E. w/o L. P.	1840	1906	So-121
CAUSEY,Mathilde w/o Henry	9 Sep 1839	12 Dec 1914	So-99
CAUSEY,Myron H.	1906	1949	So-99
CAUSEY,Nancy D. w/o Franklin	19 Sep 1804	28 Sep 1882	So-125
CAUSEY,Sadie d/o John S.	2 Jul 1896	3 Feb 1897	So-99
CAUSEY,Sally Nutter w/o Josiah	23 Dec 1820	28 Sep 1884	So-125
CAUSEY,Virginia Hopkins	1873	1934	So-99
CHAFFEY,Charles Gunby Capt. WWII	13 May 1916	20 Aug 1948	So-4
CHAFFEY,John G.	1854	1930	So-4
CHAFFEY,Mary J.	1856	1934	So-4
CHAMBERLAIN,Christina w/o John	30 Dec 1891	3 May 1904	So-1
CHAMBERLAIN,Edward J.	1870	1943	So-121
CHAMBERLAIN,Edward V.	1911	none	So-1
CHAMBERLAIN,Frank R.	1867	1948	So-1
CHAMBERLAIN,John	unreadable	unreadable	So-1
CHAMBERLAIN,John Louis	17 Mar 1896	9 Dec 1968	So-4
CHAMBERLAIN,Mary A.	1875	1951	So-121
CHAMBERLAIN,May Wilson w/o J. Lee	5 Aug 1891	1978	So-68
CHAMBERLAIN,Sarah E.	1867	1952	So-1
CHAMBERLIN,Adaline F.	1867	1939	So-121
CHAMBERLIN,Bessie M.	1898	1972	So-3
CHAMBERLIN,John A.	1903	1970	So-3
CHAMBERLIN,Lewis A.	1864	1939	So-121
CHAMBERLIN,Mary Lucretia	1928	1950	So-121
CHAPMAN,E. C.	(d.age 9yr)	20 Aug 1829	So-1
CHAPMAN,John	(d.age34yr)	20 Dec 1825	So-1
CHAPMAN,Margaret B.	(d.age51yr)	20 Apr 1855	So-1
CHARNICK,Bernice C.	1899	1935	So-68
CHARNICK,Maria S.	Mar 1851	May 1930	So-69
CHASE,Sarah E. w/o Amos H.	3 Jan 1847	13 Jun 1898	So-130
CHATHAM,Elizabeth A. Mrs.(no stone)	none	Sep 1869	So-119
CHATHAM,Eva d/o Frank (no stone)	(d.age10yr)	7 Sep 1866	So-119
CHATHAM,Henry F.	1838	1890	So-120
CHATHAM,Josephine J.	1901	1964	So-122
CHATHAM,Otis W. Elliott	1919	none	So-122
CHATHAM,Robert	1896	none	So-122
CHATHAM,Robert Ritchie s/o Francis T.	13 Oct 1868	20 Jul 1869	So-119
CHELTON,Annie E.	27 Jul 1856	8 Oct 1936	So-106
CHELTON,Caroline	13 Sep 1813	28 Dec 1887	So-148
CHELTON,Doris Carmine	1925	none	So-68
CHELTON,Edith	6 Nov 1863	22 Jul 1945	So-121
CHELTON,Elizabeth C.	(d.age62yr)	11 Jan 1903	So-148
CHELTON,Emma S. w/o William	6 Jan 1860	15 Jan 1918	So-68
CHELTON,Fleet C.	12 Oct 1782	22 May 1853	So-173
CHELTON,Fleet J.	27 Dec 1824	21 Oct 1881	So-4
CHELTON,Florida Lewis	11 Feb 1891	23 Mar 1899	So-121
CHELTON,Frances	15 Mar 1789	18 Mar 1856	So-173
CHELTON,Georgia Taylor w/o William G.	1899	1867	So-68
CHELTON,H. F.	(d.age48yr)	21 Jul 1889	So-148
CHELTON,Herbert Scott s/o H.Handy	23 Jan 1884	20 Oct 1918	So-121
CHELTON,Ivan Douglas	1924	1977	So-68

Name	Birth	Death	Ref
CHELTON, Jeanette	28 nov 1858	28 Feb 1939	So-106
CHELTON, John W.	(d.age20yr)	7 Jul 1856	So-173
CHELTON, Johnny F. s/o W. S. & J.	5 Feb 1882	16 Oct 1882	So-106
CHELTON, Joseph A.	21 Sep 1862	3 Jun 1924	So-121
CHELTON, Leah H. Adams w/o Fleet J.	19 Jul 1824	27 Mar 1918	So-4
CHELTON, Lulu M. w/o W. S. & J.	1886	4 Nov 1886	So-106
CHELTON, Nina wid/o Harry F.	(d.age84yr)	13 Jun 1974	So-124
CHELTON, W. Scott	14 Dec 1842	31 Aug 1912	So-106
CHELTON, William	31 Jul 1818	27 Jul 1884	So-148
CHELTON, William Guy Jr.	1918	1918	So-68
CHELTON, William Guy s/o William	1893	1964	So-4
CHELTON, William S.	10 Apr 1864	15 Jan 1911	So-68
CHELTON, Z. Taylor	11 Dec 1847	17 Mar 1914	So-106
CHIRSTY, Jennie	3 Apr 1868	7 May 1908	So-107
CHRISTIAN, Christina w/o John	31 Dec 1831	8 Mar 1904	So-1
CHRISTIAN, John	23 Jan 1930	14 Feb 1898	So-1
CHRISTY, Lewis W.	1 Mar 1867	15 Aug 1909	So-107
CLARK, Anna H.	(d.age39yr)	2 Dec 1826	So-119
CLARK, Eleanor Adams	14 Aug 1885	13 Jan 1967	So-121
CLAYTON, Ethel Hall	1872	1972	So-4
CLAYTON, Melvin E.	1908	1959	So-111
CLAYTON, William H.	1872	1920	So-112
CLEARY, John E.	1855	1939	So-68
CLEARY, Lettie A.	1864	1932	So-68
CLEARY, Martha E.	1886	1965	So-68
CLEARY, Naomi C.	1909	none	So-4
CLEARY, Vaughn Sr.	1883	1965	So-68
CLIPPINGER, Anthony	1856	1939	So-121
CLIPPINGER, Ida	1865	1942	So-121
COCHRAN, Theodore R. WWII	4 Jul 1905	27 Nov 1967	So-68
COHN, Alice Humphrey	18 Aug 1852	9 May 1939	So-121
COHN, Doris Masin w/o E. H.	none	none	So-121
COHN, Edward Herman	1883	1961	So-121
COHN, Rudolph Sigmund	24 Apr 1849	5 Jul 1909	So-121
COHN, Rudolph s/o R.S. & Alice	26 Sep 1877	22 Jul 1895	So-121
COHOON, Emma R. d/o John H..	(d.age90yr)	20 Feb 1921	So-4
COHOON, John H. (Capt.)	none	none	So-4
COHOON, Maria T. d/o John & Sallie	(d.age80yr)	19 May 1903	So-4
COHOON, Sallie R.	1890	1921	So-4
COLBORN, Robert James S.r	1902	1969	So-121
COLBOURN, Bessie D.	1891	1969	So-121
COLBOURN, George W.	1888	1968	So-121
COLBOURN, Pearl P.	1885	1966	So-121
COLBOURN, Wilmer S.	1890	1913	So-121
COLE, Brenda	1951	1963	So-99
COLE, Carrie B.	1881	1944	So-99
COLE, Charles T.	1885	1942	So-99
COLE, Charless	1893	1980	So-67
COLE, Della	1896	1967	So-67
COLE, Della E.	1882	1963	So-67
COLE, Edward	1867	1964	So-99
COLE, Eliza w/o George	19 Feb 1864	1 Mar 1934	So-99
COLE, Floyd E.	1892	1950	So-99
COLE, George H.	22 Mar 1857	24 Jul 1890	So-99
COLE, Laura T.	23 Mar 1863	30 Apr 1913	So-98

Name	Birth	Death	Location
COLE, Mary V.	1877	1944	So-99
COLE, Oscar	Feb 1871	6 May 1912	So-99
COLGAN, Annie	1798	1872	So-121
COLGAN, Joseph	1872	none	So-121
COLGAN, Joseph S.	1828	1900	So-121
COLGAN, Roxanna	1853	1925	So-121
COLLIER, Ebenezer	1842	1913	So-97
COLLIER, Eddie	1863	1950	So-97
COLLIER, George W.	1884	1903	So-97
COLLIER, Gertie w/o Eddie	1869	1920	So-97
COLLIER, Julia A. w/o William H.	(d.age74yr)	26 Jul 1890	So-119
COLLIER, Samuel O.	(d.age10mo)	28 Sep 1841	So-119
COLLIER, William H.	(d.age59yr)	7 Dec 1844	So-119
COLLINS, Arthur	1889	1943	So-99
COLLINS, Charles E. WWII	1922	1957	So-121
COLLINS, Daniel	1862	1938	So-4
COLLINS, Daniel	3 Aug 1835	9 Apr 1905	So-121
COLLINS, Della M. s/o John W.	1881	1927	So-99
COLLINS, Edith w/o Frank	1874	1918	So-121
COLLINS, Edward E.	1841	1881	So-121
COLLINS, Elizabeth	20 Feb 1826	17 Oct 1858	So-121
COLLINS, Emeline	10 Oct 1834	2 Oct 1914	So-121
COLLINS, Florence M.	1874	1937	So-4
COLLINS, Frank	1873	1941	So-121
COLLINS, Georgia E. w/o William A.	1866	1918	So-99
COLLINS, Hiram Edward	1880	1936	So-121
COLLINS, Ina Belle	1896	1971	So-99
COLLINS, J. Dallas	1844	1910	So-120
COLLINS, John W.	1884	1946	So-99
COLLINS, Julia A. Mrs. (no stone)	(d.age74yr)	Jun 1890	So-119
COLLINS, Lewis Donald WWII	13 Apr 1927	7 Apr 1957	So-99
COLLINS, Margaret E. d/o William A.	2 Oct 1896	29 Nov 1918	So-99
COLLINS, Martha M.	1843	1910	So-121
COLLINS, Robert W.	1921	1945	So-121
COLLINS, Susan	1 Feb 1876	22 Nov 1943	So-121
COLLINS, Willie A. w/o Daniel	1864	1896	So-120
COLONNA, Emma	1854	1885	So-121
COLONNA, Mary Ann	1807	1877	So-121
COLONNA, Samuel H.	1839	1911	So-121
COLONNA, Walter	1885	none	So-121
CONLEY, H. Linwood	1911	1914	So-4
CONNER, Ada Blake	1896	none	So-68
CONNER, Allen F.	1908	1933	So-68
CONNER, Annie E. w/o Henry C.	19 Mar 1839	9 Oct 1919	So-4
CONNER, Annie F.	1871	1875	So-4
CONNER, Bernice V.	11 Apr 1887	13 Aug 1955	So-4
CONNER, Charles W.	1876	1883	So-4
CONNER, Drucilla F. w/o Joseph W.	1858	1940	So-68
CONNER, Earl R.	1896	1913	So-68
CONNER, Eliza J. w/o Nathan T.	1 Jun 1845	10 Feb 1912	So-4
CONNER, Ernest T.	1889	1952	So-68
CONNER, Frank	1870	1928	So-4
CONNER, George W.	1863	1934	So-4
CONNER, Henry C.	7 Jun 1819	28 Jan 1890	So-4
CONNER, Ida Forsythe w/o William J.	1885	1958	So-68

CONNER,Joseph E.		1859		1928	So-68
CONNER,Joseph W.		1854		1920	So-68
CONNER,Lake M.	1 Nov	1896	30 Apr	1966	So-68
CONNER,Lucille J. w/o Lake	13 Nov	1895		1974	So-68
CONNER,Mary A. T. w/o Henry	1 Oct	1822	20 Aug	1878	So-4
CONNER,Nathan Cohoon	4 Nov	1814	7 Sep	1890	So-4
CONNER,Nathan T.	6 Nov	1843	7 Feb	1912	So-4
CONNER,Ralph A.		1884		1958	So-68
CONNER,Rebecca T.		1850		1936	So-4
CONNER,Sallie J.	22 Apr	1881	16 Aug	1969	So-4
CONNER,Sally A.		1850		1931	So-4
CONNER,Sally w/o Nathan C.	17 May	1817	24 Oct	1885	So-4
CONNER,Stanley F. Sr.	13 Nov	1880	4 Sep	1933	So-68
CONNER,Stanley Jr.		1913		1978	So-68
CONNER,Vevie S.		1859		1916	So-68
CONNER,William H.	3 Oct	1845	23 Sep	1853	So-4
CONNER,William J. A.		1872		1945	So-68
COOK,William E.		1896		1969	So-3
COOKSEY,Frank E. son of Ross & Maud	1 Jan	1901	8 Nov	1921	So-74
COOPER,Cecil M.	28 Nov	1906	17 Mar	1968	So-122
COOPER,Jerry	16 Aug	1938	19 Apr	1952	So-122
COOPER,Mary H.		1908		1972	So-4
COOPER,William C.		1928		1951	So-122
COPENHAVER,Grace	29 Jan	1900	28 Dec	1953	So-67
CORBETT,Charles E.	5 May	1862	6 Mar	1939	So-99
CORBETT,Edward T.		1874		1955	So-97
CORBETT,Emma N.	6 Aug	1870	19 Jul	1959	So-99
CORBETT,James S.		1905		1967	So-97
CORBETT,John William Sr.		none		1983	So-72
CORBETT,Julia	(d.age73yr)			1904	So-97
CORBETT,Margaret		1899	23 Feb	1985	So-72
CORBETT,Olive B. w/o Edward T.		1874		1955	So-97
CORBETT,Sallie A. w/o William J.		1868		1951	So-97
CORBETT,William J.		1855		1932	So-97
CORBIN,Clinton W. s/o John R.	(d.age90yr)		16 Sep	1987	So-124
CORBIN,Cordie		1878		1908	So-73
CORBIN,Garfield		1881		1954	So-72
CORBIN,Harley		1880		1952	So-112
CORBIN,Harrison E.		1886		1966	So-112
CORBIN,Isabella Amanda (Belle)		1863		1912	So-134
CORBIN,James L.		1906		1966	So-112
CORBIN,Lawson A.		1849		1930	So-112
CORBIN,Louiza H. P.	(d.age70yr)		27 Oct	1892	So-4
CORBIN,Margaret A.		1865		1945	So-112
CORBIN,Ruth H.		1926		1963	So-112
CORBIN,Ruth M.		1893	28 Aug	1979	So-72
CORBIN,Sedonia		1885		1968	So-112
CORBIN,Wainright Stephen	12 Mar	1921	17 Nov	1934	So-111
CORBIN,William Fletcher King	12 Jan	1901	30 Jun	1973	So-134
COSTEN,Annie Louise		1876		1947	So-130
COSTEN,Barbara Atkinson		1933	13 Mar	1981	So-130
COSTEN,Clyde M.		1889		1957	So-130
COSTEN,Henry Thomas		1853		1930	So-130
COSTEN,James W. (no stone)		none	1 May	1865	So-119
COSTEN,James Washington s/o James	19 Mar	1864	21 Apr	1872	So-119

COSTEN,Mary Jane Martin w/o John W.	10 Jan 1829	13 Jan 1910	So-130
COSTEN,William Edgar	11 Dec 1900	21 Jun 1901	So-130
COSTON,Isaac James	1835	1885	So-120
COSTON,Risina Humphreys	1841	1888	So-120
COSTON,Sallie Porter	1847	1920	So-120
COSTON,Samuel James	1865	1866	So-120
COTTMAN,Elizabeth Dennis d/o Joseph	30 Aug 1836	19 Jul 1852	So-119
COTTMAN,Elizabeth U.Dennis w/o Joseph	none	none	So-119
COTTMAN,Esther Hough Stewart w/o Wm.	2 Jan 1776	21 Apr 1813	So-119
COTTMAN,Hampden Sydney s/o Joseph	21 Dec 1833	21 Sep 1835	So-119
COTTMAN,James H.	1847	1925	So-68
COTTMAN,John	(d.age37yr)	24 Nov 1836	So-2
COTTMAN,Joseph Stewart Col.	16 Aug 1802	28 Jan 1863	So-119
COTTMAN,Joseph Stewart s/o Joseph	13 Feb 1839	3 Oct 1843	So-119
COTTMAN,Lazarus	(d.age78yr)	20 Aug 1842	So-2
COTTMAN,Marion N.	1866	none	So-68
COTTMAN,Thomas s/o Joseph	18 Aug 1835	19 Nov 1835	So-119
COTTMAN,Walter Lee	9 May 1912	28 Apr 1967	So-3
COULBOURN,Aaron	1804	1850	So-4
COULBOURN,Addie S.	1875	1953	So-4
COULBOURN,Annie	1846	1935	So-4
COULBOURN,Annie M. w/o William C.	10 Dec 1839	11 Jan 1908	So-4
COULBOURN,Benjamin Franklin	5 Nov 1866	26 Jul 1894	So-4
COULBOURN,Benjamin S.	28 Jun 1860	4 Nov 1896	So-4
COULBOURN,Benjamin T.	1826	1887	So-4
COULBOURN,Bessie Caroline V. d/o Isaac	1884	1947	So-124
COULBOURN,Carrie F.	1863	1940	So-4
COULBOURN,Charles H. s/o Joseph	21 Oct 1861	31 Oct 1887	So-67
COULBOURN,Constance w/o Harry B.	1885	1974	So-68
COULBOURN,Daisey Cullen w/o W. M.	15 Oct 1872	3 Feb 1928	So-4
COULBOURN,Dolly Ward w/o Thomas A.	3 Jan 1882	15 Feb 1968	So-99
COULBOURN,Edward Clark s/o J. W.	25 Aug 1882	12 Jul 1888	So-4
COULBOURN,Edward R.	1875	1947	So-4
COULBOURN,Edward R. s/o Joseph	21 Oct 1858	12 Feb 1862	So-67
COULBOURN,Elizabeth Adams	1829	1857	So-8
COULBOURN,Elizabeth Gertrude d/o Jos.	(d.age13da)	3 May 1869	So-67
COULBOURN,Elizabeth w/o John	1795	1872	So-30
COULBOURN,Emma R.	1831	1921	So-4
COULBOURN,Ethel Henrietta	1895	1965	So-124
COULBOURN,Florence Tull w/o Ira N.	10 Aug 1856	30 Dec 1944	So-67
COULBOURN,George C. MD	1886	1972	So-68
COULBOURN,Grace Estelle d/o Isaac	1891	1891	So-124
COULBOURN,Gracy B.	1782	1867	So-30
COULBOURN,Harry B.	19 Feb 1882	7 Mar 1964	So-68
COULBOURN,Henrietta R. w/o Wm. T.	16 Aug 1827	30 May 1906	So-30
COULBOURN,I. Paul	1884	1963	So-4
COULBOURN,Ira	3 Jan 1788	30 Oct 1855	So-30
COULBOURN,Ira N. s/o Joseph	24 Jan 1857	21 Dec 1905	So-67
COULBOURN,Isaac H.	18 Jan 1822	16 Sep 1861	So-30
COULBOURN,Isaac H. s/o Thomas W.	(d.age38yr)	25 May 1846	So-2
COULBOURN,Isaac Henry W. s/o William T.	1852	1914	So-124
COULBOURN,Isaac s/o William	15 Apr 1777	15 Aug 1855	So-30
COULBOURN,James C.	1785	1837	So-30
COULBOURN,James F.	1819	none	So-30
COULBOURN,Jane E. Roach w/o Isaac H.	1853	1928	So-124

Name	Birth	Death	Location
COULBOURN, John	21 Mar 1819	23 Nov 1904	So-4
COULBOURN, John W.	1857	1939	So-4
COULBOURN, John W.	1887	1888	So-4
COULBOURN, Joseph	9 Mar 1819	9 Jan 1907	So-67
COULBOURN, Joseph	12 Sep 1883	Mar 1913	So-99
COULBOURN, Joseph E.	25 Mar 1856	15 Apr 1919	So-99
COULBOURN, Leah Parker w/o Isaac	9 Jan 1788	30 Oct 1855	So-30
COULBOURN, Letha Crockett w/o Paul T.	19 Sep 1891	12 Nov 1951	So-68
COULBOURN, Lillian	none	29 Jul 1830	So-1
COULBOURN, Lottie	1860	1922	So-4
COULBOURN, Lucie E w/o Isaac H.	1877	1879	So-124
COULBOURN, Marie F.	5 Nov 1863	4 Mar 1940	So-4
COULBOURN, Mary	1815	1816	So-30
COULBOURN, Mary C.	1866	19--	So-68
COULBOURN, Mary E.	1840	1875	So-4
COULBOURN, Mary E. Mrs. (no stone)	(d.age86yr)	Jan 1892	So-119
COULBOURN, Mary E. w/o Joseph	28 May 1835	25 Jan 1881	So-67
COULBOURN, Mary d/o J. W.	24 Mar 1884	5 Sep 1884	So-4
COULBOURN, Maude Estelle Miller w/o Geo. C.	none	9 Apr 1946	So-68
COULBOURN, Milcha A. w/o William C.	23 May 1833	9 Oct 1882	So-4
COULBOURN, Naomi L. d/o Joseph	4 Mar 1868	1868	So-67
COULBOURN, Paul Thomas	1884	1963	So-68
COULBOURN, Peggy	(d.age81yr)	28 Nov 1856	So-2
COULBOURN, Raymond Guy s/o Isaac	1887	1888	So-124
COULBOURN, Robert U. s/o Joseph	(d.age 8mo)	8 Feb 1874	So-67
COULBOURN, Roland Earle s/o Isaac	1883	1883	So-124
COULBOURN, S. Caroline	1889	1920	So-68
COULBOURN, Sara Elizabeth w/o Thomas	13 Dec 1852	28 Jun 1908	So-68
COULBOURN, Sarah E. Miles w/o John	13 Sep 1820	5 May 1900	So-4
COULBOURN, Sarah W. w/o William	29 Nov 1821	20 Apr 1909	So-67
COULBOURN, Sarah d/o John (twin)	1815	1816	So-10
COULBOURN, Thomas Asbury s/o Joseph	1 May 1879	1951	So-99
COULBOURN, Thomas L.	9 Sep 1826	2 Feb 1915	So-68
COULBOURN, Thomas Reid s/o Harry B.	2 Nov 1919	1 Nov 1923	So-68
COULBOURN, Thomas W.	Illegible	27 May 1851	So-2
COULBOURN, Walter B. w/o William C.	25 Dec 1871	5 Jan 1907	So-4
COULBOURN, Wilbert J. s/o Wm.J.	(d.age79yr)	31 Jul 1987	So-4
COULBOURN, William	(d.age52yr)	29 Jul 1830	So-2
COULBOURN, William Clark	25 Jan 1829	13 Jan 1908	So-4
COULBOURN, William H. s/o Isaac	1880	1960	So-124
COULBOURN, William J.	1850	1933	So-68
COULBOURN, William Newman	1886	1936	So-4
COULBOURN, William T. s/o Isaac	18 Aug 1811	9 Oct 1892	So-30
COULBOURN, William Wright	1822	Jun 1906	So-30
COULBOURN, William s/o John	20 Jun 1822	7 Oct 1888	So-67
COULBOURN, Zipporah w/o James	1785	none	So-30
COVERT, Estella A.	19 Aug 1846	9 Sep 1919	So-121
COVINGTON, Blanche Fontaine	17 Sep 1855	25 Dec 1885	So-121
COVINGTON, Calvert Craig	25 Jun 1939	11 Jun 1958	So-130
COVINGTON, Eliza w/d/o Isaac	(d.age58yr)	5 Dec 1873	So-119
COVINGTON, Ernest s/o Scott (no stone)	8 Aug 1875	16 Aug 1875	So-119
COVINGTON, James F.	26 Sep 1861	1 Sep 1927	So-119
COVINGTON, John (no stone)	(d.over70y)	18 Jul 1866	So-149
COVINGTON, John E.	2 Nov 1832	13 Mar 1910	So-119
COVINGTON, Julia Wailes	10 Jan 1871	26 Apr 1942	So-119

Name	Birth	Death	Location
COVINGTON, Mary Elizabeth	12 Mar 1839	12 Feb 1917	So-119
COVINGTON, Mary Estelle (no stone)	(d.age 5wk)	10 Aug 1889	So-119
COVINGTON, Mrs. wid/o John (no stone)	(d.age78yr)	29 Oct 1882	So-119
COVINGTON, Myra E.	31 May 1919	15 Aug 1964	So-130
COVINGTON, Sally F. (no stone)	(d.age22yr)	21 Aug 1860	So-119
COVINGTON, W. Scott (no stone)	(d.age31yr)	2 Apr 1879	So-119
COX, Algie	1880	1968	So-146
COX, Alice	28 Sep 1891	18 Aug 1892	So-106
COX, Arthur T. s/o Arthur T.	(d.age59yr)	9 Aug 1987	So-124
COX, Belle Pierson w/o L. W.	6 Mar 1867	13 Nov 1946	So-106
COX, Caroline w/o Elijah	6 Mar 1830	30 Jul 1878	So-106
COX, Dewey	none	30 Mar 1984	So-26
COX, Edward W.	6 Oct 1856	27 Nov 1908	So-106
COX, Effie K. w/o Ernest	1869	1939	So-106
COX, Elijah	28 Sep 1832	19 Feb 1909	So-106
COX, Elijah J.	1865	1942	So-106
COX, Elizabeth A.	1860	1931	So-106
COX, Emma S. w/o F. E.	(d.age22yr)	23 Mar 1887	So-115
COX, Fannie White w/o Mervin L.	2 Feb 1893	26 Oct 1924	So-106
COX, George A. s/o Elijah	1854	1921	So-148
COX, George D.	1904	1946	So-26
COX, Helen J.	1900	none	So-121
COX, Henrietta M. w/o William H.	1849	1918	So-146
COX, Imogen Miles d/o G. A. & Susie	16 Jan 1882	10 Sep 1883	So-148
COX, Isaac H.	1831	1963	So-26
COX, James Alfred gr/so Jas.Anderson	(d.age 6mo)	2 Sep 1865	So-119
COX, John H.	1852	1914	So-106
COX, John W.	16 Sep 1850	26 Oct 1944	So-107
COX, Lambert Wesley	15 Jun 1853	31 Dec 1832	So-106
COX, Lina M.	1883	1918	So-106
COX, Lloyd W. Capt.	1886	1952	So-106
COX, Margaret Ford w/o John Henry	1854	1929	So-167
COX, Margaret Howeth w/o Wesley	22 Aug 1881	22 Sep 1970	So-124
COX, Margaret T.	1854	1929	So-106
COX, Mervin L.	1 Nov 1888	11 Jan 1961	So-106
COX, Ruth C. w/o L. W.	11 Feb 1853	1 Aug 1891	So-106
COX, Sallie E. w/o John W.	9 Mar 1863	29 Jan 1916	So-107
COX, Sarah H.	1902	1934	So-26
COX, Sherman R. s/o James & Ionia	21 Nov 1903	24 May 1921	So-107
COX, Sherwood WWI	12 Aug 1893	24 Mar 1966	So-121
COX, Susan Eleanora	1851	1917	So-148
COX, Theodore	1846	1922	So-26
COX, Vernon B. PFC, U.S.Army	6 Jan 1924	2 Jul 1976	So-146
COX, W. Ernest	1868	1955	So-106
COX, Wesley Robert s/o Edward	8 Mar 1878	8 Oct 1973	So-124
COX, William H.	1841	1912	So-146
CRAWFORD, Clyde Custis	22 Oct 1882	1 Jan 1911	So-70
CREAMER, John S.	1844	1905	So-120
CREAMER, M. Lillian	19 Aug 1872	10 Apr 1908	So-110
CREAMER, Margaret E. d/o John S. & Ida	4 Aug 1899	21 Sep 1911	So-132
CREAMER, Reuben B. s/o John S.	28 oct 1897	1 Oct 1898	So-132
CREASY, Dorothy A. Cockrall w/o Onzie	(d.age59yr)	7 Sep 1987	So-3
CREIGHTON, Walter	(d.age52yr)	24 Mar 1917	So-99
CRISFIELD, Caroline Martin d/o J. W.	7 Dec 1860	30 Jul 1947	So-121
CRISFIELD, Charlotte Louise d/o J. W.	1858	1912	So-121

CRISFIELD,Ellen R.		1850	1927	So-121
CRISFIELD,Ellen R. w/o John W.	(d.age24yr)	8 Mar 1855	So-121
CRISFIELD,John Woodland		6 Nov 1808	12 Jan 1897	So-121
CRISFIELD,Julia Ethelwide P. w/o J.W.	(d.age52yr)	28 Jun 1841	So-121
CRISFIELD,Julia Ethelwide d/o J. W.		16 Aug 1846	4 Dec 1865	So-121
CRISFIELD,Margaret W. J.		2 Dec 1855	5 Oct 1863	So-121
CRISFIELD,Mary W. w/o John Woodland		23 Sep 1822	9 Jul 1902	So-121
CRISFIELD,Mary Wilson d/o J. W.		1852	1939	So-121
CRISFIELD,Woodland s/o J. W.		15 Sep 1848	25 Jan 1859	So-121
CRISSEY,Elva E.		1900	1934	So-121
CROCKETT,Adolphus s/o Wm. & Ann (no st	(d.age4mo)	17 Oct 1857	So-119
CROCKETT,Alexander (no stone)		none	14 Aug 1847	So-119
CROCKETT,Alexander Sidney s/o Wm.B.		5 May 1838	13 Mar 1845	So-119
CROCKETT,Ananias		1832	1909	So-45
CROCKETT,Bettie Garrard		1864	1954	So-120
CROCKETT,Caroline A. E.		1827	1856	So-120
CROCKETT,Harriett Miss (no stone)		none	9 Sep 1866	So-119
CROCKETT,Hiram Lankford		1851	1851	So-120
CROCKETT,James L.		1855	1855	So-120
CROCKETT,John		1853	1871	So-45
CROCKETT,John Betz		1867	1936	So-120
CROCKETT,Josepheus h/o Emily D.B.		none	15 Nov 1888	So-97
CROCKETT,Josiah S.		1815	1872	So-120
CROCKETT,Sallie		1853	1871	So-45
CROCKETT,Sallie Riggin		1834	1916	So-45
CROCKETT,Sarah M.		1839	1918	So-120
CROCKETT,Virginia Stewart	(d.age 6mo)	1853	31 Mar 1861	So-120
CROCKETT,William Lankford		1853	1934	So-120
CROSDALE,Henry Rev.		none	12 Aug 1843	So-119
CROSDALE,Mary E. w/o Rev. Henry		24 Mar 1820	23 Apr 1885	So-119
CROSDALE,Sarah C.		29 Apr 1851	12 Nov 1852	So-119
CROSS,Joseph W.		1874	1908	So-121
CROSS,Willard s/o Joseph W. & Oliviaa		1906	1906	So-121
CROSWELL,Almira P.		1876	1971	So-132
CROSWELL,Alzah V.		24 Jul 1867	1 Aug 1887	So-106
CROSWELL,Annie M.		1864	1943	So-132
CROSWELL,Beulah P. w/o Joseph A.		1881	1959	So-110
CROSWELL,Carrie E. w/o J. Upshur		1858	none	So-68
CROSWELL,Earl P.		1914	1925	So-148
CROSWELL,Edward M. s/o Severn		14 Mar 1866	10 Feb 1929	So-132
CROSWELL,Ella W.		1875	1964	So-148
CROSWELL,George H.		1862	1929	So-132
CROSWELL,Henrietta B.		1871	1872	So-30
CROSWELL,J. Upshur		1852	1925	So-4
CROSWELL,Jeanett B.		1924	1970	So-99
CROSWELL,John W.		1865	1937	So-132
CROSWELL,Joseph A.		1873	1942	So-110
CROSWELL,Levinia C.		1859	1889	So-132
CROSWELL,Lillie E. w/o Severn W.		1885	1939	So-110
CROSWELL,Louise		1898	1941	So-121
CROSWELL,Mary F. w/o Severn		20 Mar 1836	19 Oct 1902	So-132
CROSWELL,Nancy w/o Henry	(d.age58yr)	4 Aug 1871	So-173
CROSWELL,Randall W.		1895	1970	So-121
CROSWELL,Severn T.		30 Mar 1822	3 Sep 1901	So-132
CROSWELL,Severn W.		1864	1928	So-110

CROSWELL, Thomas E. S.	22 Jun 1855	(d.age 74yr)		So-173
CROSWELL, Wallace Wade	1896		1952	So-132
CROSWELL, William H.	1870		1947	So-148
CROSWELL, William H. (Pete)	1838		1965	So-148
CROSWELL, William S.	(d.age 10mo)	26 Oct 1871		So-173
CROSWELL, William W.	1859		1932	So-132
CULLEN, Alton E.	1893		1956	So-137
CULLEN, Ann w/o Travers	17 Mar 1817	19 Oct 1845		So-58
CULLEN, Arintha Bell w/o J. Hoke	31 Oct 1847	29 Nov 1924		So-4
CULLEN, Arintha Jane w/o James H.	24 Dec 1862		1944	So-137
CULLEN, Benjamin F. s/o John	15 Jul 1828	23 Mar 1841		So-27
CULLEN, Blanche D.	18 Dec 1875		1963	So-4
CULLEN, Blanche M. w/o Hardy B.	1874		1958	So-4
CULLEN, Carrie	1863		1937	So-4
CULLEN, Charles C.	15 Oct 1817		1849	So-27
CULLEN, Charles S.	25 Mar 1869	11 Apr 1897		So-45
CULLEN, Daisey	1847		1924	So-4
CULLEN, Daniel	1912		1979	So-4
CULLEN, Edna N.	1908		1956	So-4
CULLEN, Elizabeth	25 Jan 1835	23 Oct 1838		So-35
CULLEN, Elizabeth M.	1900		1975	So-4
CULLEN, Frances C.	1915		1964	So-25
CULLEN, Frank	1866		1946	So-4
CULLEN, George L.	1841		1865	So-27
CULLEN, George Thomas	1860		1937	So-137
CULLEN, Hardy B.	1871		1944	So-4
CULLEN, Harold	1883		1953	So-124
CULLEN, Iva Cullen Rosse	1917		1960	So-4
CULLEN, J. Hoke	6 May 1834	15 Jun 1910		So-4
CULLEN, Jacob B.	1838		1927	So-45
CULLEN, Jacob Hoke	18 Oct 1905	19 Jan 1942		So-4
CULLEN, Jacob John	8 Apr 1830	30 Aug 1906		So-137
CULLEN, James Henry	1858		1943	So-137
CULLEN, James L. s/o Josiah	30 Dec 1834	8 Mar 1866		So-52
CULLEN, Jay B.	1887		1951	So-4
CULLEN, Jemima	25 Jan 1806	4 Oct 1874		So-35
CULLEN, John	13 May 1793		1876	So-27
CULLEN, John G.	1907		1975	So-4
CULLEN, John L.	29 Mar 1824	4 Jun 1888		So-27
CULLEN, John T.	1827		1891	So-58
CULLEN, John W.	1864		1892	So-27
CULLEN, Josiah	19 Oct 1806	31 Dec 1868		So-52
CULLEN, Laura C.	1869		1940	So-121
CULLEN, Lavinia	1849		1927	So-58
CULLEN, Lawrence	28 Nov 1889	9 Mar 1907		So-58
CULLEN, Lillian W.	1889		1960	So-124
CULLEN, Louise w/o Alton E.	1898		1973	So-137
CULLEN, Martha w/o John	1796		1861	So-27
CULLEN, Mary A. w/o Jacob	1830	14 Dec 1810		So-137
CULLEN, Melissa W. w/o Jacob B.	1842		1933	So-45
CULLEN, Milton	6 Aug 1895	3 Apr 1950		So-124
CULLEN, Nancy Byrd w/o Isaac	1 Jun 1809	19 May 1875		So-35
CULLEN, Nancy E.	14 Nov 1845	2 Oct 1871		So-35
CULLEN, Nina B.	1919		1920	So-4
CULLEN, Ola G. w/o Wade H.	1881	18 Jun 1940		So-4

Name	Birth	Death	Loc
CULLEN,Ola M.	1942	1944	So-4
CULLEN,Olan H.	29 Sep 1910	27 Sep 1967	So-4
CULLEN,Olive C. w/o George T.	1872	1960	So-137
CULLEN,Paul T.	1884	1947	So-4
CULLEN,Paul s/o Hoke	31 Aug 1878	27 Apr 1883	So-4
CULLEN,Ralph B.	1866	1941	So-121
CULLEN,Ruth d/o Hardy B.	20 Feb 1902	21 Oct 1907	So-4
CULLEN,Sallie d/o John	28 Apr 1829	7 Oct 1855	So-27
CULLEN,Samuel T.	31 Jan 1854	24 Oct 1857	So-35
CULLEN,Wade H.	1877	1954	So-4
CULLEN,William S.	28 Feb 1851	8 Sep 1854	So-35
CULLEN,William Samuel	21 Jun 1860	14 Jun 1884	So-45
CULLEN,William Thomas	1884	1969	So-4
CULLEN,Winter Calbert	1881	1952	So-4
CULVER,Ella P.	3 May 1874	11 Jan 1959	So-121
CULVER,Marchie A.	23 Mar 1875	15 Jul 1948	So-121
CURTIS,Araminta A. d/o John	26 Jan 1839	16 Apr 1912	So-70
CURTIS,Emma J. Berry w/o Levin H.	9 Oct 1851	25 Feb 1934	So-119
CURTIS,George	1924	1949	So-97
CURTIS,Henry E. s/o Levin H. & Emma	4 Oct 1876	10 Mar 1881	So-119
CURTIS,John s/o William	1800	19 Nov 1864	So-70
CURTIS,Levin H. s/o Henry & Sally	24 Jan 1842	17 Mar 1921	So-119
CURTIS,Mary Ellen d/o Joh	1835	1928	So-70
CURTIS,Pearl Daniels w/o John	(d.age85yr)	Feb 1978	So-4
CURTIS,Sarah Ballard w/o John	1806	25 Oct 1890	So-70
CURTIS,Susan Emily	1847	1922	So-70
CUSTIS,Adellan J.	1890	none	So-122
CUSTIS,George Lee	1891	1945	So-122
DAFT,Donna	1943	1952	So-72
DAFT,Leland	none	1969	So-72
DAFT,Lillian Dashiell	1896	15 Feb 1977	So-72
DAFT,Thomas E.	1913	1953	So-72
DALE,Edgar Cook	15 Jan 1890	23 Feb 1891	So-121
DALE,John Dr.	15 Oct 1851	6 Nov 1899	So-121
DALE,Richard	23 Dec 1856	6 Mar 1942	So-121
DALE,Sallie A.	23 Dec 1856	6 Mar 1942	So-121
DALE,Stella	28 Aug 1893	15 Jun 1962	So-121
DAMARAL,Helen w/o Eddie	1878	1969	So-97
DAMERAL,Eddie W.	1874	1906	So-97
DAMERAL,Lottie	1839	1895	So-97
DAMERAL,William	1843	1905	So-97
DANIELS,Alva P.	1911	1968	So-97
DANIELS,Cyrus H.	1871	1947	So-110
DANIELS,David W.	(d.age18yr)	26 Sep 1851	So-79
DANIELS,Eli	1847	1937	So-110
DANIELS,Mary w/o Travers	(d.age72yr)	12 May 1862	So-79
DANIELS,Sarah S. w/o Eli	1871	1915	So-110
DANIELS,Travers	7 Jan 1780	none	So-79
DANIELS,Willie H. w/o Cyrus H.	1888	1910	So-110
DASHIELL,Ada Rose w/o Cassius M.	3 Nov 1849	28 May 1917	So-119
DASHIELL,Albert A.	1887	1961	So-110
DASHIELL,Andrew J.	1914	1944	So-110
DASHIELL,Anna F.	1916	1960	So-110
DASHIELL,Annie D.	1867	1940	So-98
DASHIELL,Arintha Benton	15 Oct 1915	18 Mar 1954	So-121

Name	Birth	Death	Ref
DASHIELL,Arzah T.		1886	1964	So-121
DASHIELL,Aurelia w/o Hampden H.	7 Nov 1832	8 Apr 1857	So-119
DASHIELL,Bertha Bayley Smith	27 Oct 1871	3 Jun 1957	So-119
DASHIELL,C. Alberta d/o Edgar J.	(d.age 9mo)	28 Dec 1863	So-140
DASHIELL,Cadmus	1859	1945	So-121
DASHIELL,Cadmus M.D.	1813	1898	So-119
DASHIELL,Cassius M.	17 Jul 1848	25 Dec 1935	So-119
DASHIELL,Catherine E.	18 Apr 1860	7 Feb 1927	So-99
DASHIELL,Cecelia Dennis w/o Rufus W.	1850	8 Jun 1931	So-119
DASHIELL,Charles M.	22 Jan 1914	11 Aug 1961	So-121
DASHIELL,Charles M.	26 Aug 1868	17 May 1922	So-99
DASHIELL,Charles s/o Hampden & B.	18 Feb 189-	19 Feb 189-	So-119
DASHIELL,Clara E. Bounds	1867	1916	So-99
DASHIELL,Daisey Doretta d/o James E.	1880	1882	So-99
DASHIELL,Dale D.	11 Sep 1881	3 Sep 1958	So-121
DASHIELL,E. Barnes s/o Millard	1921	1935	So-110
DASHIELL,Edgar J.	6 Mar 1822	8 Mar 1889	So-99
DASHIELL,Edwin Polk s/o Hampden & E.	23 May 1863	10 May 1867	So-119
DASHIELL,Effie	1872	1935	So-99
DASHIELL,Eleanor A.	14 May 1815	14 Jul 1867	So-119
DASHIELL,Eleanor E.	1817	1892	So-121
DASHIELL,Eliza Polk	14 Apr 1819	9 Jan 1897	So-119
DASHIELL,Elizabeth	1817	1878	So-121
DASHIELL,Elizabeth A. w/o Edgar J.	none	none	So-99
DASHIELL,Elizabeth Sarah Miss	26 Dec 1813	1 Dec 1884	So-119
DASHIELL,Elizabeth W. w/o H.H.	10 May 1841	26 Oct 1870	So-119
DASHIELL,Ellen Meyers	1874	1955	So-121
DASHIELL,Elmer T.	1899	1961	So-110
DASHIELL,Elsie Long	26 Oct 1880	13 Nov 1941	So-121
DASHIELL,Elsie Pearl	13 Sep 1891	7 Mar 1895	So-99
DASHIELL,Emily I. d/o William H.	(d.age79yr)	Mar 1974	So-121
DASHIELL,Emily P.A.	10 Mar 1844	18 Dec 1885	So-83
DASHIELL,Esther Hough Bishop d/o Geo.	7 Aug 1835	14 Sep 1837	So-119
DASHIELL,Ethel Page d/o James E.	4 Jul 1897	25 Oct 1908	So-99
DASHIELL,Etta Thomas w/o Charles M.	28 Jan 1868	12 Jun 1956	So-99
DASHIELL,Fanny Louise d/o Edgar J.	(d.age 3yr)	4 Jan 1864	So-140
DASHIELL,Flora W.	1895	1971	So-98
DASHIELL,Francis Dale d/o Dale	3 Oct 1910	12 Feb 1951	So-121
DASHIELL,Francis H.	1852	1927	So-119
DASHIELL,Frank	14 Mar 1877	10 Apr 1930	So-99
DASHIELL,Franklin	1911	1962	So-99
DASHIELL,Frederick Duer s/o H. M.	14 May 1907	1 Nov 1907	So-121
DASHIELL,Gabrielle A. w/o Edgar	13 Apr 1863	28 Dec 1863	So-99
DASHIELL,Gabrille A. d/o Edgar J.	13 Apr 1863	28 Dec 1863	So-177
DASHIELL,George A.	9 Jun 1787	3 Sep 1835	So-119
DASHIELL,George W.	5 Apr 1876	15 Jul 1938	So-132
DASHIELL,George W.	29 Jun 1818	27 Sep 1853	So-119
DASHIELL,George Washington s/o George	22 Feb 1841	5 Sep 1845	So-119
DASHIELL,George William s/o George	29 Apr 1829	20 Jan 1849	So-119
DASHIELL,Hallie w/o Omar	1892	1968	So-121
DASHIELL,Hampden H.	1899	1967	So-122
DASHIELL,Hampden Haynie	27 Jul 1825	15 June 1895	So-119
DASHIELL,Hampden Polk	18 Sep 1856	15 May 1924	So-119
DASHIELL,Hampton	1894	1945	So-99
DASHIELL,Hanson M. s/o Cadmus & Mary	6 Aug 1886	28 Jul 1912	So-121

Name	Birth	Death	Location
DASHIELL,Harriet T.Walter w/o Cadmus	24 Jun 1819	15 Dec 1884	So-119
DASHIELL,Hazel Lee	25 Feb 1930	17 Aug 1936	So-98
DASHIELL,Horace G.	1872	none	So-99
DASHIELL,Isabella	8 Sep 1819	6 Aug 1903	So-119
DASHIELL,Iva d/o Omar	20 Apr 1906	18 Sep 1906	So-99
DASHIELL,J. Herman	1888	1958	So-98
DASHIELL,J. Rufus	1883	1943	So-99
DASHIELL,James E.	16 Nov 1855	6 Jul 1924	So-99
DASHIELL,James T.	27 Jan 1839	14 Apr 1903	So-173
DASHIELL,Jane w/o James T. (no.st)	(d.age31yr)	14 Apr 1868	So-119
DASHIELL,John	17 Mar 1869	10 Oct 1916	So-99
DASHIELL,John I.	3 May 1808	19 Nov 1864	So-119
DASHIELL,John W.	1873	1954	So-110
DASHIELL,John W. M.D.	30 Jan 1817	4 Sep 1910	So-119
DASHIELL,Joseph	1870	1942	So-99
DASHIELL,Joseph C.	12 Dec 1874	6 Feb 1916	So-99
DASHIELL,Joseph s/o James F.	11 Aug 1860	26 Nov 1861	So-119
DASHIELL,Laura Henry w/o Dr. R. W.	none	7 Feb 1882	So-121
DASHIELL,Lewis W.	1909	1967	So-99
DASHIELL,Lila H. w/o John W.	1879	1951	So-110
DASHIELL,Lillie	18 Dec 1850	21 Oct 1875	So-121
DASHIELL,Lillie Matilda w/o Omar	6 Oct 1885	27 Mar 1907	So-99
DASHIELL,Louis A. s/o Edgar J.	1861	1864	So-177
DASHIELL,Louise M.	26 Feb 1898	20 Dec 1954	So-132
DASHIELL,Lucy Tarleton	1881	14 Feb 1965	So-72
DASHIELL,Margaret	none	Feb 18--	So-83
DASHIELL,Margaret B. Laird w/o Lewis	13 Nov 1817	11 Nov 1936	So-110
DASHIELL,Margaret d/o Joe and Julia	1904	1905	So-99
DASHIELL,Margie L. w/o William D.	1907	none	So-98
DASHIELL,Marion Frances Waller w/o H.	31 Dec 1875	26 Jul 1933	So-119
DASHIELL,Mary A. Wailes w/o John J.	Mar 1821	Mar 1891	So-119
DASHIELL,Mary E.	1845	1926	So-130
DASHIELL,Mary Ellen d/o W. Frank & Reina	none	19 Jan 1922	So-121
DASHIELL,Mary Hampton d/o Wm. Hall	(d.age21yr)	1 Sep 1889	So-121
DASHIELL,Mary Prettyman	1871	1933	So-121
DASHIELL,Mary Priscilla	8 Apr 1825	18 Aug 1865	So-119
DASHIELL,Mary W.	1865	1927	So-121
DASHIELL,Matilda E.	1868	1951	So-99
DASHIELL,Matilda T. w/o Theodore G.	none	29 Sep 1842	So-119
DASHIELL,Midora T.	1882	1947	So-121
DASHIELL,Millard	1896	1966	So-110
DASHIELL,Minnie M.	1868	1958	So-132
DASHIELL,Nellie W. w/o Albert A.	1896	1962	So-110
DASHIELL,Nellie d/o John	1844	1935	So-119
DASHIELL,Omar	1886	1940	So-121
DASHIELL,Peter	20 Aug 1833	19 Apr 1900	So-99
DASHIELL,Rebecca Mrs. (no stone)	none	Jun 1842	So-119
DASHIELL,Robert	12 Sep 1901	18 May 1921	So-132
DASHIELL,Robert D. Dr. s/o John H.	May 1858	Nov 1911	So-121
DASHIELL,Robert K. W.	18 May 1820	11 Dec 1901	So-128
DASHIELL,Robert K. W.	20 Apr 1854	12 Jun 1894	So-119
DASHIELL,Robert K. W. Dr. (no stone)	(d.age55yr)	28 Jun 1854	So-119
DASHIELL,Ruby w/o Frank	9 Aug 1887	14 Feb 1936	So-99
DASHIELL,Rufus W. MD	(d.age49yr)	28 Mar 1900	So-119
DASHIELL,Ruth Lurine	1921	1970	So-121

Name	Birth	Death	Location
DASHIELL,S. Frank	1862	1948	So-121
DASHIELL,Sallie M.	20 May 1838	22 Mar 1943	So-132
DASHIELL,Sally Brown Upshur w/o Wm.H.(d.age27yr)		Jan 1887	So-121
DASHIELL,Sarah	25 Oct 1843	8 Jul 1891	So-99
DASHIELL,Sarah Anne	10 Apr 1823	30 Sep 1906	So-119
DASHIELL,Sarah B. Cottman w/o Geo.	19 Feb 1811	17 Sep 1849	So-119
DASHIELL,Sarah E. M. Waller w/o Robt.	20 May 1838	22 Nov 1913	So-128
DASHIELL,Sarah G.	1856	1929	So-119
DASHIELL,Seth B. (no stone)	(d.age50yr)	7 Dec 1870	So-119
DASHIELL,Shelby WWI	28 Dec 1893	1 Oct 1918	So-99
DASHIELL,Stephen Cecil s/o George W.	3 Jul 1848	8 Jan 1849	So-119
DASHIELL,Stephen Warfield	(d.age70yr)	3 Sep 1972	So-121
DASHIELL,Susie Shrives	14 Apr 1883	21 Jul 1950	So-121
DASHIELL,Theodore G.	15 Apr 1802	29 May 1855	So-119
DASHIELL,W. Herman	1888	1958	So-98
DASHIELL,Walter H.	30 Apr 1923	4 Sep 1925	So-98
DASHIELL,William D.	1863	1956	So-98
DASHIELL,William D.	1904	1963	So-98
DASHIELL,William F.	20 Aug 1833	13 Aug 1914	So-83
DASHIELL,William H.	19 Oct 1870	26 Jan 1958	So-121
DASHIELL,William Handy	1852	1922	So-121
DASHIELL,William T.	29 Oct 1856	24 Dec 1884	So-99
DASHIELL,Woodrow s/o Frank	1916	1957	So-99
DAUGHERTY,Andrew J.	1846	1923	So-1
DAUGHERTY,Annie E.	1868	1939	So-1
DAUGHERTY,Catherine	1817	1887	So-28
DAUGHERTY,Christopher C. s/o R.H.	11 Mar 1884	10 Jul 1891	So-39
DAUGHERTY,Edward T.	1842	1907	So-28
DAUGHERTY,Edwin H.	1846	1930	So-67
DAUGHERTY,Edwin H.	1846	1930	So-67
DAUGHERTY,Elizabeth May	1886	1966	So-119
DAUGHERTY,Emely	1827	1881	So-28
DAUGHERTY,Emma E. Smith w/o George Albert	1852	1938	So-119
DAUGHERTY,Esther	1796	1875	So-28
DAUGHERTY,Florence F. w/o Wm. D.	1866	1941	So-107
DAUGHERTY,George Albert	1840	1904	So-119
DAUGHERTY,J. Thomas	(d.age61yr)	1 Dec 1892	So-68
DAUGHERTY,James T. WWII	18 Sep 1921	13 May 1962	So-3
DAUGHERTY,John Albert	1884	1935	So-119
DAUGHERTY,John W.	19 Apr 1849	4 Jul 1919	So-107
DAUGHERTY,Kathryn M.	29 May 1900	5 Jul 1972	So-3
DAUGHERTY,Kendel L.	25 Dec 1897	none	So-3
DAUGHERTY,L. S.	1833	1906	So-28
DAUGHERTY,Levi	1793	1870	So-28
DAUGHERTY,Mary D.	1853	1920	So-4
DAUGHERTY,Mary E.	1837	1888	So-28
DAUGHERTY,Mary R.	1865	1883	So-28
DAUGHERTY,McKenny	1 Apr 1810	17 Jul 1895	So-107
DAUGHERTY,Rebecca E. w/o Edwin H.	1856	1933	So-67
DAUGHERTY,Robert D.	1832	1904	So-4
DAUGHERTY,Russell Leonard	1922	1923	So-3
DAUGHERTY,Sallie	4 Aug 1816	27 Aug 1890	So-107
DAUGHERTY,Thomas S.	1822	1885	So-28
DAUGHERTY,Thomas W.	1818	1888	So-28
DAUGHERTY,William D.	1870	1939	So-107

DAUGHERTY,William H.		1835	1908	So-28
DAVID,Leolen A. s/o A.	(d.age 18yr)		24 Feb 1833	So-84
DAVIS,Aden		1870	1926	So-4
DAVIS,Aden	29 Mar 1834		5 Mar 1917	So-4
DAVIS,Arzah		1863	1928	So-4
DAVIS,Bernice W.	(d.age 20yr)		25 Oct 1932	So-1
DAVIS,Carrie J. Tull w/o Aden		1873	1956	So-4
DAVIS,Charles Alfred s/o Charles S.	(d.age 3mo)		17 Jul 1893	So-4
DAVIS,Dola D.		1895	1963	So-110
DAVIS,Elizabeth w/o James	12 May 1823		14 Feb 1930	So-146
DAVIS,Elsie M.		1906	1908	So-110
DAVIS,Emeline Randson w/o James	Apr 1810		11 Nov 1850	So-146
DAVIS,Ernest W.		1883	1960	So-130
DAVIS,Fannie Tull		1863	1955	So-4
DAVIS,Ida K.		1864	1943	So-98
DAVIS,Irvin		1903	1940	So-58
DAVIS,James	29 Sep 1813		13 Mar 1885	So-146
DAVIS,John		1844	1917	So-110
DAVIS,Katie W. w/o Kirby	17 Feb 1866		7 Jul 1945	So-110
DAVIS,Martha Ann Riggin w/o James	10 Oct 1815		12 May 1845	So-146
DAVIS,Mary E. B. w/o Ridson	(d.age 41yr)		26 Oct 1871	So-87
DAVIS,Mary E. J. Miles w/o Aden	7 Nov 1841		12 Jul 1896	So-4
DAVIS,Mary Elizabeth d/o Wm. T.	20 Jan 1870		26 Sep 1895	So-1
DAVIS,Mary H. d/o Aden	(d.age 4yr)		10 Apr 1863	So-4
DAVIS,Mary Tull		1874	1937	So-68
DAVIS,Mattia A.		1883	1959	So-130
DAVIS,Minos A.		1859	1917	So-98
DAVIS,Mortimer		1874	1949	So-1
DAVIS,N. Victor s/o Arzah	17 Aug 1888		17 Jul 1889	So-4
DAVIS,Robert		1883	1950	So-110
DAVIS,Robert H. s/o James & Milcha	24 Nov 1836		3 Feb 1878	So-173
DAVIS,Samuel T.		1876	1959	So-110
DAVIS,Sarah A. w/o Risdon	(d.age 21yr)		20 Sep 1846	So-87
DAVIS,Sarah Cox		1871	1949	So-26
DAVIS,Susan B.	8 Sep 1854		22 Oct 1922	So-1
DAVIS,Tabitha M. w/o John		1853	1932	So-110
DAVIS,W. Thomas	22 Feb 1840		11 Jan 1912	So-1
DAVIS,Wayne H.		1904	1957	So-130
DAVIS,Winnie A.		1888	1908	So-110
DAVY,Anne Marie w/o George	8 Aug 1816		4 Jul 1894	So-70
DAVY,Edmund J.	7 Jan 1840		21 Sep 1923	So-70
DAVY,Edna w/o Romeo		none	22 Feb 1917	So-70
DAVY,Elsa Waters	12 Jun 1851		11 Jan 1936	So-70
DAVY,Henry T.	11 Oct 1809		19 Aug 1893	So-70
DAVY,Levin Evans	6 Jul 1853		4 Jan 1896	So-70
DAVY,Maria W.		1824	1853	So-51
DAVY,Mary Elizabeth H.Waters w/o H.	1 Dec 1806		5 Oct 1842	So-70
DAVY,Priscilla Ballard w/o John	9 Feb 1842		16 Aug 1867	So-113
DAVY,Robert		1793	1872	So-51
DAVY,Romeo	24 Apr 1858		27 Jul 1937	So-70
DAVY,Ruth Miss		none	12 Mar 1926	So-119
DAVY,Sallie J.		none	6 Dec 1911	So-70
DAVY,Susan Waters w/o Edward T.	12 Jun 1851		11 Jan 1936	So-70
DAVY,Wallie J.		none	5 Dec 1911	So-70
DAVY,William		1805	1897	So-51

Name	Birth	Death	Location
DAVY,William R.	none	19 Oct 1916	So-70
DAY,Aurelia W. w/o Charles	1871	1955	So-68
DAY,Charles R.	1865	1926	So-68
DAY,John W. s/o Charles	1908	1936	So-68
DAYTON,Cara E. Dashiell w/o M.F.	19 May 1868	28 Jun 1921	So-99
DAYTON,Millard F.	1859	24 Jul 1908	So-99
DAYTON,Millard F. s/o M.F.	18 Mar 1901	19 Jul 1922	So-99
DEAVER,Clarence	1888	1918	So-120
DEMAR,Edmond Haskel	1887	1945	So-1
DEMAR,Elizabeth	1890	1954	So-1
DENNIS,Alfred Pierce s/o Samuel K.	10 Jan 1869	29 Aug 1931	So-121
DENNIS,Arthur Crisfield s/o Samuel K.	15 Jan 1867	20 Feb 1954	So-121
DENNIS,Eleanor d/o Robert Bratten	13 Jul 1887	15 Nov 1917	So-119
DENNIS,Elizabeth Bernard d/o James U.	none	1 Aug 1854	So-119
DENNIS,Ellen R. Johnson w/o George	25 May 1836	4 Feb 1909	So-119
DENNIS,Emily d/o George R.	(d.age 5yr)	19 Feb 1869	So-119
DENNIS,Florence M.	1887	1935	So-172
DENNIS,George R. MD s/o John U.	none	12 Aug 1882	So-119
DENNIS,Henry Page s/o Samuel King	29 Aug 1882	15 Oct 1910	So-121
DENNIS,James Teackle s/o James U.	none	none	So-119
DENNIS,James U. w/o John U. & Maria	(d.age76yr)	22 Jun 1900	So-119
DENNIS,James Upshur s/o George R.	(d.age 1yr)	25 Jan 1866	So-119
DENNIS,Jane Cecelia Hooe w/o James	9 Sep 1826	5 May 1861	So-119
DENNIS,Margaret Wilson d/o George R.	(d.age 3yr)	30 Aug 1864	So-119
DENNIS,Maria R. d/o James U.& Cecelia	4 Feb 1848	3 Aug 1931	So-119
DENNIS,Mary W. Teackle w/o James U.	19 Feb 1840	12 Dec 1891	So-119
DENNIS,Maryland Maddox w/o Norman	2 Mar 1907	5 Apr 1970	So-68
DENNIS,Norman N.	27 Nov 1894	1 Jul 1966	So-68
DENNIS,Robert (no stone)	none	24 Nov 1858	So-119
DENNIS,Sally Crisfield w/o Samuel K.	9 Feb 1844	4 Apr 1919	So-121
DENNIS,Samuel King s/o John U.& L.	15 Dec 1830	5 May 1892	So-121
DENNIS,William J. s/o George R.&Ellen	2 Feb 1857	18 Apr 1889	So-119
DENSON,Samuel J.	1816	1902	So-109
DENSTON,Carl	1898	1970	So-3
DERBY,Harvey C.	1862	1916	So-173
DERBY,Julia A. Austin w/o H. C.	1869	1916	So-173
DEVAL,Donald Carlos (b.Guymas Mexico	8 May 1882	13 Sep 1952	So-68
DEVAL,Nannie Seltzer (b.Phil.Pa.)	8 Mar 1876	29 Aug 1963	So-68
DEVILBISS,Girvera G.	1898	1912	So-120
DEVILBISS,Samuel H.	1866	1918	So-120
DIETZ,Marlin Preston	(d.age46yr)	5 Sep 1970	So-4
DILLEY,Francis M.	1866	1951	So-98
DILLEY,I. Bedford s/o F. M.& I. E.	20 Feb 1897	21 Sep 1906	So-98
DILLEY,Izzie E.	1876	1951	So-98
DISHAROON,A. G. G.	(d.age61yr)	11 May 1901	So-72
DISHAROON,Ada T.	1888	1960	So-130
DISHAROON,Annie E. w/o Samuel J.	1866	1948	So-132
DISHAROON,H. C.	20 Sep 1865	8 Apr 1923	So-72
DISHAROON,Harry B.	21 Jan 1897	17 Oct 1968	So-132
DISHAROON,Hattie M. w/o H. C.	2 Sep 1869	28 Oct 1894	So-72
DISHAROON,Infant d/o C. H.	(d.age 1 yr)	9 Sep 1876	So-72
DISHAROON,Lee S.	1914	1966	So-121
DISHAROON,Mary T. w/o Woodland	1869	1925	So-72
DISHAROON,Matilda C. Moore w/o Alex.	30 Jul 1841	23 Sep 1889	So-1
DISHAROON,Matilda w/o T. W.	4 Jun 1836	29 Oct 1904	So-121

Name		Birth	Death	Ref
DISHAROON, Mrs.	(no stone)	(d.age 79yr)	13 Oct 1843	So-119
DISHAROON, Rada w/o Harry B.		3 May 1904	none	So-132
DISHAROON, Samuel J.		1862	1927	So-132
DISHAROON, Sarah A.		1914	none	So-121
DISHAROON, Thomas W.		18 Feb 1833	29 Nov 1904	So-121
DISHAROON, William W.		none	18 Dec 1918	So-132
DISHAROON, Woodland B.		1867	1925	So-72
DIX, George Lee A.		1911	1968	So-3
DIX, Josephine D.		1827	1874	So-40
DIX, Thomas		1820	1902	So-40
DIXON, Alfred W.		1852	1934	So-4
DIXON, Ambrose W.		1 Oct 1813	9 May 1863	So-18
DIXON, Clara McCoy		2 Apr 1860	5 May 1957	So-119
DIXON, Eleanor P.		1817	5 Jun 1885	So-18
DIXON, George C. (Dr.)		20 May 1823	22 May 1858	So-18
DIXON, George W.		(d.age 27yr)	5 Oct 1877	So-119
DIXON, Irene w/o L. B. J.		Mar 1865	8 Dec 1881	So-121
DIXON, John Roman		5 Mar 1856	5 Jun 1922	So-119
DIXON, John W.		1859	1942	So-121
DIXON, Josephine M.		1861	1921	So-121
DIXON, Laura V.		29 Jul 1849	1 Apr 1904	So-119
DIXON, Louis T. s/o L.B.J. & Irene		1 Jan 1853	27 Jun 1853	So-121
DIXON, Lula M.		1883	1942	So-121
DIXON, Mary A.		3 Oct 1811	5 Apr 1880	So-4
DIXON, Mary A. w/o William P.		1822	1890	So-4
DIXON, N. Walter		22 Sep 1858	28 May 1925	So-119
DIXON, Nathaniel C.		1821	24 Jan 1913	So-18
DIXON, Sarah A. w/o Alfred W.		1852	1947	So-4
DIXON, Sarah J. w/o Thomas J.		4 Oct 1821	10 Oct 1900	So-18
DIXON, Thomas		29 Jul 1849	24 Aug 1916	So-119
DIXON, Thomas Danforth		2 Jun 1894	16 Feb 1943	So-119
DIXON, Thomas J.		28 Nov 1821	30 Jul 1903	So-18
DIXON, William P.		1816	1888	So-4
DIXON, William U.		1883	1950	So-121
DIZE, Abraham		24 Nov 1864	17 Apr 1916	So-110
DIZE, Addie S.		1877	1893	So-112
DIZE, Alice A.		1826	1898	So-112
DIZE, Elizabeth w/o Ephraim		(d.age 80yr)	27 Nov 1879	So-67
DIZE, Elsie B. w/o Thomas W.		1902	none	So-110
DIZE, Ephraim		(d.age 73yr)	1881	So-67
DIZE, George H.		23 May 1888	12 May 1899	So-112
DIZE, John W.		1897	none	So-110
DIZE, Lena N.		1859	1942	So-112
DIZE, Malissa K. w/o Stephen T.		20 Aug 1815	17 Apr 1887	So-112
DIZE, Mary E.		6 Sep 1874	29 Feb 1922	So-110
DIZE, Rosa A.		1899	1901	So-112
DIZE, Stephen Townsend		27 Jan 1846	26 Nov 1921	So-112
DIZE, Theo A.		18 Jan 1895	29 May 1899	So-112
DIZE, Theo Wesley		1867	1922	So-112
DIZE, Thomas W.		1893	1962	So-110
DIZE, William E.		1856	1933	So-112
DIZE, William E.		1893	1952	So-112
DOANE, Harry A.		1886	1941	So-68
DOANE, Hazel Clark		1889	1944	So-68
DONALDS, Cora H.		1876	1950	So-72

Name	Birth	Death	Location
DONALDS, Henry O.	1873	1949	So-72
DONE, Charlotte	1851	1930	So-121
DONE, Charlotte H. s/o Ezekiel	1791	c1820	So-121
DONE, John (no stone)	none	Feb 1845	So-119
DONE, John H.	1818	1856	So-121
DONE, John Haynie s/o John H. & Rachael	1843	1863	So-121
DONE, Leeds Kerr s/o John H. & Rachael A.	1847	1848	So-121
DONE, Rachael Anne Kerr w/o John H.	1814	1892	So-121
DONE, William	1782	none	So-121
DONEREL, Sarah	(d.age28yr)	19 Oct 1865	So-72
DONOHOE, Mary Lou	20 Nov 1957	21 Nov 1957	So-121
DONOHOE, Mary Lucille	1917	1971	So-121
DOODY, Annie V.	1887	1953	So-122
DOODY, Richard T.	1870	1964	So-122
DOREMUS, Arintha Parker	1838	1912	So-4
DOREMUS, Authithia Parker w/o F. H.	1838	1912	So-4
DOREMUS, Flavel Harrison	1833	1915	So-4
DORMAN, Addie T.	1875	1914	So-68
DORMAN, George	1873	1947	So-68
DORMAN, Mary E. (no stone)	(d.age57yr)	19 Aug 1887	So-119
DORSEY, Addie Chelton	1870	1943	So-4
DORSEY, Charles A.	1915	1928	So-121
DORSEY, Charles s/o Thomas & Ellen	infant	16 Jul 1844	So-119
DORSEY, Elizabeth M.	1912	none	So-121
DORSEY, Isaac H.	1865	1922	So-4
DORSEY, Ivan	1904	1924	So-4
DORSEY, James T. Sr.	1867	1936	So-4
DORSEY, M. Elwood	1918	1932	So-121
DORSEY, Peggy L.	1927	1970	So-3
DORSEY, Thomas W.	1913	1967	So-121
DOUGHERTY, Adelin Henry w/o Zadoc J.	6 Apr 1842	6 May 1923	So-121
DOUGHERTY, Briddelle H.	1882	1960	So-121
DOUGHERTY, James Fassitt Dr. w/o Z.J.	8 Nov 1869	19 Jun 1898	So-121
DOUGHERTY, John	1814	29 Dec 1866	So-119
DOUGHERTY, John Rufus s/o John & Mary	28 Sep 1848	26 Mar 1860	So-119
DOUGHERTY, Madeline H.	1894	none	So-121
DOUGHERTY, Mary D. H.	1823	1904	So-119
DOUGHERTY, Robert Wilmer	22 Feb 1819	2 Apr 1869	So-119
DOUGHERTY, Rosina Elizabeth d/o John	none	17 Jun 1847	So-119
DOUGHERTY, Sallie A.	9 Oct 1857	8 Jan 1893	So-119
DOUGHERTY, Sallie Lane w/o Robert W.	5 Feb 1825	19 Apr 1885	So-119
DOUGHERTY, Susan Esther d/o John	(d.age 5mo)	May 1844	So-119
DOUGHERTY, Susan Esther d/o John	11 Feb 1855	27 Jul 1882	So-119
DOUGHERTY, Zadock James	18 Apr 1835	28 Apr 1921	So-121
DOUGLAS, Hattie J. Miles w/o Matthias	1861	1945	So-124
DOUGLAS, Matthias H.	1861	1928	So-124
DOUGLAS, Miles H.	1897	1921	So-124
DOVE, Harry W.	1884	1965	So-132
DOVE, Wilhelmina	1885	1971	So-132
DOYLE, Bertie M.	1886	1959	So-121
DOYLE, Charles M.	1887	1942	So-121
DOYLE, Chester T. WWII	7 Nov 1926	20 Jul 1964	So-3
DRAUGHTON, Elizabeth C. w/o Wm. S.	Sep. 1802	Oct 1870	So-2
DRAUGHTON, William S. B.	(d.age27yr)	15 Apr 1853	So-2
DREW, Elizabeth Ayers	1944	1945	So-121

Name	Birth	Death	Ref
DREW, Mary Gilmer	1940	1943	So-121
DREW, Virginia Ake	17 Sep 1886	31 Jan 1962	So-119
DRYDEN, Albert F.	11 Dec 1841	28 Jan 1882	So-1
DRYDEN, Alton E.	1882	1972	So-121
DRYDEN, Alton E. Jr. Lt.	1916	1944	So-121
DRYDEN, Arthur P. s/o Lewis	(d.age67yr)	1962	So-122
DRYDEN, Austin Rudolph	Apr 1888	1945	So-123
DRYDEN, Bernard C.	1 Dec 1872	1967	So-121
DRYDEN, Bernard C. WWII	16 Oct 1924	31 May 1944	So-121
DRYDEN, Bernice W.	1913	1932	So-1
DRYDEN, Bertha E. w/o Alton E.	1887	1959	So-121
DRYDEN, Bertie Bozman	1908	1953	So-68
DRYDEN, Bessie F. w/o Calvin P.	1883	1933	So-4
DRYDEN, Calvin Powell	14 Jan 1883	22 May 1972	So-4
DRYDEN, Charles S.	1869	3 Mar 1936	So-121
DRYDEN, Charles W.	1900	1960	So-146
DRYDEN, David C.	1855	1925	So-1
DRYDEN, David J.	1874	1926	So-138
DRYDEN, Dorothy M.	(d.age73yr)	May 1980	So-122
DRYDEN, Edgar F.	1871	1940	So-1
DRYDEN, Edith Gibbons w/o Herbert R.	1884	1935	So-123
DRYDEN, Edward Long	5 Mar 1841	26 May 1914	So-123
DRYDEN, Eldred M. s/o Orlando	8 Sep 1895	24 Jul 1909	So-121
DRYDEN, Elizabeth Laura w/o Joseph H.	25 Dec 1845	30 Jan 1919	So-123
DRYDEN, Elizabeth Smith Adams w/o R.J.	25 May 1850	12 Nov 1918	So-121
DRYDEN, Elwood F.	18 Apr 1899	19 Sep 1932	So-1
DRYDEN, Emma Blanche Gibbons w/o Sam.	3 Feb 1868	31 Dec 1941	So-123
DRYDEN, Ethel E.	1898	1971	So-121
DRYDEN, Fillmore E.	1905	1957	So-121
DRYDEN, Florence A.	7 Dec 1864	14 Jan 1932	So-1
DRYDEN, Florence E. w/o Sherman	(d.age92yr)	Feb 1978	So-124
DRYDEN, Frederick V. s/o David	(d.age85yr)	Apr 1890	So-1
DRYDEN, George A. s/o George W.	22 Aug 1893	Sep 1975	So-122
DRYDEN, George Francis	16 Mar 1902	Feb 1974	So-1
DRYDEN, Georgia E.	(d.age26yr)	8 Mar 1829	So-121
DRYDEN, Gertrude M.	1906	1921	So-121
DRYDEN, Gordon L.	1878	1948	So-146
DRYDEN, Grace Willis w/o Thomas A.	(d.age79yr)	20 Aug 1876	So-138
DRYDEN, Harold Jerome WWI	25 May 1896	17 Nov 1972	So-122
DRYDEN, Harry	1904	1966	So-1
DRYDEN, Herbert R.	1882	1960	So-123
DRYDEN, Ida P. Long w/o Rufus J.	1864	1928	So-123
DRYDEN, Ina Matilda d/o Wm. T.	26 Mar 1867	9 Jul 1887	So-138
DRYDEN, Iris T.	1908	1908	So-68
DRYDEN, Isaac P.	21 Oct 1861	2 Jan 1912	So-172
DRYDEN, Isaac Thurston	15 Feb 1899	31 Jul 1947	So-122
DRYDEN, James	22 Dec 1806	12 Mar 1881	So-1
DRYDEN, James E.	28 Jun 1847	3 Dec 1918	So-1
DRYDEN, James M.	21 May 1808	21 Nov 1885	So-121
DRYDEN, Jennie A. w/o Elmer	19 Feb 1881	4 Nov 1905	So-132
DRYDEN, John Stratton	1 Dec 1821	19 Mar 1883	So-1
DRYDEN, John William	18 Mar 1849	7 Dec 1916	So-68
DRYDEN, Joseph Henry	2 Sep 1835	12 Sep 1906	So-123
DRYDEN, Joshua M.	7 Sep 1846	28 Aug 1873	So-121
DRYDEN, Kenneth s/o George & Vera	1920	1929	So-121

DRYDEN,Kingman L.		1909	1935	So-1
DRYDEN,Laura J. Bounds w/o David C.		1864	1921	So-1
DRYDEN,Lewis L.	17 Mar 1852		13 Dec 1924	So-123
DRYDEN,Lillian A. Brittingham w/o I.	9 Aug 1900		29 Aug 1935	So-122
DRYDEN,Loretta B.		1885	1955	So-68
DRYDEN,Lucille F.		1926	1938	So-146
DRYDEN,Lydia A. w/o William T.	29 Jun 1844		6 Aug 1887	So-138
DRYDEN,Lynn		1878	1976	So-121
DRYDEN,Margaret H.		1910	1961	So-121
DRYDEN,Maria C. w/o William	20 May 1820		20 Sep 1851	So-1
DRYDEN,Marianna M. d/o John & M.E.	16 Jan 1852		28 May 1853	So-1
DRYDEN,Marion A. s/o Marion C.		1920	1935	So-68
DRYDEN,Marion C.		1883	1940	So-68
DRYDEN,Marion C.		1898	1949	So-130
DRYDEN,Martha R.		1901	1985	So-121
DRYDEN,Mary		1912	1952	So-1
DRYDEN,Mary A. Robertson	16 Feb 1857		26 Sep 1931	So-120
DRYDEN,Mary E.		1878	1960	So-146
DRYDEN,Mary E.		1896	1968	So-121
DRYDEN,Mary E.	26 Dec 1825		28 Aug 1855	So-1
DRYDEN,Mary E. w/o John S.	3 Jun 1853		10 Sep 1853	So-1
DRYDEN,Mary J. w/o William H.		1844	1915	So-107
DRYDEN,Mary Priscilla		1858	1935	So-68
DRYDEN,Matilda Layfield w/o Purnell	(d.age72yr)		7 Sep 1897	So-121
DRYDEN,Mattie E.		1874	1961	So-138
DRYDEN,May Powell w/o Frederick	(d.age71yr)		Apr 1973	So-1
DRYDEN,Mildred		1917	1937	So-1
DRYDEN,Minnie	1 Aug 1886		Dec 1970	So-123
DRYDEN,Mollie w/o James E.	27 Apr 1850		24 Jun 1887	So-1
DRYDEN,Naomie w/o Gordon L.		1880	none	So-146
DRYDEN,Nora Mariner w/o Charles S.	23 Aug 1876		Sep 1973	So-121
DRYDEN,Norman E.		1890	1961	So-121
DRYDEN,Norris W. WWII	29 Jun 1924		20 Jul 1970	So-3
DRYDEN,Nova Hill Culver		1879	1965	So-138
DRYDEN,Ola B. w/o Paul		1883	1955	So-121
DRYDEN,Olivia F. w/o Marion C.		1886	1964	So-68
DRYDEN,Orlando Paul		1870	12 Jan 1933	So-121
DRYDEN,Oscar F.		1877	1951	So-146
DRYDEN,Paul H.		1877	1957	So-121
DRYDEN,Purnell Sydney	16 Feb 1850		25 Apr 1899	So-120
DRYDEN,Robert James	11 Nov 1850		21 Aug 1901	So-121
DRYDEN,Rufus James	22 Mar 1855		1939	So-123
DRYDEN,S. Mortimer		1874	1949	So-1
DRYDEN,Sadie E.	5 Jan 1883		19 Jan 1951	So-121
DRYDEN,Sallie C.		1872	1957	So-1
DRYDEN,Sallie Priscilla Bounds		1875	1941	So-121
DRYDEN,Samuel Fenwick	29 Sep 1869		18 Jan 1943	So-123
DRYDEN,Samuel I.		1874	1926	So-138
DRYDEN,Samuel M. h/w Ella A.	25 Jan 1845		8 Dec 1900	So-121
DRYDEN,Sarah C. w/o Albert	27 Sep 1847		17 Apr 1912	So-1
DRYDEN,Sarah E.	8 Dec 1805		19 Feb 1924	So-1
DRYDEN,Sarah E. Gibbons w/o E. L.	8 Oct 1854		15 Jun 1948	So-123
DRYDEN,Sarah E. w/o John	29 Nov 1829		1 Jun 1887	So-1
DRYDEN,Sherman L. Major USA	(d.age68yr)		Mar 1976	So-124
DRYDEN,Stanley O. s/o B. H. & Nora	21 Aug 1896		16 Nov 1911	So-121

Name	Birth	Death	Location
DRYDEN, Tabitha J. w/o James M.	(d.age55yr)	25 Feb 1876	So-121
DRYDEN, Thomas A.	(d.age71yr)	15 Jul 1872	So-138
DRYDEN, Thomas Burton s/o Wm. T.	1 Dec 1863	6 Jul 1887	So-138
DRYDEN, Thomas E. Coke	6 Aug 1890	14 Nov 1978	So-4
DRYDEN, Thomas W.	1880	1946	So-68
DRYDEN, Vera G.	1894	1939	So-122
DRYDEN, Vernon Nelson s/o Alfred F.	6 Feb 1907	1876	So-121
DRYDEN, William A.	1 Dec 1809	7 Feb 1871	So-1
DRYDEN, William A. s/o Wm. & Maria	20 Jul 1844	20 Jan 1875	So-1
DRYDEN, William H.	1842	1927	So-107
DRYDEN, William Jefferson	20 Nov 1876	9 Nov 1951	So-136
DRYDEN, William T. s/o Thomas A.	6 Jun 1825	10 Apr 1908	So-138
DUBBIN, Gloria	13 Feb 1936	24 Jul 1966	So-110
DUER, Bruce White	17 Nov 1866	15 Feb 1919	So-119
DUER, Edward Franklin	1 Nov 1834	19 Feb 1902	So-119
DUER, Edward Page	10 Nov 1864	26 Mar 1927	So-119
DUER, Howard Steven	15 Mar 1876	13 Feb 1963	So-119
DUER, Louise McMaster	22 Aug 1876	12 Dec 1964	So-119
DUER, Mary J.	10 Aug 1902	none	So-119
DUER, Robert F. Jr.	17 Jul 1901	20 May 1963	So-119
DUER, Robert Franklin	23 Aug 1871	5 Jan 1958	So-119
DUER, Virginia White	13 Nov 1831	22 Feb 1914	So-119
DUKES, Blanche E.	7 Sep 1895	4 May 1936	So-98
DULIN, Lillie W.	1859	1929	So-132
DULSIE, Louise E. Norman w/o Warren	none	unreadable	So-122
DULSIE, Warren	none	unreadable	So-122
DUNCAN, Alonza WWII	5 Apr 1926	13 Jan 1945	So-121
DUNCAN, Asbury S. w/o Benjamin	24 Jan 1830	15 May 1854	So-84
DUNCAN, Benjamin J.	Dec 1789	24 Apr 1856	So-84
DUNCAN, E. L.	(d.age77yr)	17 Feb 1867	So-84
DUNCAN, Elisha J.	(d.age27yr)	26 Dec 1868	So-181
DUNCAN, Flora M.	1909	1961	So-121
DUNCAN, George s/o Benjamin	29 Nov 1831	7 Oct 1865	So-84
DUNCAN, Maybelle H.	1893	1962	So-121
DUNCAN, Robert W.	1888	1972	So-121
DUNCAN, Samuel R.	15 Apr 1834	3 Aug 1860	So-84
DUNN, James	1873	1952	So-121
DUNN, Joseph	1873	1952	So-121
DURHAM, Mary W.	15 May 1841	4 Oct 1900	So-146
DYKES, Lovena Noel	1922	1948	So-3
DYKES, Lovena Noel	1 Jun 1899	4 Jan 1966	So-3
DeKAY, Henry O. Capt.	1834	1910	So-121
DeVAUGHN, Maude S.	1898	1969	So-97
Dryden, Etta May Cluff w/o William J.	1880	1951	So-136
EBY, Selma K.	1894	1952	So-122
EBY, Valentine V.	1886	1957	So-122
ELDERDICE, Letitia C. w/o J. L.	(d.age38yr)	3 Jun 1900	So-121
ELLIOTT, Clifton K. w/o W. F.	5 May 1885	17 Dec 1885	So-70
ELLIOTT, Harold Eugen	1937	1938	So-68
ELLIOTT, Henry G.	1861	1958	So-68
ELLIOTT, Levin E.	1804	1968	So-68
ELLIOTT, Robert F.	22 May 1944	20 Jun 1969	So-68
ELLIOTT, Ruth E.	1891	1933	So-121
ELLIOTT, Thelma W.	1905	none	So-68
ELZEY, Eliza E.	16 May 1828	22 Jun 1894	So-85

Name	Birth	Death	Source
ELZEY,Elizabeth Waters d/o Robert	6 Oct 1767	15 Apr 1770	So-132
ELZEY,Elizabeth d/o Robert & Eliza	(d.age 16yr)	4 Jan 1798	So-119
EMORY,Ronald Watson WWII	8 Jul 1912	18 Sep 1970	So-3
ENNIS,Henry S. h/o Sarah A.	26 Apr 1855	Jul 1904	So-1
ENNIS,Mary C.	1876	1960	So-1
ENNIS,Richard	1870	1952	So-72
ENNIS,Thomas H.	1872	1949	So-1
ENNIS,Tressie J.	1881	1952	So-72
ENT,Emma Gibbons	none	1932	So-121
ENT,Enoch	none	1932	So-121
ENT,Hiram B.	1831	1901	So-121
ENT,Hiram s/o James & Sarah	18 Oct 1877	2 Nov 1880	So-98
ENT,James M. w/o Hiram B.	1828	none	So-121
ENT,James S.	27 Nov 1853	21 Mar 1900	So-98
ENT,Louisa d/o H. B. & J. M.	1892	1920	So-121
ENT,Sarah E. w/o James S.	8 Dec 1857	18 Jul 1887	So-98
ENT,William O. s/o James S. & Sarah	22 Sep 1879	19 Apr 1895	So-98
ERICKSON,E. Guffy h/o Margaret D.	20 Sep 1919	22 Sep 1961	So-121
EVANS,A. Calvin	29 May 1891	20 May 1906	So-69
EVANS,A. J.	6 May 1860	29 Aug 1935	So-121
EVANS,Aaron T.	1868	1953	So-112
EVANS,Addie E.	1877	1925	So-69
EVANS,Addie L.	1904	1904	So-112
EVANS,Adelia	2 May 1849	29 Oct 1924	So-69
EVANS,Adeline	2 Oct 1855	15 Mar 1935	So-69
EVANS,Adrain C.	1888	1901	So-112
EVANS,Albert	none	4 Nov 1911	So-69
EVANS,Albert W.	10 Oct 1870	29 Apr 1939	So-69
EVANS,Alex W.	24 May 1848	2 Feb 1924	So-69
EVANS,Alexander T.	22 May 1862	9 Aug 1898	So-112
EVANS,Alexander W.	1905	1949	So-112
EVANS,Allen Lee	1967	1967	So-112
EVANS,Andrew F.	16 Mar 1855	28 Nov 1935	So-112
EVANS,Annie E.	10 Jun 1839	30 May 1912	So-112
EVANS,Annie L.	1866	1929	So-112
EVANS,Annie M.	1868	1912	So-134
EVANS,Asbury	10 Apr 1882	18 Apr 1926	So-112
EVANS,Avalon	1905	1908	So-112
EVANS,Beatrice	none	none	So-121
EVANS,Benjamin	14 Jan 1791	none	So-112
EVANS,Benjamin	31 Oct 1828	6 Mar 1926	So-112
EVANS,Benjamin H.	1875	1935	So-112
EVANS,Benjamin S.	1876	1904	So-112
EVANS,Bertha J.	1886	1903	So-112
EVANS,Beulah B.	31 May 1900	2 Oct 1908	So-69
EVANS,Caleb W.	1851	1917	So-112
EVANS,Calvin A.	29 May 1891	20 May 1906	So-69
EVANS,Carroll S.	22 Jan 1892	6 Aug 1903	So-112
EVANS,Catherine W.	10 Oct 1871	8 Oct 1890	So-112
EVANS,Cecil	1815	1933	So-112
EVANS,Charity w/o Benjamin	10 Oct 1801	29 Mar 1864	So-112
EVANS,Charlie B.	1827	1940	So-112
EVANS,Clara	1881	1940	So-112
EVANS,Clarence S.	1881	1919	So-112
EVANS,Clayton	1945	1946	So-112

Name	Birth	Death	Ref
EVANS,Conaly Steward	8 Oct 1836	18 Oct 1837	So-112
EVANS,Corgin E.		1898	So-112
		1964	
EVANS,Cornelia W.	11 Jan 1858	13 Oct 1894	So-112
EVANS,Daniel N.	none	10 Nov 1893	So-69
EVANS,Denise Joyce	3 Aug 1953	4 May 1959	So-112
EVANS,Dora M.	1866	1944	So-69
EVANS,Eddie T.	1887	1945	So-111
EVANS,Edward	none	none	So-121
EVANS,Edward	23 Jun 1872	17 Sep 1881	So-112
EVANS,Edward A.	1874	1953	So-69
EVANS,Edward F.	1841	26 Mar 1868	So-112
EVANS,Edward F.	1868	26 Mar 1936	So-112
EVANS,Edward F. s/o Peter & Zipporah	none	6 Aug 1853	So-37
EVANS,Edward J.	17 Oct 1852	29 May 1917	So-112
EVANS,Edward S.	1857	3 Oct 1863	So-112
EVANS,Edward T.	15 Jul 1865	none	So-112
EVANS,Edwin C.	1903	1963	So-112
EVANS,Edwin F.	1864	1923	So-134
EVANS,Effie P.	9 Aug 1889	17 Mar 1952	So-69
EVANS,Elie W.	1895	1900	So-112
EVANS,Elijah	22 Sep 1799	7 Mar 1864	So-69
EVANS,Elijah	23 Apr 1763	30 Jan 1841	So-69
EVANS,Elizabeth	1815	26 Nov 1897	So-69
EVANS,Elizabeth	1822	1877	So-111
EVANS,Elizabeth	1834	5 Apr 1874	So-112
EVANS,Elizabeth	10 May 1864	17 May 1931	So-112
EVANS,Elizabeth	26 Aug 1821	8 Jul 1890	So-69
EVANS,Ella	1874	1959	So-112
EVANS,Ella J.	1870	1955	So-112
EVANS,Ellsworth T.	1862	1934	So-112
EVANS,Elmer M.	1936	1942	So-112
EVANS,Elmer W.	1917	1956	So-112
EVANS,Elpertina	1885	1958	So-112
EVANS,Elpetina	May 1863	27 Sep 1950	So-111
EVANS,Elsie Dryden	1902	1944	So-121
EVANS,Elsie E.	1835	1880	So-45
EVANS,Emily	1840	1916	So-73
EVANS,Emily A.	15 Feb 1851	24 Feb 1925	So-112
EVANS,Emma G.	13 Aug 1892	29 Jun 1893	So-112
EVANS,Emma S.	1846	1891	So-28
EVANS,Enos C.	1897	1971	So-121
EVANS,Essie	1912	1936	So-112
EVANS,Eva E. w/o Caleb	3 Apr 1876	6 May 1891	So-112
EVANS,Evans T.	15 May 1850	11 Mar 1929	So-69
EVANS,Everett	1891	1941	So-112
EVANS,Fannnie A.	4 May 1889	15 Sep 1889	So-112
EVANS,Florence F.	11 Jul 1913	25 Jul 1914	So-111
EVANS,Floyd E.	4 Jun 1904	21 Oct 1905	So-112
EVANS,Garlie L.	1885	1886	So-112
EVANS,George A.	1853	8 Nov 1923	So-112
EVANS,George Anna	13 Sep 1863	24 May 1901	So-69
EVANS,George L.	1868	1938	So-69
EVANS,George T.	1860	1927	So-69
EVANS,George T.	1885	1950	So-112
EVANS,George W.	25 Nov 1810	20 Jun 1862	So-112

Name	Birth	Death	Ref
EVANS, Georgeanna	1853	2 Mar 1941	So-112
EVANS, Gorden S.	1913	1917	So-111
EVANS, Harry	1880	1919	So-111
EVANS, Hilda L.	1908	1967	So-112
EVANS, Ida E.	1870	1882	So-69
EVANS, Ida E.	11 Feb 1883	2 Sep 1917	So-69
EVANS, Isadora T. d/o Jessie D.	25 Feb 1886	9 Jul 1886	So-107
EVANS, Iva M.	1877	1950	So-112
EVANS, James M.	15 Aug 1850	28 Feb 1894	So-112
EVANS, Jane M.	1867	1957	So-45
EVANS, Janie	10 Jul 1897	2 Jan 1917	So-69
EVANS, Jennie A.	21 Feb 1880	16 May 1967	So-69
EVANS, Jessie	1760	1855	So-112
EVANS, Job	15 Apr 1815	18 Oct 1862	So-69
EVANS, John A.	1874	1959	So-112
EVANS, John Adams	1889	1937	So-112
EVANS, John F.	17 Mar 1860	25 Jan 1936	So-69
EVANS, John G.	Jan 1890	20 Nov 1916	So-69
EVANS, John O.	19 Feb 1880	13 Jan 1942	So-69
EVANS, John O.	20 Mar 1845	26 Dec 1863	So-69
EVANS, John T.	1885	1900	So-73
EVANS, John W. S.	1868	1900	So-111
EVANS, John Whitelock	none	1967	So-69
EVANS, Johnson	2 May 1888	6 May 1913	So-69
EVANS, Johnson S.	1865	1945	So-112
EVANS, Julia Thorne	1868	1930	So-112
EVANS, L. Dow	1831	1917	So-45
EVANS, Labin (Rev.)	29 Aug 1789	19 Nov 1869	So-112
EVANS, Lambert	1866	1927	So-111
EVANS, Lawrence	1877	1960	So-58
EVANS, Leonard S.	1901	1918	So-112
EVANS, Levi	4 Oct 1782	30 May 1843	So-69
EVANS, Levin A.	(d. age 46yr)	24 Aug 1851	So-84
EVANS, Levin J. s/o R. J. & A. P.	(d. age 4yr)	25 Nov 1870	So-134
EVANS, Levisia	1844	1889	So-112
EVANS, Lewis A.	1889	1965	So-112
EVANS, Lewis E.	23 Feb 1886	3 Jun 1901	So-69
EVANS, Lewis S.	1857	1882	So-112
EVANS, Lewis Sr.	1854	1890	So-112
EVANS, Lillian W. d/o Caleb	1889	1892	So-112
EVANS, Lillie M.	1882	1956	So-68
EVANS, Lovey	30 Sep 1761	25 Apr 1842	So-69
EVANS, M. E. w/o A. J.	15 Jan 1868	5 Feb 1932	So-121
EVANS, Madrin A.	1907	1907	So-111
EVANS, Maggie	1874	1936	So-112
EVANS, Maggie V.	8 Jul 1872	19 Aug 1903	So-112
EVANS, Major	1864	1938	So-112
EVANS, Mamie M. d/o R. J. & Amanda P.	2 Oct 1876	28 Oct 1889	So-134
EVANS, Margaret	1811	1878	So-112
EVANS, Margaret A.	1832	1887	So-112
EVANS, Maria	10 Jun 1817	25 Sep 1845	So-69
EVANS, Maria D.	1800	1863	So-17
EVANS, Marshall	1910	1942	So-112
EVANS, Mary	1874	1956	So-45
EVANS, Mary A.	2 Aug 1873	24 Mar 1948	So-69

Name	Birth	Death	Ref
EVANS,Mary A.	31 Mar 1800	15 Dec 1889	So-112
EVANS,Mary Ann	1837	1893	So-111
EVANS,Mary C.	1881	none	So-112
EVANS,Mary C.	1890	1968	So-111
EVANS,Mary C.	1897	1968	So-112
EVANS,Mary E.	1875	1948	So-112
EVANS,Mary E.	1899	1962	So-112
EVANS,Mary E.	20 Sep 1838	12 Jul 1902	So-69
EVANS,Mary Jane	1865	1945	So-112
EVANS,Mary Louise	28 Jan 1941	4 Apr 1942	So-69
EVANS,Mary M.	1848	1931	So-112
EVANS,Mary W.	1875	1963	So-112
EVANS,Mary W.	3 May 1860	24 May 1916	So-112
EVANS,Mason	1802	1960	So-112
EVANS,Melinda J.	23 Oct 1860	30 May 1896	So-112
EVANS,Melvin C.	1946	1966	So-111
EVANS,Minirvia	1882	1883	So-112
EVANS,Missouri	30 Nov 1875	18 Feb 1877	So-112
EVANS,Mitchell	1792	1857	So-112
EVANS,Myrtle Nyguist	1908	1968	So-121
EVANS,Nancy	1762	1851	So-112
EVANS,Nannie L.	1912	1960	So-69
EVANS,Nellie	1909	1951	So-172
EVANS,Nellie	none	12 Jan 1866	So-111
EVANS,Nellie Poole	1910	1951	So-68
EVANS,Nettie B.	1904	1904	So-111
EVANS,Nicholas	1877	1961	So-112
EVANS,Noah	5 Mar 1807	11 Jul 1845	So-112
EVANS,Noah G.	1883	1950	So-69
EVANS,Noah L.	1872	1957	So-112
EVANS,Noah T.	1880	1943	So-112
EVANS,Ollen M.	May 1907	3 Apr 1908	So-69
EVANS,Peter	(d.age70yr)	Sep 1858	So-37
EVANS,Peter J.	9 Jul 1866	12 Jan 1946	So-112
EVANS,Peter S.	14 May 1873	24 Feb 1900	So-69
EVANS,Phoebe	1865	1931	So-111
EVANS,Polly	none	21 Feb 1857	So-69
EVANS,Polly E.	(d.age72yr)	6 Jul 1912	So-112
EVANS,Preston	20 Sep 1901	1 Sep 1915	So-112
EVANS,Priscilla	1 Mar 1799	1 Sep 1855	So-69
EVANS,Priscilla	4 Jan 1772	6 May 1835	So-69
EVANS,Rachel	1796	1852	So-112
EVANS,Rachel	1814	1887	So-112
EVANS,Rachel	19 Nov 1803	14 Nov 1887	So-69
EVANS,Rachel C. d/o Jessie D.	25 Feb 1856	15 Jul 1886	So-107
EVANS,Rachel E.	9 Apr 1866	19 Jan 1948	So-69
EVANS,Rachel F.	1887	5 Sep 1964	So-69
EVANS,Rachel M.	1852	1884	So-112
EVANS,Ralph W.	1912	1915	So-112
EVANS,Ralph W.	10 Aug 1894	30 Jan 1919	So-112
EVANS,Rebecca E.	18 Jul 1862	29 Aug 1937	So-69
EVANS,Revel	1791	Oct 1829	So-69
EVANS,Rhoda C.	25 Mar 1846	13 Oct 1886	So-69
EVANS,Richard	none	16 Apr 1838	So-112
EVANS,Richard	(d.age75yr)	4 Jul 1828	So-69

Name	Birth	Death	Ref
EVANS, Robert P.		1878	1936	So-112
EVANS, Roena		1910	1945	So-112
EVANS, Russell S.		1902	1 May 1914	So-112
EVANS, Ruth E. w/o Solomon	9 May 1843	18 Sep 1868	So-112
EVANS, Sadie O.		1894	1929	So-112
EVANS, Sallie M.	27 Jan 1850	17 Jul 1921	So-69
EVANS, Sarah	none	20 Nov 1911	So-69
EVANS, Sarah A.		1831	1863	So-112
EVANS, Sarah E.		1865	1892	So-112
EVANS, Sarah E.	22 Jul 1868	9 Jul 1874	So-112
EVANS, Solomon		1760	1852	So-112
EVANS, Solomon S.	25 Nov 1836	11 Apr 1885	So-112
EVANS, Steven		1898	1963	So-112
EVANS, Stewart		1870	1899	So-111
EVANS, Susie		1894	1918	So-112
EVANS, Thomas G.	12 May 1849	21 Sep 1911	So-112
EVANS, Treffeny S.	7 Dec 1845	27 Nov 1877	So-112
EVANS, Tubman		1817	1891	So-111
EVANS, Urbin W.		1891	1944	So-112
EVANS, Virgie	19 Feb 1871	22 Jul 1874	So-112
EVANS, Virgie A.		1879	1943	So-112
EVANS, W. C.		1853	1873	So-111
EVANS, Wallace		1901	1945	So-112
EVANS, Wallace W.		1869	1942	So-112
EVANS, Warren M.		1882	1961	So-69
EVANS, Washington	8 Jun 1855	17 Apr 1886	So-69
EVANS, Weldon W.		1926	1951	So-111
EVANS, William		1877	1951	So-112
EVANS, William B.	31 May 1827	25 Sep 1847	So-69
EVANS, William D.	27 Feb 1840	14 Feb 1916	So-112
EVANS, William M.		1860	1947	So-111
EVANS, William Paul	3 Apr 1941	28 Dec 1942	So-69
EVANS, William T.	17 Nov 1868	26 Dec 1942	So-69
EVANS, Willie A.		1898	1944	So-112
EVANS, Willie A.	31 Dec 1858	15 Apr 1937	So-111
EVANS, Willie G.		1899	1968	So-112
EVANS, Willis J.		1892	1947	So-112
EVANS, Woods		1894	1950	So-112
EVANS, Zipporah	(d.age 46yr)	9 Oct 1851	So-37
EWELL, Manie Ward w/o Dr. B. B.	13 Oct 1858	17 Jan 1892	So-67
EWELL, Nellie Dryden w/o L. Paul	none	none	So-121
EWELL, Oscar Robert s/o Dr. O. B.	1 Dec 1881	12 Jun 1882	So-67
EWING, Annie K.		1860	1935	So-45
FAGAN, Doris R. w/o James	none	1968	So-124
FARLEY, Effie M.		1887	1940	So-121
FARLEY, John B.		1869	1947	So-121
FARLEY, Thomas H. s/o J.B. & V. B.	(d.age 15mo)	8 May 1934	So-121
FARROW, Alma Jane		1900	1964	So-74
FARROW, Charlie C.		1875	1956	So-74
FARROW, Clara D.		1888	none	So-121
FARROW, Clarence I.		1885	1961	So-121
FARROW, Curtis Jr.		1932	none	So-3
FARROW, Curtis O.		1893	1968	So-3
FARROW, Elizabeth		1855	1931	So-121
FARROW, James S.		1849	1934	So-121

Name	Birth	Death	Location
FARROW, Jane M.	1895	1971	So-3
FARROW, Joseph	1833	1908	So-74
FAUX, Lucretia Miller	8 Nov 1875	15 Jun 1931	So-119
FEDERHOF, Wilhelminia J.	5 Oct 1883	10 Oct 1954	So-99
FIELD, John Randolph, Rector	30 Jan 1908	13 May 1960	So-119
FINLEY, Eliza	(d.age57yr)	21 Mar 1811	So-121
FISHER, Alfred (Capt.)	1877	1954	So-1
FISHER, Bradley K.	(d.age 2mo)	25 Oct 1983	So-132
FISHER, Charles	1886	1963	So-99
FISHER, Charles T.	19 Oct 1848	24 Mar 1910	So-121
FISHER, Charles Thompson MD	1879	1956	So-121
FISHER, Delia	1876	1908	So-97
FISHER, Earl L.	1903	1930	So-1
FISHER, Edwin	1905	1968	So-99
FISHER, Ellen McMaster	1880	1960	So-121
FISHER, Emma A. Hopkins w/o Charles	1889	1968	So-99
FISHER, Hannah P.	6 Aug 1859	8 May 1941	So-121
FISHER, Jennie T.	1881	1951	So-1
FISHER, Jessie W.	1878	1950	So-99
FISHER, Madeline E.	1890	1897	So-97
FISHER, Martin	1907	1969	So-99
FISHER, Mary (no stone)	none	19 Apr 1881	So-120
FISHER, Verda	1878	1949	So-99
FISHER, William	(d.age58yr)	26 Nov 1909	So-99
FISHER, WilliamAnna	16 Aug 1848	10 Feb 1920	So-99
FITZGERALD, Albert B.	1865	1941	So-121
FITZGERALD, Allan Patterson s/o Thomas	(d.age 4da)	14 Feb 1886	So-127
FITZGERALD, Anna A. Newman w/o Thomas	1828	1904	So-132
FITZGERALD, Charles W.	1859	1927	So-121
FITZGERALD, Daniel s/o George T.	25 Nov 1885	15 Jul 1902	So-99
FITZGERALD, Edward Peyton	1862	1906	So-121
FITZGERALD, Edwin M.	1913	1916	So-120
FITZGERALD, Emily Haines	1886	1940	So-121
FITZGERALD, F. Preston	1908	1927	So-120
FITZGERALD, George Barton	15 Mar 1868	17 Dec 1909	So-121
FITZGERALD, George T.	1860	1944	So-99
FITZGERALD, Georgia Waller	19 May 1864	31 May 1943	So-122
FITZGERALD, Gertrude B.	1869	1950	So-121
FITZGERALD, Harriett	1860	1919	So-132
FITZGERALD, Laura Polk Fontaine	9 Oct 1874	20 Nov 1951	So-121
FITZGERALD, Margaret S.	1860	1941	So-121
FITZGERALD, Martha Frances	1911	1912	So-120
FITZGERALD, Mary E. w/o George T.	11 Sep 1853	15 Jul 1923	So-99
FITZGERALD, Richard Lee	1864	1956	So-121
FITZGERALD, Ruby F.	1890	1964	So-120
FITZGERALD, Ruth C.	1898	none	So-122
FITZGERALD, Thomas H.	1818	1902	So-132
FITZGERALD, Thomas H.	1887	1966	So-122
FITZGERALD, Thomas H. Jr.	21 Feb 1856	11 Nov 1889	So-132
FITZGERALD, William P.	none	1937	So-120
FITZGERALD, William Thompson	1892	1899	So-132
FITZSIMMONS, Sandra Lee d/o H. A. L.	6 Aug 1945	11 Aug 1945	So-98
FLEETWOOD, Benjamin F.	1896	1921	So-70
FLEETWOOD, Beulah V.	15 Apr 1917	2 Jan 1926	So-4
FLEETWOOD, George E.	1861	1921	So-70

Name	Birth	Death	Location
FLEETWOOD, John W.	1886	1918	So-70
FLEETWOOD, Sallie V.	1864	1921	So-70
FLEMING, Emma J. w/o John B.	26 Jan 1866	30 Aug 1892	So-121
FLEMING, Henrietta J. w/o John B.	16 Mar 1862	Oct 1886	So-121
FLEMING, John B.	5 Nov 1855	29 Mar 1945	So-121
FLEMING, John Elwood s/o J. B. & Emma	none	none	So-121
FLEMING, Laura Emma	27 Jul 1884	22 Feb 1967	So-121
FLETCHER, M. B.	13 Mar 1866	29 Mar 1944	So-70
FLETCHER, Mary W.	15 Aug 1836	20 May 1907	So-70
FLEUHEART, Polly	26 May 1844	21 Mar 1914	So-69
FLEWHART, Emeline	13 Nov 1836	Dec 1871	So-112
FLOWERS, Rick	3 Jan 1943	20 Nov 1945	So-121
FLURER, Della I.	1897	19--	So-121
FLURER, Frederick	1887	1941	So-121
FLURER, Harriet	6 Feb 1864	11 Feb 1938	So-121
FLURER, Henry	19 Mar 1856	24 Jan 1918	So-121
FONTAINE, Addie	23 Apr 1844	23 May 1892	So-119
FONTAINE, Charles Wesley	1892	1915	So-121
FONTAINE, Edward L.	1916	1966	So-121
FONTAINE, Frederick M.	1849	1934	So-121
FONTAINE, Gertrude Rider w/o M. F.	none	none	So-121
FONTAINE, Harry E.	1888	1962	So-121
FONTAINE, Imogene P.	15 Sep 1846	21 Dec 1905	So-121
FONTAINE, John D. s/o John Elzey	3 Jan 1857	12 Aug 1877	So-121
FONTAINE, John E. s/o J.E. & M. P.	1857	1877	So-121
FONTAINE, John Elzey	1819	1874	So-121
FONTAINE, Marcy Fletcher	1840	1899	So-121
FONTAINE, Margaret P. w/o John Elzey	(d.age 82yr)	20 May 1905	So-121
FONTAINE, Matilda w/o Charles Wesley	1852	1893	So-121
FONTAINE, Nannie O.	23 Aug 1872	2 May 1932	So-121
FONTAINE, Sarah L.	1890	1972	So-121
FONTAINE, William C.	24 Jul 1835	24 Mar 1917	So-121
FONTAINE, William W.	1874	1953	So-121
FOOKS, Elmer Reuben	1884	1941	So-121
FOOKS, Mattie J.	1881	1947	So-121
FORBES, Roseltha M.	11 Aug 1883	11 Dec 1961	So-122
FORBES, Wallace F.	27 Nov 1875	16 May 1949	So-122
FORD, Addie F.	1877	1962	So-121
FORD, Addie V.	1905	1930	So-110
FORD, Addison P. w/o William E. & M.	(d.age 5yr)	31 Mar 1873	So-106
FORD, Alda A. s/o William E. & M.	(d.age 7yr)	14 Oct 1872	So-106
FORD, Alvin	1911	1941	So-68
FORD, Andrew W. s/o Charles & Mary A.	11 Feb 1866	21 Nov 1891	So-164
FORD, Angie N. Todd	1 Feb 1864	8 Oct 1891	So-93
FORD, Anna V. w/o Samuel H.	8 May 1858	22 Sep 1929	So-4
FORD, Annette	1861	1949	So-106
FORD, Benjamin	1886	1954	So-137
FORD, Benjamin Lankford	1873	1947	So-121
FORD, Bessie	none	24 Aug 1956	So-167
FORD, Bessie J.	17 Jul 1888	20 Jun 1950	So-80
FORD, Bill Alford	1925	none	So-165
FORD, Blanch	1893	1935	So-106
FORD, Carrie E.	20 Mar 1866	20 Apr 1925	So-106
FORD, Charles (Salty) & Louisa Walston	none	none	So-164
FORD, Charles E.	1918	1965	So-121

Name	Birth	Death	Ref
FORD, Charles Ernest	6 Oct 1888	1888	So-93
FORD, Charles Michael (Mickey)	25 Oct 1953	26 May 1972	So-3
FORD, Charles w/o William T. & H. E.	(d.age 7mo)	25 Jul 1873	So-106
FORD, Clifton Henry	5 Dec 1889	14 Jun 1890	So-93
FORD, Della T. w/o Shanley	1883	1962	So-121
FORD, Douglas T. WWII	1927	1955	So-110
FORD, E. Fletcher	1897	1979	So-68
FORD, Edmund s/o John H. & Sarah	1857	28 Apr 1924	So-167
FORD, Edward	1833	1920	So-68
FORD, Edward H. W.	4 Feb 1828	6 Jul 1886	So-93
FORD, Eleanor Roberts w/o Samuel	(d.age73yr)	12 Feb 1870	So-94
FORD, Elizabeth Ann Walston w/o John	13 Oct 1831	5 Oct 1856	So-167
FORD, Elizabeth Pringle w/o A. C.	1 Aug 1825	23 Jun 1895	So-121
FORD, Ellis w/o Benjamin	1887	1961	So-137
FORD, Ethel E. d/o William C. & C. W.	1892		So-108
FORD, Etta L.	26 Sep 1880	31 Oct 1942	So-83
FORD, Eva L.	4 Nov 1866	1 Apr 1894	So-167
FORD, Frances P.	29 Jun 1915	25 Oct 1915	So-72
FORD, George H.	3 Oct 1863	16 Oct 1922	So-106
FORD, Gertrude	1870	1951	So-106
FORD, Harriet Emily w/o William T.	29 Nov 1840	20 Dec 1903	So-106
FORD, Harry	1865	1920	So-167
FORD, Henry A. C. s/o Samuel	(d.age26yr)	2 Jul 1858	So-94
FORD, Hugh H.	1880	1950	So-68
FORD, Irvin Henry	1897	1897	So-93
FORD, J. S. O.	1850	1930	So-80
FORD, James H.	23 Oct 1795	6 Aug 1869	So-164
FORD, John Henry	9 Feb 1825	2 Jan 1906	So-167
FORD, John Henry Jr.	1865	1920	So-106
FORD, Katurah L.	1862	1930	So-80
FORD, L. Shanley	1882	1947	So-121
FORD, Lillie	1911	1932	So-68
FORD, Lola J.	(d.age83yr)	28 Mar 1979	So-72
FORD, Louisa	1797	10 Jan 1881	So-164
FORD, Maggie Adams	1899	1937	So-68
FORD, Major Edwin s/o Edwin H.	24 Oct 1887	13 Jul 1909	So-93
FORD, Mamie V. w/o Hugh H.	1887	1941	So-68
FORD, Marion	1924	12 Jan 1983	So-130
FORD, Melissa C. w/o John Henry	1865	1942	So-106
FORD, Mildred Gertrude	16 Jan 1901	31 Oct 1942	So-83
FORD, Mollie McLane w/o William E.	none	1915	So-172
FORD, Nettie A.	1874	1946	So-172
FORD, Norman	none	3 Dec 1938	So-167
FORD, Oscar L. Jr.	26 Jan 1889	14 Feb 1926	So-80
FORD, Raymond	1885	1972	So-68
FORD, Retta White w/o Marion	none	none	So-130
FORD, Robert	none	18 Dec 1946	So-167
FORD, Ruric A. s/o Luther	(d.age79yr)	Apr 1874	So-3
FORD, Samuel	(d.age73yr)	11 Oct 1847	So-94
FORD, Samuel H.	17 Mar 1856	22 Jan 1922	So-4
FORD, Sarah	2 Apr 1859	18 Sep 1861	So-106
FORD, Sarah E.	1863	1947	So-106
FORD, Sarah Eliza 2nd.w/o John H.	9 May 1837	13 Jul 1903	So-167
FORD, Stanley	none	none	So-167
FORD, Virginia M.E. H. Soctt w/o Ed.H.	11 Nov 1830	28 Jul 1866	So-93

Name	Birth	Death	Ref
FORD,W. Clyde	1878	1937	So-121
FORD,Warren R.	13 Nov 1871	5 Sep 1937	So-83
FORD,Wilber C.		1909	1968	So-80
FORD,Wilber C.	14 Aug 1884	28 Sep 1933	So-80
FORD,William E.	12 Oct 1857	18 Nov 1929	So-172
FORD,William Thomas	6 Nov 1834	28 Aug 1905	So-106
FORD,Williamanna	1868	1888	So-167
FORD,Woodall	none	1976	So-72
FORSYTHE,Allie E.	1869	1958	So-68
FORSYTHE,Benanaire	1842	1914	So-68
FORSYTHE,Nate E.	1869	1958	So-68
FORSYTHE,Richard N.	1834	1908	So-68
FOSTER,Ethel Tull d/o Wm. A. WWII	11 Nov 1892	18 Oct 1958	So-4
FOSTER,Euphemia A.	1878	1962	So-121
FOSTER,S. Turner Rev.	1880	1953	So-121
FOUNTAINE,America M.	8 Feb 1846	28 Jun 1928	So-168
FOUNTAINE,Charles G.	14 Jan 1813	16 Aug 1857	So-168
FOUNTAINE,John H.	8 Jul 1840	12 Jun 1912	So-168
FOUNTAINE,Susan U. W.	20 Feb 1817	5 Jan 1866	So-168
FOXWELL,Annie Dashiell	1886	1949	So-99
FOXWELL,B. Hayes	1876	1936	So-99
FOXWELL,Benjamin F.	1913	1955	So-99
FOXWELL,Benjamin H.	(d.age68yr)	20 May 1888	So-98
FOXWELL,Elizabeth	1819	1903	So-98
FOXWELL,Janie M.	1878	1912	So-99
FOXWELL,John L.	21 May 1856	12 Apr 1900	So-98
FOXWELL,Raymond Lee WWI	23 Nov 1889	7 Jan 1951	So-68
FOXWELL,Vaughn M.	(d.age55yr)	29 Sep 1910	So-98
FRANCE,Eldridge s/o George M.	3 Mar 1889	12 Jun 1912	So-72
FRANCE,George M.	1863	1931	So-72
FRANCE,James M.	1836	1899	So-72
FRANCE,Katherine B.	1837	1883	So-72
FRANCE,Laura w/o George M.	1866	1957	So-72
FRANCE,Marie E.	1892	none	So-72
FRANCE,Novella F.	(d.age38yr)	4 Apr 1910	So-72
FRANCE,Raymond	1912	1955	So-97
FRANCE,Raymond M.	1891	1949	So-72
FRANKLIN,M. B.	12 Mar 1866	29 Mar 1944	So-70
FRENCH,E. Lorraine d/o Sanford & Esther	1843	1945	So-169
FRENCH,Hester A.	1872	1947	So-169
FRENCH,John F.	1861	1941	So-169
FRENCH,Mary A.	4 Feb 1841	9 Nov 1924	So-169
FRENCH,Ralph E.	1913	12 Feb 1982	So-130
FRENCH,Samuel L.	3 May 1837	23 Jun 1912	So-169
FRYE,Charles G.	1894	1960	So-121
FRYE,Leona V. w/o Charles G.	1896	1948	So-121
FUCHSLUGER,Nina Cole	1909	1968	So-99
FURNISS,Addie E. w/o W. E.	2 May 1862	26 Apr 1926	So-121
FURNISS,Alexander	none	29 Jun 1886	So-132
FURNISS,Alexander W.	21 Jul 1829	27 Jun 1996	So-132
FURNISS,Amanda M. d/o O. H. & U.E.	26 Nov 1861	28 Mar 1879	So-98
FURNISS,Anne w/o Thomas J.	24 Nov 1825	16 Jan 1877	So-70
FURNISS,Annie	18 Dec 1786	15 May 1851	So-70
FURNISS,Annie L.	1857	1944	So-70
FURNISS,Corrie s/o A. W. & S.	24 Sep 1864	4 Sep 1866	So-132

```
FURNISS,David E.                                          1868              1951   So-132
FURNISS,Esther d/o O. H. & Ursula         7 Feb 1866   23 Jul 1867   So-98
FURNISS,Frank L.                                          1878              1957   So-132
FURNISS,Gilbert Carl s/o O.E. & Lena  29 Dec 1893    9 Mar 1895   So-98
FURNISS,John    s/o O. H. & Ursula        27 Sep 1867   28 Sep 1867   So-98
FURNISS,Josiah                                       31 Jul 1772   20 Aug 1856   So-70
FURNISS,Lena V. w/o Orlando                               1869              none   So-98
FURNISS,Margaret                                          1891              1942   So-98
FURNISS,Margaret A.                                       1881              1960   So-132
FURNISS,Maria H.                                     22 Jul 1839    7 Apr 1909   So-132
FURNISS,Mary G.                                           1856              1938   So-70
FURNISS,Mary J. Turner                                    1876              1948   So-98
FURNISS,Nora R.                                           1873              1947   So-132
FURNISS,Orlando E.                                        1868              1938   So-98
FURNISS,Orlando H.                                   11 Nov 1834   18 Aug 1918   So-98
FURNISS,Paul                                              1890              1947   So-98
FURNISS,Robert B. s/o O. H. & Ursula       4 Jun 1875    7 Sep 1875   So-98
FURNISS,Thomas J.                                         1865              1932   So-70
FURNISS,Thomas James                                 8 Mar 1820    1 Feb 1890   So-70
FURNISS,Upshur M. s/o O. H. & Ursula  23 Jul 1873    7 Sep 1873   So-98
FURNISS,Ursula E. w/o O. H.                           2 Jun 1835    2 Nov 1909   So-98
FURNISS,Vaughan I. s/o O. H.                          9 Feb 1858    4 Nov 1882   So-98
FURNISS,Vaughn S. s/o W. E. & Addie  19 Oct 1882   26 Sep 1922   So-121
FURNISS,Woodland infant s/o Wood H.                       1912              1912   So-99
```

Name	Birth	Death	Location
GALE, Amelia	1761	1816	So-14
GALE, Amelia	1794	1797	So-14
GALE, Caroline A. H.	14 Oct 1799	8 Dec 1871	So-119
GALE, Elizabeth W. Handy w/o Wm. H.	30 Nov 1852	14 Feb 1927	So-121
GALE, Francis MD	25 Jul 1833	21 Jan 1868	So-119
GALE, George	(d.age 26yr)	none	So-119
GALE, George (no stones)	(d.age 41yr)	1712	So-153
GALE, Jane Stewart w/o Robert	(d.age 26yr)	16 Nov 1797	So-153
GALE, John	1775	1788	So-14
GALE, John Col.	22 Feb 1827	18 Apr 1881	So-119
GALE, John Major	25 Sep 1853	3 Mar 1812	So-153
GALE, William H. MD	8 Dec 1828	3 Feb 1904	So-121
GALLIHER, W. Irving	1892	1966	So-122
GARDINER, Lillian M.	1897	1951	So-1
GARDINER, Maud B.	1873	1955	So-1
GARDNER, Arthur Carroll	1874	1964	So-121
GARDNER, Arthur J. (Va.Pvt.)WW I	18 Sep 1895	24 Aug 1968	So-107
GARDNER, Clark G. (no stone)	none	28 Oct 1849	So-119
GARDNER, Emma S.	1875	1954	So-121
GARDNER, Henrietta Mrs. (no stone)	(d.age 68yr)	11 Mar 1866	So-119
GARDNER, Irving B. s/o John W.	15 Sep 1888	8 Jan 1900	So-176
GARDNER, John W.	17 Oct 1853	18 Jun 1901	So-176
GARDNER, Margaret R. w/o William J.	2 Jul 1831	14 Nov 1896	So-4
GARDNER, Sarah E. w/o Arthur J.	1894	1948	So-107
GARDNER, William J.	15 Aug 1827	31 Mar 1888	So-4
GARRISON, Addie d/o George	(d.age 13yr)	20 Nov 1864	So-4
GARRISON, Guy Winthrop	5 Jan 1889	1976	So-4
GARRISON, Jennie W. T.	1874	1898	So-4
GARRISON, John H.	1845	24 Dec 1870	So-4
GARRISON, John H.	19 Jul 1848	5 Mar 1902	So-4
GARRISON, John W. s/o John H.	1869	1889	So-4
GARRISON, Julia Horsey w/o John H.	16 Dec 1853	13 Nov 1920	So-4
GARRISON, Melissa May w/o Guy	13 May 1891	23 Oct 1957	So-4
GARRISON, Peter	16 Sep 1809	29 Oct 1900	So-4
GARRISON, William H. s/o John H.	1871	1893	So-4
GATES, Marion A.	1865	1955	So-121
GELDER, Charles C.	24 Dec 1869	20 Nov 1933	So-119
GELDER, Charles C.	27 Feb 1917	13 Dec 1937	So-119
GIBBONS, Adalene F. Dryden w/o Elijah	26 Oct 1844	7 Aug 1903	So-123
GIBBONS, Annie M. T.	1853	1907	So-120
GIBBONS, Annie Marie	1897	1897	So-120
GIBBONS, Blanche F.	20 Dec 1907	11 Dec 1960	So-121
GIBBONS, Charles C. s/o C.J. & Elizabeth	1909	1926	So-121
GIBBONS, Charles J.	1876	1962	So-121
GIBBONS, Elijah Franklin	17 Jun 1875	11 Dec 1959	So-123
GIBBONS, Elijah T. P.	20 Dec 1841	27 Jan 1892	So-123
GIBBONS, Elizabeth w/o Charles J.	1881	1943	So-121
GIBBONS, George Burton	10 Jan 1844	9 Aug 1927	So-123
GIBBONS, Hester A.	1842	1912	So-121
GIBBONS, Hester M. w/o William R.	(d.age 94yr)	1980	So-119
GIBBONS, Infant s/o Cecil P. & D.M.	7 Feb 1941	7 Feb 1941	So-1
GIBBONS, John R.	1854	1921	So-120
GIBBONS, Joseph N.	1841	1922	So-121
GIBBONS, Laura A.	1871	1960	So-107
GIBBONS, Laura H.	1881	1916	So-121

Name	Birth	Death	Location
GIBBONS, Letitia Pruitt w/o Geo. B.	28 Jan 1841	24 Jan 1898	So-123
GIBBONS, Mary Ann	1857	1941	So-121
GIBBONS, Mary E. w/o George P.	4 Oct 1818	8 Aug 1890	So-134
GIBBONS, Mary O. w/o Zadock	15 Aug 1860	2 Sep 1912	So-123
GIBBONS, Nellie R.	1906	1944	So-121
GIBBONS, Olive Cantwell w/o Frank	(d.age 84yr)	1967	So-123
GIBBONS, Robert L.	1867	1906	So-107
GIBBONS, Vaughn	1915	15 Jul 1974	So-123
GIBBONS, W. Ray	1877	1935	So-121
GIBBONS, William C. s/o George P.	5 Nov 1861	2 May 1888	So-134
GIBBONS, William T.	1863	1933	So-121
GIBBONS, Zadock	2 May 1853	28 Jul 1907	So-123
GIBBONS, Zenophine R.	1853	1929	So-121
GIBSON, Clarence Tay	none	none	So-99
GIBSON, Elizabeth w/o George A.	1836	1914	So-97
GIBSON, Elva E. d/o N. G.	22 Mar 1894	13 Sep 1915	So-110
GIBSON, George A.	1831	1910	So-97
GIBSON, George H.	Jan 1853	Apr 1936	So-99
GIBSON, Norris E. WWI	6 Aug 1896	25 Jun 1963	So-110
GIBSON, Rossie George	10 Oct 1887	11 Jul 1952	So-99
GIDDINGS, A. R. Beverly	9 Jan 1899	9 Dec 1970	So-70
GILBERT, Elizabeth Tubman	1880	1965	So-70
GILBERT, Gladys Sudler	1884	1942	So-70
GILBERT, Thomas Howard	1874	1951	So-70
GILES, John H.	1830	1903	So-90
GILES, John Rigley	23 Jul 1867	23 Apr 1925	So-90
GILES, Margaret M.	(d.age 98yr)	9 Dec 1923	So-90
GILL, G. W. Dr.	1857	1927	So-70
GILLIS, Sallie Holbrook	Oct 1815	27 Feb 1878	So-119
GLADDEN, Calvin and Carrie	none	none	So-72
GLADDEN, Clara	1881	1903	So-72
GLADDEN, Elizabeth	24 Mar 1885	31 Jul 1886	So-72
GLADDEN, Frank C.	17 Jul 1879	19 May 1912	So-121
GLADDEN, George W.	20 Jul 1853	24 Apr 1911	So-72
GLADDEN, Henry	Aug 18??	none	So-72
GLADDEN, Inez V.	1913	1931	So-72
GLADDEN, Monie W.	1882	1969	So-72
GLADDEN, Robert F.	(d.age 1yr)	23 Aug 1862	So-72
GLADDEN, Rona E.	1890	1966	So-72
GLADDEN, Susie Simpkins	1879	1970	So-99
GLADDEN, Warren C.	1 Aug 1876	21 Aug 1938	So-72
GLADDEN, Warren C. WWII	19 Feb 1909	4 Aug 1965	So-99
GLADES, Gray L.	1865	1949	So-107
GLASGOW, Anne d/o Rev. P.	(d.age 57yr)	17 Oct 1808	So-119
GOBLE, P. C.	1851	1915	So-121
GOBLE, P. C. Mrs.	1853	1931	So-121
GOCHNOUR, Hiram R.	16 Sep 1876	none	So-3
GOCHNOUR, Kennard Jr.	8 Sep 1953	8 Sep 1953	So-74
GOCHNOUR, Ola L.	24 Apr 1878	4 Sep 1969	So-3
GOCHNOUR, Truman R. s/o Hiram	(d.age 86yr)	4 May 1987	So-3
GOEGHEGAN, Barton Monroe s/o J.M.	12 Sep 1903	15 Sep 1903	So-132
GOEGHEGAN, Sadie B.	1881	1966	So-132
GOLDSBOROUGH, Charles W.	1854	1923	So-58
GOLDSBOROUGH, Ella M. d/o Charles	1890	1908	So-58
GOLDSBOROUGH, M. Worthington s/o M.W.	(d.age 2yr)	24 Jul 1900	So-119

Name	Birth Date	Birth Year	Death Date	Death Year	Ref
GOLDSBOROUGH,Nancy N. w/o Charles		1860		1959	So-58
GOMMER,Annette Nichols		1899		1935	So-120
GORDON,Blanche Bean		1889		1958	So-68
GORDON,Israel C.		1879		1964	So-68
GORDY,Estella w/o Fred O.	2 May	1885	7 Dec	1960	So-121
GORDY,Fred O.	20 May	1882	4 Jul	1952	So-121
GORDY,John Ralph	9 Sep	1891	none		So-1
GORDY,Louise Matthews	1 Feb	1898	30 Jul	1962	So-1
GRAHAM,P. William		1919		1935	So-97
GRAY,Hartland M. s/o J.S. & Esther	6 Apr	1898	13 Mar	1911	So-1
GREEN,Alma E. w/o William F.	26 Sep	1912	1 Jun	1958	So-137
GREEN,Arintha T.		1861		1947	So-68
GREEN,Benjamin		1892		1892	So-68
GREEN,Benjamin K.		1860		1925	So-106
GREEN,Benjamin K.	15 Sep	1813	15 Sep	1885	So-105
GREEN,Benjamin S.		1860		1893	So-4
GREEN,Benjamin T.		1844		1919	So-4
GREEN,Beulah Walston w/o J.Fletcher	7 Jun	1878	6 Jan	1960	So-68
GREEN,Carl C. Sr. s/o Thomas J.	2 Jul	1889	4 Dec	1954	So-68
GREEN,Charles H. s/o Thomas J.	1 Oct	1878		1952	So-45
GREEN,Della	15 Jan	1894	4 Jul	1895	So-4
GREEN,Della d/o T. B.	2 Jul	1787	15 Dec	1878	So-4
GREEN,Dolly Lankford		1815		1878	So-4
GREEN,Driscilla Mrs.	(d.age75yr)		28 Aug	1872	So-133
GREEN,Edgar W.		1874	19--		So-99
GREEN,Elizabeth Stevenson w/o Charles		1876		1946	So-45
GREEN,Emma H.		1881	none		So-68
GREEN,Erma C. w/o Benjamin K.	2 Jul	1860	2 Dec	1885	So-106
GREEN,Frederick	(d.age65yr)		4 Aug	1862	So-133
GREEN,George A.		1901	none		So-68
GREEN,George R.		1919		1978	So-68
GREEN,H. Isaac		1839		1915	So-68
GREEN,Harriett L.		1820		1906	So-4
GREEN,Harry		1883		1952	So-68
GREEN,Harry W. s/o A. H. & Virma D.	1 Jul	1901	4 Oct	1901	So-98
GREEN,Howard M. Sr.		1893	none		So-121
GREEN,Isaac S.		1815		1882	So-4
GREEN,J. Fletcher	10 Sep	1872	10 Mar	1944	So-68
GREEN,Jennings C. w/o Otis		1879		1970	So-121
GREEN,John R.		1866		1923	So-70
GREEN,Julia B.		1885		1955	So-72
GREEN,Lina May d.o T. B. & M. J.	11 Sep	1886	14 Apr	1890	So-4
GREEN,Maguerite Adams		1902		1976	So-68
GREEN,Mamie T.		1882		1944	So-130
GREEN,Marcella C.		1862		1926	So-106
GREEN,Mary E.	11 Jan	1848	14 Feb	1900	So-99
GREEN,Mary J.		1847		1899	So-4
GREEN,Miriam P.		1893		1967	So-121
GREEN,Naomi		1877		1907	So-99
GREEN,Otis B.		1874		1944	So-121
GREEN,Robert A.	6 Jul	1839	9 Aug	1914	So-99
GREEN,Robert J.		1876		1957	So-72
GREEN,Robert R. WWII	20 Oct	1906	29 Mar	1944	So-70
GREEN,Sarah F. w/o William T.	12 Nov	1858	26 Dec	1942	So-130
GREEN,Sarah M. w/o John W.		1852		1900	So-99

Name	Birth	Death	Location
GREEN, Susie E.	1872	1962	So-70
GREEN, Thadeus A.	18 Jul 1877	5 May 1942	So-99
GREEN, Thomas Jefferson	23 Mar 1856	1928	So-68
GREEN, Virginia Carver w/o Thomas J.	7 Mar 1859	1936	So-68
GREEN, Virma D. w/o A. H.	6 Aug 1870	23 Mar 1915	So-98
GREEN, William	1867	1951	So-68
GREEN, William Fletcher	5 Dec 1909	5 Feb 1966	So-137
GREEN, William T.	29 Feb 1852	29 Oct 1890	So-130
GREENE, James S.	14 Oct 1825	23 Oct 1895	So-130
GREENE, Sallie A. w/o James S.	19 Apr 1827	5 Jun 1903	So-130
GREENWOOD, Bathsheba w/o George	9 May 1841	5 May 1916	So-121
GREENWOOD, Edith B.	19 Apr 1877	31 Jan 1919	So-74
GREENWOOD, Elizabeth A.	1863	1941	So-121
GREENWOOD, Frank T.	1860	1928	So-121
GREENWOOD, George	31 Dec 1833	31 Mar 1920	So-121
GREENWOOD, William E.	(d.age 59yr)	13 Feb 1922	So-121
GREIG, Elizabeth Pusey	1880	1923	So-121
GREIG, Mamie d/o A. N. & Elizabeth	12 Aug 1901	22 Jun 1910	So-121
GRIFFITH, Drucilla C.	1843	1900	So-120
GRIFFITH, Ella B.	1853	1908	So-120
GRIFFITH, Elsie	1892	1974	So-4
GRIFFITH, Henry P.	1843	1920	So-120
GRIFFITH, Henry P.	1876	1903	So-120
GRIFFITH, Otho C.	1886	1933	So-4
GRIFFITH, Roland P.	1889	1902	So-120
GRIFFITH, William J.	1836	1906	So-120
GROSCUP, Annie E.	1875	1875	So-130
GROSCUP, C. Bernard (infant)	none	none	So-130
GROSCUP, Sophia	1884	1928	So-130
GROSCUP, Susan A.	1951	1939	So-130
GROSCUP, W. h.	none	25 Feb 1897	So-130
GROUTHAM, Edmund George	1863	1940	So-122
GUNBY, Albert B. s/o Hiram	25 Aug 1868	3 Nov 1929	So-4
GUNBY, Annie E. V. w/o Elisha J.	2 Feb 1830	10 May 1894	So-4
GUNBY, Caroline L.	3 Aug 1887	19 Oct 1963	So-4
GUNBY, Caroline L. d/o David	1823	1912	So-4
GUNBY, Caroline L. d/o David	8 Aug 1823	15 Jul 1912	So-4
GUNBY, Charles E.	13 Nov 1853	24 Mar 1904	So-4
GUNBY, Clarence L.	17 Nov 1855	2 Jun 1924	So-4
GUNBY, Clyde G. s/o Clarence	13 Aug 1892	22 Jun 1924	So-4
GUNBY, David Kirk	23 Dec 1874	29 Jan 1933	So-4
GUNBY, Elisha	9 Dec 1765	9 Oct 1848	So-147
GUNBY, Elisha J.	23 Apr 1827	27 Jun 1908	So-4
GUNBY, Emily F. w/o Hiram H.	4 Dec 1832	9 Jan 1904	So-4
GUNBY, Emma Adams	1847	1938	So-4
GUNBY, Emma H. w/o Charles E.	11 Jun 1852	31 Oct 1932	So-4
GUNBY, Ernest	3 Dec 1875	2 Mar 1958	So-45
GUNBY, Ethel May w/o H. M.	9 Nov 1874	24 Dec 1903	So-124
GUNBY, Frederick Roland	14 Oct 1856	8 Oct 1905	So-4
GUNBY, Hamilton Wilton	22 Jun 1863	22 Apr 1906	So-4
GUNBY, Henry Milton s/o Hiram	1863	1906	So-124
GUNBY, Hiram H. MD	13 Apr 1832	8 Apr 1913	So-4
GUNBY, Jane Handy w/o Henry	none	none	So-147
GUNBY, Jessie W. w/o Paul L.	1884	1951	So-4
GUNBY, Katie Scott	(d.age 23yr)	none	So-4

Name	Birth	Death	Location
GUNBY,Leila	12 Feb 1878	3 Aug 1952	So-45
GUNBY,Mary Alda	22 Aug 1885	1968	So-45
GUNBY,Mary Ann d/o Elisha	14 Jul 1858	30 Aug 1877	So-4
GUNBY,Mary Anne d/o W. C.	22 Apr 1894	31 Jan 1910	So-4
GUNBY,Mary E.	1853	1933	So-45
GUNBY,N. Kathleen d/o Clarence L.	24 Sep 1890	16 Dec 1925	So-4
GUNBY,Paul L.	1882	1971	So-4
GUNBY,Sallie R.	19 Sep 1851	19 Jun 1938	So-4
GUNBY,Samuel C.	1852	1923	So-45
GUNBY,Warren Costen s/o Elisha	7 Oct 1864	1939	So-4
GUNTHER,Almeda I.	1908	1952	So-121
GUNTHER,Carl C.	1908	none	So-121
GUTHRIE,Martha J. w/o William W.	14 Apr 1852	20 Apr 1889	So-125
GUY,Edna Ruth d/o J. A.	10 Jul 1905	5 Sep 1919	So-112
GUY,George D.	20 Dec 1806	11 Jan 1856	So-69
GUY,Henry W.	1841	1920	So-112
GUY,Laban A.	1866	1929	So-112
GUY,Louisa A.	1872	1943	So-112
GUY,Lynette Ruth	1941	1944	So-112
GUY,Martha E.	1841	1921	So-112
GUY,Rachel L.	1870	1892	So-112
GUY,William H.	24 Dec 1889	19 Aug 1960	So-112
HACK,Carry Ballard w/o James D.	17 Nov 1839	6 Mar 1866	So-113
HAGAN,Cora Warren	1 Aug 1912	16 Jul 1964	So-1
HAINES,Idaho Clifton	1871	1872	So-121
HAINES,Willie s/o Wm. L. & Anna L.	none	none	So-121
HALEY,Ella May d/o John S.	17 Nov 1873	14 Apr 1892	So-4
HALL,Annie R.	1884	1966	So-3
HALL,Bell Ford	1882	1970	So-68
HALL,Benjamin	1889	1953	So-68
HALL,Carrie E.	1896	1964	So-110
HALL,Edward James	1867	1940	So-110
HALL,Edward James	1936	1964	So-110
HALL,Edward James Jr.	1898	1958	So-110
HALL,Edward T. s/o Edward T.	13 Mar 1839	18 Mar 1864	So-102
HALL,Edward Thornton	(d.age38yr)	19 Sep 1848	So-102
HALL,Elizabeth D.	(d.age70yr)	1873	So-102
HALL,Ella Staten w/o Edward James	1876	1950	So-110
HALL,Elmer P.	1892	1957	So-1
HALL,Georgia H. w/o William H.	1883	1954	So-110
HALL,Gussie H.	1876	1962	So-4
HALL,Henry I.	1862	1950	So-4
HALL,Henry Louis	7 Jan 1892	31 Mar 1971	So-4
HALL,Henry White	1827	1906	So-4
HALL,Ira N.	1881	1957	So-68
HALL,Irene E.	1871	1924	So-112
HALL,Isaac Henry	1862	1950	So-4
HALL,Isaac s/o Edward James	1902	1960	So-110
HALL,John Fletcher	3 Mar 1879	25 Oct 1881	So-4
HALL,John Wesley	8 Apr 1847	9 Mar 1922	So-4
HALL,Julia Ann	(d.age61yr)	7 Aug 1860	So-102
HALL,Keiford J.	1867	1934	So-4
HALL,Lola D.	1897	1974	So-4
HALL,Louis H.	1892	1971	So-4
HALL,Lydie W.	1878	1967	So-3

Name	Birth	Death	Location
HALL, Margaret	(d.age 90yr)	19 Dec 1860	So-102
HALL, Mary D.	1858	1920	So-4
HALL, Mary Elizabeth w/o John W.	17 Dec 1853	4 Apr 1912	So-4
HALL, Mary Ruth w/o R. Reginald	22 Sep 1914	none	So-68
HALL, Nannie S.	1860	1881	So-4
HALL, Nellie	1858	1884	So-4
HALL, Nita Maddox	1890	1976	So-68
HALL, Pauline Terry	21 Mar 1902	9 Nov 1972	So-4
HALL, R. Reginald	1913	1975	So-68
HALL, Robert D.	1832	1904	So-4
HALL, Robert F.	1919	1956	So-110
HALL, Robert F.	none	1936	So-68
HALL, Robert H. Jr.	1851	1923	So-4
HALL, Rowland s/o Robin H. & Amanda W.	none	20 Mar 1881	So-108
HALL, Roy	1880	1968	So-4
HALL, Sarah Bernice	15 Dec 1880	24 Nov 1884	So-4
HALL, Sarah E. w/o Henry W.	1833	1889	So-4
HALL, Sarah S. w/o Edward T.	14 Jul 1816	7 Feb 1881	So-102
HALL, Sue L. Lankford	15 Jul 1867	13 Dec 1914	So-4
HALL, Tubman L.	15 Mar 1801	28 Sep 1890	So-102
HALL, William H.	1880	1970	So-110
HALL, William J. Jr.	1899	1963	So-4
HALL, William J. Sr.	19 Apr 1867	4 Apr 1941	So-4
HALLBERG, John	1844	1926	So-1
HALLBERG, Mary	1851	1927	So-1
HAMPTON, Mary (Madam)	(d.age 70yr)	19 Oct 1744	So-1
HANCOCK, Bertie S.	1896	1960	So-122
HANCOCK, Margaret C. w/o William A.	1889	1939	So-121
HANCOCK, William A.	1880	1940	So-121
HANDY, Addie	6 Feb 1874	24 May 1959	So-4
HANDY, Anna M.	21 Nov 1845	7 Mar 1924	So-121
HANDY, Anne B.	(d.age 88yr)	24 Sep 1972	So-121
HANDY, Cabell Preston	1919	1961	So-121
HANDY, Celia A.	1875	1857	So-11
HANDY, Charles I.	1895	1915	So-121
HANDY, Charles J.	1857	1918	So-121
HANDY, Charles L.	1874	1939	So-11
HANDY, Charlotte	7 Jul 1837	none	So-4
HANDY, Charlotte	(d.age 89yr)	23 Sep 1889	So-4
HANDY, Effie Bruce w/o Robert B.	1858	1940	So-121
HANDY, Elizabeth C.	1863	1952	So-121
HANDY, Elizabeth R.	1872	1946	So-11
HANDY, Elizabeth W.	1838	1929	So-121
HANDY, Ellen E. Miss	22 Sep 1839	30 Oct 1866	So-119
HANDY, Erastus	12 Apr 1832	5 Apr 1911	So-121
HANDY, Erastus Edward	1887	1949	So-121
HANDY, George General	19 Jan 1788	21 Mar 1856	So-121
HANDY, George H.	1864	1942	So-121
HANDY, George S.	29 Jan 1819	21 May 1883	So-4
HANDY, Helen Calvert w/o J. B.	1873	1930	So-121
HANDY, Henrietta M. w/o Samuel K.	22 Feb 1808	2 Jul 1882	So-121
HANDY, Jennie M.	20 Feb 1860	10 Feb 1880	So-121
HANDY, Jessie d/o Cornlius & Jessie	1888	1888	So-121
HANDY, John Bruce	1887	1947	So-121
HANDY, John C. s/o Litt.(no stone)	(d.age 42yr)	28 Jan 1881	So-119

Name	Birth	Death	Location
HANDY, John Thomas	5 Oct 1876	6 Mar 1963	So-4
HANDY, John Thomas s/o John T.	29 Aug 1906	30 Nov 1906	So-4
HANDY, John Upshur s/o Erastus	23 Mar 1862	23 Oct 1890	So-121
HANDY, John W.	25 Jan 1809	5 Jul 1880	So-4
HANDY, Joseph B. Jr.	1900	1923	So-121
HANDY, Joseph Brekinridge	1873	1960	So-121
HANDY, Joseph Thomas J.	10 Mar 1841	1 Apr 1915	So-4
HANDY, Joshua R.	15 Feb 1807	16 Jun 1887	So-4
HANDY, Littleton D. MD	(d.age48yr)	14 Oct 1857	So-119
HANDY, Mannie O.	1884	1955	So-68
HANDY, Mariah F.	(d.age75yr)	8 Aug 1913	So-4
HANDY, Marie B.	1836	1905	So-121
HANDY, Marie Preston d/o Wm.G. & M.B.	14 Jul 1865	12 Jul 1898	So-121
HANDY, Marion E.	1851	1926	So-4
HANDY, Marion O. w/o Joseph Thomas	3 May 1849	9 Sep 1937	So-4
HANDY, Mary E. w/o Gen. George	29 Apr 1815	19 Dec 1896	So-121
HANDY, Minnie H.	1864	1916	So-121
HANDY, Nellie M.	1 Jan 1893	9 Oct 1914	So-4
HANDY, Olive Marion	16 Apr 1878	9 Apr 1944	So-4
HANDY, Pattie	(d.age81yr)	9 Jul 1876	So-4
HANDY, Robert B. s/o Wm. G.& Marie B.	1858	1923	So-121
HANDY, Sally B. U. d/o William W.	29 Jun 1846	10 Sep 1912	So-121
HANDY, Sally Wilson w/o George	11 Oct 1786	3 May 1845	So-121
HANDY, Samuel K. Dr.	23 Oct 1800	15 Nov 1859	So-121
HANDY, Sarah	14 Mar 1822	Jun 1851	So-4
HANDY, Sarah E.	1848	1871	So-67
HANDY, Sarah E.	1872	1922	So-67
HANDY, Sophia w/o Littleton D.	20 Oct 1811	11 Feb 1866	So-119
HANDY, Sue Davis	5 Aug 1882	15 Jul 1953	So-4
HANDY, Virginia w/o Erastus	(d.age43yr)	17 Apr 1880	So-121
HANDY, William Andrews	1928	none	So-121
HANDY, William C.	1835	1909	So-121
HANDY, William G. Rev.	10 Aug 1836	15 May 1905	So-121
HANDY, William J.	1868	1945	So-11
HANKINS, James B.	1904	1965	So-121
HARGIS, Anastasia d/o J. Kelly	1843	1 Mar 1845	So-84
HAROLD, Martha S.	1836	1878	So-1
HAROLD, Thomas C.	1838	1891	So-1
HARRINGTON, Addison	(d.age70yr)	Apr 1926	So-98
HARRINGTON, George S.	10 Dec 1855	25 Aug 1910	So-98
HARRINGTON, Peggy	(d.age80yr)	1 Jan 1880	So-99
HARRIS, Edya C.	1885	1950	So-97
HARRIS, George Tubman (no stone)	(d.age19yr)	2 Dec 1858	So-119
HARRIS, Huldak	1899	1925	So-97
HARRIS, Isabella F.	1890	1963	So-97
HARRIS, Jabus T.	1852	1912	So-97
HARRIS, James	(d.age77yr)	6 Nov 1842	So-143
HARRIS, Littleton (no stone)	(d.age71yr)	1 May 1871	So-150
HARRIS, Lovena w/o Jabus T.	1858	1934	So-97
HARRIS, Maggie M. w/o Huldak	1888	1910	So-97
HARRIS, Mary B.	(d.age70yr)	27 Sep 1850	So-119
HARRIS, Mary w/o Littleton (no stone)	none	30 Oct 1868	So-150
HARRIS, Winnie W. w/o Edgar	1879	1967	So-97
HARRISON, Eva E.	1891	1922	So-112
HARRISON, Hobson T. WWI	10 Sep 1899	1 Dec 1966	So-67

Name	Born	Died	Ref
HARRISON, Tankard E.	Dec 1871	11 Feb 1964	So-112
HART, Eliza Worthington Waters w/o Wm.	14 Aug 1871	26 Dec 1939	So-119
HART, William Courtland	13 Oct 1871	29 Jan 1955	So-119
HARVEY, Marie Handy	1892	1928	So-121
HARVEY, Martha Clark	1859	1932	So-121
HASTINGS, Annie d/o R. T.	17 Jan 1854	18 Jul 1874	So-4
HASTINGS, E. Blanche	1876	1916	So-68
HASTINGS, Elizabeth H.	10 Sep 1853	20 Dec 1922	So-4
HASTINGS, Goodwin s/o Archelaus M.	1886	1886	So-4
HASTINGS, Isaac L.	9 Jun 1850	18 Mar 1898	So-4
HASTINGS, Jehu	(d.age54yr)	25 Apr 1901	So-121
HASTINGS, Julia Gibson	1928	1953	So-110
HASTINGS, Kate	1845	1915	So-121
HASTINGS, L. M.	1868	1936	So-4
HASTINGS, Martha A. w/o Archelaus M.	19 May 1848	28 Feb 1909	So-4
HASTINGS, Mary E.	1876	1956	So-121
HASTINGS, Mary w/o R. T.	1816	1891	So-4
HASTINGS, Olive d/o Archelaus M.	1878	1881	So-4
HASTINGS, Renatus T.	2 Jun 1817	6 Jan 1901	So-4
HASTINGS, Sarah E.	1840	1915	So-121
HASTINGS, W. A.	1873	1934	So-4
HASTINGS, William T.	1844	1896	So-121
HASTINGS, William W.	1877	1940	So-121
HATCHETT, Allen G.	1950	1974	So-68
HATCHETT, Allen G. Sr.	1897	none	So-68
HATCHETT, Elva M	1909	none	So-68
HAVEN, Florence Nyquist w/o Mervinn	1903	1962	So-121
HAVEN, Mervin	1893	1969	So-121
HAWK, Alfred M.	1855	1929	So-121
HAWK, Loretta G.	1857	1952	So-121
HAYDEN, Florence A.	1881	1934	So-99
HAYDEN, James B.	1893	19--	So-99
HAYMAN, Alvah J.	1849	1875	So-120
HAYMAN, Augusta P. w/o Sidney	17 Sep 1866	1942	So-121
HAYMAN, Charles Edwin	10 Jan 1893	24 Jul 1967	So-122
HAYMAN, Charles G. s/o Charles E.	24 Apr 1915	5 Oct 1915	So-121
HAYMAN, Charles H. s/o John W.	(d.age66yr)	Apr 1925	So-121
HAYMAN, Elderdice s/o Charles & May	(d.age 7mo)	none	So-121
HAYMAN, Elizabeth w/o John K.	1811	1895	So-121
HAYMAN, Elton R. WWI	16 Dec 1894	28 Jan 1970	So-3
HAYMAN, Ernest M.	25 Mar 1882	5 Jan 1954	So-121
HAYMAN, Georgia Mae	1891	1971	So-121
HAYMAN, J. Sidney	1861	1935	So-121
HAYMAN, James A.	1864	1938	So-3
HAYMAN, James A. Jr.	(d.age70yr)	18 Aug 1981	So-3
HAYMAN, John K.	1865	1939	So-121
HAYMAN, John W.	8 oct 1834	20 Dec 1887	So-121
HAYMAN, Lee LeCompte s/o Charles H.	(d.age73yr)	Jul 1974	So-121
HAYMAN, Levin Purnell	1810	1893	So-120
HAYMAN, Littleton	1846	1923	So-121
HAYMAN, Louisa F.	19 May 1837	30 Apr 1912	So-121
HAYMAN, Madge Twining	none	none	So-122
HAYMAN, Mamie	1869	1944	So-3
HAYMAN, Margaret Pollitt w/o Littleton	1859	1922	So-121
HAYMAN, Marion James s/o John S.	(d.age76yr)	Oct 1973	So-119

Name	Birth	Death	Location
HAYMAN, May E.	3 Jul 1866	8 Jul 1941	So-121
HAYMAN, Melva C.	1913	1965	So-3
HAYMAN, Oscar R.	1871	1915	So-120
HAYMAN, Randall	1838	1923	So-121
HAYMAN, Rebecca Ann	1811	1892	So-120
HAYMAN, Robert H. s/o C. H. & M.E.	23 Nov 1896	31 Dec 1913	So-121
HAYMAN, Robert L.	1872	1926	So-121
HAYMAN, W. Craft	1892	1963	So-1
HAYMAN, Washington G.	1868	1940	So-121
HAYNES, Augustin B. (teacher born Va.)	1847	8 Jun 1886	So-4
HAYNES, Benjamin Franklin	12 Feb 1843	6 Nov 1902	So-4
HAYNES, Minnie L.	14 Aug 1852	1 Oct 1932	So-4
HAYNIE, Emily J.	1851	1932	So-115
HAYNIE, Henrietta B. d/o Ezekiel	1 Aug 1789	15 Jan 1850	So-121
HAYNIE, Leah B. d/o Richard & Leah	none	8 Oct 1872	So-121
HAYNIE, Martin L. Dr. (d.New Orleans La.)	none	Feb 1815	So-121
HAYWARD, Augusta Miss (no stone	none	Dec 1841	So-119
HAYWARD, Sarah G.	(d.age73yr)	20 Aug 1855	So-119
HEATH, Elsie H.	13 Feb 1899	4 Sep 1911	So-110
HEATH, Garland T.	22 Sep 1902	25 Apr 1908	So-110
HEATH, George Albert s/o Thomas	(d.age 3yr)	30 Dec 1875	So-152
HEATH, Irving Thomas	31 Jul 1912	16 Dec 1954	So-110
HEATH, Mae B. w/o thomas W.	1885	none	So-110
HEATH, Sarah E. w/o Tubman	1833	1901	So-109
HEATH, Thomas W.	none	25 Jan 1883	So-132
HEATH, Thomas W.	28 Jan 1884	31 Mar 1940	So-110
HEATH, Tubman	1833	1899	So-109
HEATON, Arianna Frazier w/o Rev.A. C.	31 May 1839	1 Jan 1878	So-121
HEATON, Arianna Steuart d/o Austin C.	28 Aug 1868	27 Jul 1870	So-121
HEATON, Austin Carpenter s/o A. C.	30 Oct 1863	7 Sep 1931	So-121
HEATON, Martha Childs d/o A. C.	16 Nov 1877	12 Oct 1947	So-121
HEATON, Mary Winder d/o Samuel W.	15 May 1815	19 Apr 1966	So-121
HEATON, Mary Winder w/o Samuel Wilson	19 Nov 1889	29 Sep 1971	So-121
HEATON, Sallie Stuart d/o A.C.	17 Oct 1870	4 Jul 1896	So-121
HEATON, Samuel Wilson s/o A. C.	16 Apr 1866	12 Oct 1955	So-121
HEATON, William Page s/o Austin C.	23 Aug 1877	15 Jun 1878	So-121
HEDGES, James W. s/o John A.	1911	1940	So-121
HEDGES, John A.	1863	1951	So-121
HEDGES, Margaret E. w/o John A.	1868	1950	So-121
HEDGES, Mary E. d/o John A.	1892	1963	So-121
HEMINGER, Frank M.	22 Jan 1849	5 Sep 1926	So-121
HENDERSON, Archie	1872	1919	So-121
HENDERSON, Carroll E.	1897	1965	So-122
HENDERSON, Louise P.	1901	none	So-122
HENDERSON, Mary S. w/o Henry	(d.age51yr)	17 Sep 1870	So-2
HENDERSON, Nora E.	1875	1941	So-121
HENRY, Cosmos G.S. s/o Robert J.	(d.age23yr)	10 Nov 1842	So-2
HENRY, Robert J. General,s/o Robert	(d.age63yr)	29 Nov 1843	So-2
HENRY, Rosalie Fontaine w/o Clifton T.	none	1964	So-121
HEWITT, E. E.	1914	none	So-108
HEWITT, Hester A.	1823	1918	So-108
HEWITT, James	1823	1918	So-108
HEWITT, Jennie J.	1867	1856	So-72
HEWITT, S. Elizabeth	1850	1892	So-108
HEWITT, William J.	1846	1920	So-72

Name	Birth	Death	Plot
HICKEY, Dennis D.	1873	1920	So-121
HICKEY, Mary	9 Feb 1875	3 Oct 1953	So-121
HICKMAN, Clementine J.	22 Feb 1836	3 Jan 1905	So-72
HICKMAN, Edna E.	1895	1929	So-121
HICKMAN, Elsie M.	none	none	So-121
HICKMAN, George	1835	1905	So-97
HICKMAN, George L.	1872	1953	So-121
HICKMAN, George Thomas	none	none	So-4
HICKMAN, Gertrude H.	1875	1945	So-121
HICKMAN, Harriett Emma	1888	none	So-122
HICKMAN, Isaac Henry	1883	1945	So-122
HICKMAN, James Anderson (d.Phila.Pa.)	(d.age 3yr)	4 Dec 1873	So-119
HICKMAN, Jerome	1896	1947	So-121
HICKMAN, Mabel I.	1893	1940	So-121
HICKMAN, Mary E. w/o Theodore F.	1848	1928	So-121
HICKMAN, Milton F.	1866	1932	So-121
HICKMAN, Montford	1863	1916	So-97
HICKMAN, Robbie W.	14 Feb 1879	28 Jan 1880	So-72
HICKMAN, Robert W.	1927	1950	So-121
HICKMAN, Sarah Wilson w/o George T.	25 May 1867	22 Mar 1909	So-4
HICKMAN, Theodore F.	1812	1908	So-121
HIERS, Eva E.	1885	1932	So-4
HIGHLAND, Leah w/o S. H.	(d.age 52yr)	28 Jul 1875	So-84
HILL, Edward L. Jr.	29 Apr 1899	1973	So-68
HILL, James A.	15 Jul 1832	18 Jul 1897	So-68
HILL, James B.	1875	1960	So-121
HILL, John W.	15 Apr 1865	8 Feb 1927	So-68
HILL, Lorenzo D.	1828	1910	So-120
HILL, Mary E.	1822	1914	So-120
HILL, Mary N.	1874	1943	So-121
HILL, Raymond Osborne	1 Nov 1926	28 Dec 1956	So-68
HILL, Sadie w/o Charles G.	1877	1934	So-68
HILL, Sarah E. w/o James A.	10 Feb 1839	9 Jul 1920	So-68
HILL, Thomas C.	1892	1952	So-124
HINMAN, Emily T.	(d.age 43yr)	15 May 1899	So-72
HINMAN, Howard F.	1886	1972	So-68
HINMAN, J. Roger	1890	1940	So-67
HINMAN, Lena Nelson w/o J. Roger	1888	1954	So-67
HINMAN, Myra B. Maddox w/o Howard	1886	none	So-68
HINMAN, Samuel	1857	1916	So-68
HINMAN, Virginia T.	1859	1943	So-68
HITZELBERGER, Martha J.	1875	1936	So-121
HODGES, Edward Bennett	28 Apr 1889	12 Nov 1955	So-68
HODGES, Helen Carver w/o Edward B.	5 May 1889	1978	So-68
HODGES, James W.	1942	1966	So-72
HODGES, Mildred D.	1912	1953	So-72
HODSON, Clara Mills w/o Thomas S.	1854	1930	So-4
HODSON, Thomas	1837	1920	So-4
HOFFMAN, Alice W.	1858	1914	So-111
HOFFMAN, Anne E.	10 Sep 1861	17 Apr 1947	So-69
HOFFMAN, Bessie S.	1894	1931	So-111
HOFFMAN, Carroll	4 May 1897	18 May 1934	So-69
HOFFMAN, Charles P. s/o Walter	none	1921	So-99
HOFFMAN, David	1868	1935	So-99
HOFFMAN, E. Norwood	1925	1927	So-69

Name	Birth	Death	Section
HOFFMAN, Eliza	8 Feb 1836	7 Feb 1911	So-111
HOFFMAN, Elizabeth Johnson	1871	1956	So-99
HOFFMAN, Eva D.	1883	1959	So-73
HOFFMAN, Griffin	8 Jul 1860	22 Dec 1940	So-69
HOFFMAN, John H.	1855	1917	So-111
HOFFMAN, John L.	4 Dec 1882	15 Aug 1960	So-69
HOFFMAN, Joseph H.	6 Aug 1870	16 May 1909	So-69
HOFFMAN, Mary H.	1866	1917	So-97
HOFFMAN, Matilda E.	22 Jul 1861	20 Oct 1948	So-69
HOFFMAN, May B.	1890	1909	So-97
HOFFMAN, Prettyman	1868	1910	So-97
HOFFMAN, Roland F.	1892	27 Aug 1953	So-69
HOFFMAN, Roland Franklin	4 Jun 1916	11 Sep 1916	So-69
HOFFMAN, Rosa E.	16 Jul 1896	5 Jun 1916	So-69
HOFFMAN, Vaughn C.	1922	1944	So-69
HOFFMAN, William	(d.age 47yr)	1913	So-97
HOFFMAN, William C.	1864	1898	So-73
HOFFMAN, William H.	1888	1865	So-73
HOLBROOK, Arthur W.	(d.age 2yr)	15 Jan 1850	So-119
HOLBROOK, Carrie d/o Thomas W.	(d.age 16yr)	14 Jan 1877	So-119
HOLBROOK, John Samuel (no stone)	(d.age 44yr)	25 Aug 1871	So-119
HOLBROOK, Maria Louisa	25 Jan 1817	5 Jan 1894	So-119
HOLBROOK, Priscilla w/o Samuel G.	(d.age 36yr)	Dec 1841	So-119
HOLBROOK, Samuel	none	Feb 1854	So-159
HOLBROOK, Samuel G.	(d.age 54yr)	23 Mar 1854	So-119
HOLBROOK, Thomas Dashiell s/o Thomas W.	17 Feb 1867	18 Oct 1867	So-119
HOLBROOK, William L. (no stone)	(d.age 44yr)	10 Jan 1867	So-119
HOLLAND, Addie w/o Edward	1886	1958	So-124
HOLLAND, Alice L.	1852	1875	So-120
HOLLAND, Almanda J.	1893	1926	So-120
HOLLAND, Anna	16 Feb 1917	21 Feb 1918	So-72
HOLLAND, Annie M.	1870	1949	So-98
HOLLAND, Bessie w/o Ira S.	1 Sep 1879	16 Jan 1951	So-68
HOLLAND, Charles	1910	1941	So-1
HOLLAND, Charles A. Sr.	1871	1951	So-1
HOLLAND, Debra Sue	1951	1977	So-68
HOLLAND, Edward	1884	1953	So-124
HOLLAND, Elizabeth Ann	1841	1881	So-67
HOLLAND, Ellen E.	24 Feb 1824	14 Feb 1869	So-67
HOLLAND, Emily E. w/o Samuel	22 Jul 1854	21 Aug 1875	So-4
HOLLAND, G. Larry	1865	1900	So-68
HOLLAND, George Beverly s/o John A.	(d.age 74yr)	Apr 1974	So-119
HOLLAND, George J.	1831	1909	So-68
HOLLAND, Granville A. s/o Thomas A.	8 Mar 1866	27 Apr 1901	So-4
HOLLAND, Harold	1886	1933	So-45
HOLLAND, Herbert A. Sr.	1891	1962	So-122
HOLLAND, I. J.	1859	1926	So-121
HOLLAND, Ira S. Jr.	1914	1975	So-68
HOLLAND, Ira S. Sr.	25 Aug 1874	19 Nov 1954	So-68
HOLLAND, James A.	1832	1897	So-4
HOLLAND, James L.	1854	1921	So-45
HOLLAND, John E.	1872	1956	So-121
HOLLAND, John H.	1816	1893	So-67
HOLLAND, John H. (Buck)	16 Apr 1828	29 Oct 1904	So-67
HOLLAND, John W.	1865	1927	So-4

Name	Birth	Death	Location
HOLLAND, Joseph W.		1875	1949 So-122
HOLLAND, Julia F.		1828	1889 So-67
HOLLAND, Leland A.		1899	1968 So-72
HOLLAND, Mary E.		1839	1920 So-4
HOLLAND, Mary E. w/o Thomas H.		1844	1903 So-4
HOLLAND, Mary Jane		1864	1948 So-121
HOLLAND, Mary Riggin		(d.age82yr)	1874 So-45
HOLLAND, Mattie Susan Dashiell w/o H.		(d.age85yr)	Jan 1980 So-121
HOLLAND, Nellie R.		1878	1959 So-122
HOLLAND, Patrick s/o John H.		19 Dec 1861	12 Mar 1862 So-67
HOLLAND, Sallie A.		1833	1903 So-68
HOLLAND, Sarah Ann d/o John H.		13 Dec 1875	19 Nov 1878 So-67
HOLLAND, Sarah Ann w/o John H.		19 Feb 1838	29 Nov 1894 So-67
HOLLAND, Thomas H.		22 Mar 1831	2 Oct 1888 So-4
HOLLAND, Thomas J.		1818	1905 So-120
HOLLAND, William H.		1820	1882 So-120
HOLLAND, William J.		23 Jun 1812	30 Mar 1889 So-67
HOLLAND, Zipporah L.		none	1910 So-120
HOLLOWAY, Mary E. Mrs.		1886	1964 So-121
HONNECKER, John Adams		1903	1970 So-121
HOOD, Lucy P.		1890	1957 So-122
HOPKINS, Alfred P.		25 Jan 1885	14 Jan 1926 So-121
HOPKINS, Charles W.G.		(d.age17yr)	22 Sep 1875 So-99
HOPKINS, Cora V.		1881	1940 So-99
HOPKINS, Dollie C.		1892	1968 So-121
HOPKINS, Edgar P. s/o Stephen		28 Sep 1862	16 Sep 1917 So-99
HOPKINS, Edna Ruth d/o James		18 Feb 1895	18 Aug 1908 So-99
HOPKINS, Eleanor Marsh		1870	1949 So-99
HOPKINS, Ella d/o William		2 Feb 1876	26 Jul 1879 So-99
HOPKINS, Elnora d/o George H.		1876	1894 So-109
HOPKINS, Emily Sarah w/o George J.		23 Dec 1854	30 Aug 1928 So-99
HOPKINS, Esther P. w/o Stephen		1848	1897 So-99
HOPKINS, G. Allen		1887	1962 So-99
HOPKINS, George		1871	1906 So-109
HOPKINS, George H.		1846	1898 So-109
HOPKINS, George H.		(d.age58yr)	6 Sep 1877 So-99
HOPKINS, George J.		14 Oct 1849	13 Apr 1901 So-99
HOPKINS, Georgia E.		19 Jun 1893	6 Jan 1912 So-110
HOPKINS, Gladys d/o S. O.		4 Sep 1922	9 Sep 1922 So-99
HOPKINS, Henrietta F. w/o William W.		17 Apr 1842	28 Feb 1928 So-99
HOPKINS, Henry T.		1881	1955 So-110
HOPKINS, Hurschel T.		1907	1955 So-110
HOPKINS, J. Sheldon		1903	1958 So-99
HOPKINS, James		1859	1933 So-99
HOPKINS, Lulu Austin w/o George		1872	1906 So-99
HOPKINS, Lydia d/o James & Eleanor		(d.age 2mo)	10 Jun 1888 So-176
HOPKINS, M. Catherine w/o R. Wesley		1901	none So-110
HOPKINS, Madge d/o W. L.		14 Feb 1913	9 Sep 1913 So-99
HOPKINS, Margaret Bounds		1883	1958 So-99
HOPKINS, Mary A. w/o Henry T.		1883	1958 So-110
HOPKINS, Neva P.		1893	1929 So-110
HOPKINS, Omar A.		28 Jun 1893	17 Jul 1947 So-110
HOPKINS, R. Wesley		1900	1962 So-110
HOPKINS, Sadie A.		1883	1959 So-110
HOPKINS, Sarah E.		(d.age75yr)	7 Sep 1902 So-99

Name	Birth	Death	Cem
HOPKINS,Sarah E.	14 Mar 1864	27 Apr 1931	So-110
HOPKINS,Sarah Jane w/o Stephen A.	(d.age 26yr)	25 Nov 1851	So-99
HOPKINS,Stephen A.	7 Mar 1845	7 Mar 1895	So-99
HOPKINS,Stephen A.	(d.age 65yr)	18 Nov 1880	So-99
HOPKINS,Stephen O.	1885	1949	So-99
HOPKINS,Victor L.	1883	1916	So-99
HOPKINS,William H.	1862	1941	So-99
HOPKINS,William L.	1887	1960	So-110
HOPKINS,William T.	1881	1955	So-110
HOPKINS,William W.	24 Dec 1842	24 May 1907	So-99
HORNER,D. L. Moody	1879	1943	So-99
HORNER,D. Stansburg (Sten)	1883	1961	So-99
HORNER,David	1827	1860	So-97
HORNER,David W.	22 Jan 1850	11 Jan 1928	So-99
HORNER,Edith Jones w/o Elmer	(d.age 79yr)	1967	So-99
HORNER,Elmer D.	1871	1959	So-99
HORNER,Emily	17 Mar 1849	18 Jan 1930	So-99
HORNER,F. T.	4 Sep 1843	9 Oct 1909	So-99
HORNER,Frances w/o John L.	1844	1919	So-99
HORNER,Frank E.	1909	1969	So-99
HORNER,Helen Daniels	1914	1945	So-97
HORNER,Indiania w/o David W.	30 Oct 1855	28 Jun 1918	So-99
HORNER,J. Hughes	7 Apr 1873	23 Dec 1895	So-98
HORNER,Jack s/o G. M. & Ada	1922	1933	So-110
HORNER,Jessie H. Sr.	7 Jul 1835	29 Oct 1912	So-98
HORNER,John B.	19 Feb 1807	17 Jul 1889	So-99
HORNER,John H.	1862	1931	So-98
HORNER,John L.	1845	1925	So-99
HORNER,John L. s/o F.T. & E. E.	(d.age 1yr)	1919	So-99
HORNER,John W.	24 Aug 1862	8 May 1890	So-99
HORNER,Louis W.	24 Feb 1870	29 Oct 1890	So-98
HORNER,Marie A. w/o Samuel J.	1869	1949	So-110
HORNER,Marion s/o S. T.	24 Jan 1901	24 Mar 1901	So-99
HORNER,Mary A.	1880	none	So-99
HORNER,Mary E.	1877	1958	So-99
HORNER,Mary Muir	1897	1970	So-99
HORNER,Mary Paden	7 Aug 1842	22 Jan 1916	So-98
HORNER,Melissa w/o Thomas	1855	1939	So-97
HORNER,Missouri T.	1863	1936	So-98
HORNER,Monnie E. s/o John L.	31 Jan 1889	2 Jul 1909	So-99
HORNER,Nettie E. w/o Elmer	20 Feb 1876	20 Feb 1911	So-99
HORNER,Olie M.	(d.age 87yr)	5 Jan 1971	So-99
HORNER,Roberta L. d/o F. T.	(d.age 5 mo)	2 Jan 1875	So-99
HORNER,Rowland	1887	1968	So-99
HORNER,Sadie E.	1899	1947	So-99
HORNER,Samuel J.	1854	1936	So-110
HORNER,Samuel J. Tildon	27 Dec 1876	24 Dec 1886	So-99
HORNER,Sarah	(d.age 58yr)	21 Dec 1855	So-161
HORNER,Stella d/o L. & F.	(d.age 1yr)	29 Jul 1875	So-99
HORNER,T. Shilling	1877	1939	So-99
HORNER,Thomas	1848	1907	So-97
HORNER,Vertie Blanch s/o John T.	1881	1882	So-99
HORNER,Walton B. s/o Walton T.	1918	1965	So-97
HORNER,Walton T.	1892	1963	So-97
HORNSBY,Cora w/o Martin L.	1906	none	So-110

Name	Birth	Death	Ref
HORNSBY, Florence Lee w/o Robert	1867	1944	So-110
HORNSBY, Martin Luther	1887	1950	So-110
HORNSBY, Robert	1857	1922	So-110
HORSEMAN, George W.	1864	1936	So-97
HORSEMAN, Howard W.	1900	1951	So-97
HORSEMAN, Mary E. w/o George W.	1866	1928	So-97
HORSEY, Aden Davis	1897	1967	So-4
HORSEY, Albert T.	6 Apr 1854	17 Apr 1888	So-45
HORSEY, Arentha G. w/o George B.	1875	1935	So-16
HORSEY, Clara L. w/o William P.	1857	1884	So-45
HORSEY, Custis W. s/o Isaac	none	none	So-45
HORSEY, Edgar W.	1879	1880	So-16
HORSEY, Edgar W.	22 Sep 1836	23 May 1888	So-16
HORSEY, Edward Kerr	19 Apr 1794	10 Jan 1856	So-16
HORSEY, Edward L.	1864	1908	So-29
HORSEY, Edward W. (Ned)	16 Aug 1847	21 Sep 1919	So-45
HORSEY, Elvira H. w/o Oliver	20 Sep 1834	19 Mar 1880	So-16
HORSEY, Eugene C.	1875	1880	So-16
HORSEY, George Beauragard	1863	1939	So-16
HORSEY, John C.	(d.age66yr)	24 Oct 1879	So-13
HORSEY, John C. Jr.	1890	1961	So-4
HORSEY, John C. Sr.	1867	1949	So-4
HORSEY, John W.	1870	1895	So-50
HORSEY, Katharine M.	8 Jun 1889	2 Apr 1892	So-4
HORSEY, Lottie Owens w/o Edward W.	1 Aug 1847	19 Aug 1914	So-45
HORSEY, Lovey L. w/o Edward K.	8 Aug 1798	10 Jan 1858	So-16
HORSEY, Lulu Stevenson w/o William	1871	1956	So-4
HORSEY, Marion E.	1866	1929	So-4
HORSEY, Mary Cooper	1908	1972	So-4
HORSEY, Mary Coston w/o John C.	1831	1884	So-13
HORSEY, Mary E. w/o James	none	1906	So-4
HORSEY, Mary Virginia	1903	1939	So-121
HORSEY, Oden B.	1835	1900	So-16
HORSEY, Oliver S.	1887	1953	So-45
HORSEY, Oliver S.	1 Jan 1835	6 Dec 1900	So-16
HORSEY, Robert D.	1900	1941	So-4
HORSEY, Ruth R. w/o Oliver S.	none	1967	So-45
HORSEY, Samuel S. s/o Samuel S.	24 Jul 1897	11 Aug 1897	So-4
HORSEY, Samuel s/o John C.	14 Feb 1859	27 Dec 1906	So-4
HORSEY, Sarah E. w/o Custis	14 Mar 1851	15 Sep 1917	So-45
HORSEY, William O.	1859	1921	So-45
HOWARD, Alec	none	1949	So-68
HOWARD, Asbury S.	1881	1957	So-1
HOWARD, Cheryle	1960	1960	So-4
HOWARD, Clarence P.	1883	1950	So-68
HOWARD, Daisy	1879	1945	So-68
HOWARD, Daniel B. P. s/o John	15 Sep 1853	4 Mar 1855	So-90
HOWARD, Ebenezer	14 Dec 1799	30 Jul 1829	So-84
HOWARD, Edward S.	1845	1925	So-1
HOWARD, Elizabeth w/o Ebenezer	4 Jun 1802	16 Apr 1845	So-84
HOWARD, Elton	1891	1942	So-68
HOWARD, Emma	24 Mar 1879	20 Jan 1957	So-121
HOWARD, Emma F.	1880	1949	So-68
HOWARD, Ernest J.	1878	1967	So-3
HOWARD, Ethel Grace	1889	1941	So-68

HOWARD, Frances H.		1861	1936	So-68
HOWARD, Gertrude Nelson		1896	1975	So-68
HOWARD, Glenn and Mother		1876	1925	So-68
HOWARD, Henry J.		1876	1962	So-68
HOWARD, Henry J.	10 May 1869	21 Oct 1932	So-121
HOWARD, John A.		1871	1933	So-68
HOWARD, John Edward		1866	1941	So-68
HOWARD, Kate L.		1875	1952	So-4
HOWARD, Laura M. w/o W. S.	29 Feb 1867	10 Mar 1886	So-1
HOWARD, Mary A.		1894	1975	So-4
HOWARD, Mary E.		1855	none	So-68
HOWARD, Mary E.		1876	1962	So-68
HOWARD, Mary E.		1894	19--	So-3
HOWARD, Mary S.	(d.age 23yr)	7 Jun 1825	So-39
HOWARD, Memeriel M.		1898	none	So-4
HOWARD, Molly		1873	1948	So-68
HOWARD, Robert P.		1890	1964	So-4
HOWARD, Sallie A. Conner w/o Samuel E	3 Feb 1850	9 Jan 1931	So-4
HOWARD, Samuel		1872	1932	So-68
HOWARD, Samuel E.	4 Oct 1843	11 Jan 1917	So-4
HOWARD, Wade A.		1923	none	So-4
HOWARD, William M.		1901	1964	So-4
HOWARD, William S.		1873	1931	So-68
HOWETH, Charles		1887	none	So-124
HOWETH, Edward R.		1861	1927	So-4
HOWETH, Ernest F.		1869	1916	So-68
HOWETH, George W.	19 Mar 1836	22 Feb 1905	So-4
HOWETH, Indiana M.	11 Apr 1841	1827	So-4
HOWETH, Jennie		1873	1933	So-68
HOWETH, Margaret A.		1840	1910	So-4
HOWETH, Mary W.	22 Feb 1876	21 Jan 1944	So-122
HOWETH, William D.		1831	1880	So-4
HOWETH, William J.		1858	1891	So-4
HOWETH, William T.	23 Nov 1878	none	So-122
HOWLAND, Lida May Testerman		1908	1959	So-122
HUDSON, John T.	(d.age 54yr)	29 Nov 1915	So-1
HUDSON, Mary G. w/o Peter J.	19 Dec 1835	19 Sep 1902	So-2
HUDSON, Mattie V.		1894	1945	So-1
HUDSON, William H.		1968	1958	So-1
HUFFINGTON, Harold S. WWI		1896	1955	So-121
HUGHES, Anna d/o Caleb & E.A.	3 Aug 1856	29 Jan 1862	So-2
HUGHES, Benjamin		1855	1881	So-109
HUGHES, Caleb B. K.	(d.age 38yr)	15 Aug 1857	So-2
HUGHES, Elizabeth		1877	1959	So-110
HUGHES, Emily A. w/o Caleb B.	29 Aug 1831	17 Jul 1861	So-2
HUGHES, J. Warren s/o J.M. & Emma J.	6 Dec 1886	17 Jul 1889	So-1
HUGHES, John W.	(d.age 25yr)	23 Jul 1869	So-90
HUGHES, Sarah A. w/o Capt. J. N.	21 Dec 1821	5 Sep 1857	So-2
HUMPHREYS, Amelia J.	none	1872	So-120
HUMPHREYS, Archelaus McCree		1850	1932	So-120
HUMPHREYS, Archelaus s/o Mary E.		1841	1841	So-120
HUMPHREYS, Archie M.		1879	1880	So-120
HUMPHREYS, J. Randolph		1881	1882	So-120
HUMPHREYS, James		1862	1864	So-120
HUMPHREYS, John Barson s/o John W.	7 Nov 1880	22 Aug 1881	So-119

Name	Birth	Death	Location
HUMPHREYS, John W.	29 Mar 1838	27 Apr 1893	So-119
HUMPHREYS, Julia A. w/o John W.	13 Aug 1855	2 Sep 1920	So-119
HUMPHREYS, Mary A.	1879	1914	So-120
HUMPHREYS, Mischita	1806	1816	So-120
HUMPHREYS, Sarah L.	1857	none	So-120
HUNT, Barbara Dr.	1884	1963	So-112
HUNTER, Yvonne De La Forest	1887	1965	So-3
HYLAND, Christopher Harrison MD	(d.over60y)	28 Oct 1883	So-135
HYLAND, Eliza R. (no stone)	none	17 Sep 1843	So-119
HYLAND, Harriett E.	(d.age70yr)	4 Oct 1871	So-135
HYLAND, Henrietta Maria infant(no st)	12 Jul 1838	16 Sep 1839	So-119
HYLAND, Henry Dr.	none	Jul 1852	So-135
HYLAND, James C. (no stone)	(d.age26yr)	17 Oct 1866	So-119
HYLAND, Lambert	(d.age26yr)	Mar 1861	So-135
HYLAND, Sarah Mrs. (no stone)	none	15 Dec 1840	So-119
HYLAND, Sydenham d. Baltimore(no st)	(d.age27yr)	1 Feb 1872	So-119
INGERSOLL, Ruth K.	1894	none	So-121
INGERSOLL, William K.	1896	1956	So-121
IRVING, Florence Upshur w/o Levin T.H.	1842	1900	So-121
IRVING, Infant d/o Levin T. H.	1875	1875	So-121
IRVING, Levin T. Handy s/o Handy	1828	1892	So-121
JACKSON, Adolphus R. h/o Josephine	11 Nov 1849	21 Oct 1924	So-99
JACKSON, Anita Price	1891	10 Oct 1982	So-130
JACKSON, Archie	1875	1928	So-130
JACKSON, Curtis A. WWI	30 Jan 1892	29 Oct 1970	So-3
JACKSON, E. Eretha w/o W. page	1880	1959	So-99
JACKSON, Helen w/o Woodland	1885	19--	So-99
JACKSON, John s/o Robt.of England	(d.age22yr)	26 Sep 1787	So-96
JACKSON, Marion s/o A. R.	13 Apr 1895	21 Apr 1916	So-99
JACKSON, Sylvia R.	9 Nov 1809	22 Oct 1910	So-67
JACKSON, W. Josephine d/o Archie	11 Dec 1921	1 May 1922	So-130
JACKSON, W. Page	1874	1929	So-99
JACKSON, Woodland	1883	1959	So-99
JAGGARD, Randall	(d.age46yr)	26 Dec 1871	So-119
JAMES, Willey s/o William	(d.age 1yr)	4 Apr 1854	So-90
JAMES, William T. IV	7 Jan 1957	15 Mar 1957	So-130
JARMAN, George Wallace	1861	1939	So-119
JARMAN, Patty Hammond	1868	1955	So-119
JEFFRIES, Maude Wilson	21 Jan 1901	12 Nov 1979	So-119
JENNINGS, Norma Bailey	1921	1969	So-99
JESSIE, Mary Hampton d/o Wm. Hall & Laura	none	1909	So-121
JOHNSON, Amy R.	1884	1967	So-107
JOHNSON, Annie E.	1877	1945	So-4
JOHNSON, Annie E. Hopkins w/o Charles	19 Apr 1867	27 Jul 1901	So-99
JOHNSON, Augustus J.	(d.age45yr)	20 Mar 1862	So-2
JOHNSON, Beulah A. Chelton w/o Eugene	1888	none	So-68
JOHNSON, Carrie S.	1876	1891	So-68
JOHNSON, Earl Daniel WWII	5 Apr 1815	22 Aug 1955	So-99
JOHNSON, Edith Howard w/o Charles	(d.age81yr)	1974	So-138
JOHNSON, Edwin T. s/o W. E.	27 Oct 1861	17 Sep 1881	So-4
JOHNSON, Eliza S. w/o Isaac H.	6 Jan 1831	11 Mar 1896	So-67
JOHNSON, Elizabeth A. Marsh	28 Feb 1832	24 Sep 1909	So-99
JOHNSON, Eugene Hendrickson	1885	1958	So-68
JOHNSON, Fred Henry s/o Peter	(d.age88yr)	Apr 1974	So-138
JOHNSON, G. W.	5 Aug 1861	12 Oct 1913	So-99

Name	Birth	Death	Section
JOHNSON, George E. s/o W. E.	14 Apr 1874	28 Oct 1897	So-4
JOHNSON, George E. s/o William	1850	1939	So-68
JOHNSON, George W.	1874	1936	So-99
JOHNSON, George W.	30 Mar 1849	26 Sep 1916	So-99
JOHNSON, Harvey F.	30 Mar 1827	21 Oct 1884	So-67
JOHNSON, Henry J.	1831	1892	So-68
JOHNSON, Jessie H.	25 Apr 1887	Mar 1968	So-68
JOHNSON, John B. F.	1848	1903	So-67
JOHNSON, L. T.	1952	none	So-107
JOHNSON, Littleton	(d.age 6yr)	10 Dec 1872	So-37
JOHNSON, Lloyd C.	1903	1951	So-122
JOHNSON, Lottie M.	none	none	So-122
JOHNSON, Lulius T.	1876	1959	So-107
JOHNSON, Mabel V.	1889	1965	So-99
JOHNSON, Marcellus brother of William	none	broken	So-99
JOHNSON, Margaret W. (no stone)	(d.age 84yr)	29 Sep 1859	So-119
JOHNSON, Mariah A.	9 Feb 1821	25 Oct 1892	So-108
JOHNSON, Mariah H. C.	1880	1930	So-4
JOHNSON, Marion G.	1901	1938	So-122
JOHNSON, Mary A. w/o George	(d.age 53yr)	5 Jul 1905	So-99
JOHNSON, Mary Ann	1842	1924	So-68
JOHNSON, Mary Colgan	1866	1938	So-121
JOHNSON, Mary Ennis w/o Jesse	8 Jun 1891	1977	So-68
JOHNSON, Mary S.	(d.age 86yr)	none	So-67
JOHNSON, Mary W. w/o William E.	26 Dec 1839	24 Oct 1911	So-68
JOHNSON, Nils Sweden WWII	8 Oct 1912	31 Aug 1968	So-3
JOHNSON, Robert F.	(d.age 70yr)	28 Mar 1946	So-106
JOHNSON, Robert H. Dr.	1902	1967	So-122
JOHNSON, Samuel J.	1871	1891	So-68
JOHNSON, Susie	9 Jan 1880	24 Jul 1905	So-99
JOHNSON, Viola M.	1905	none	So-122
JOHNSON, W. Harvey	1906	1945	So-122
JOHNSON, William	14 Dec 1822	16 Jul 1898	So-99
JOHNSON, William E.	16 Aug 1836	14 May 1912	So-4
JOHNSON, William H. Rev.	1835	26 Jul 1908	So-106
JOHNSON, William J. s/o Eugene	27 Jun 1910	1979	So-68
JOHNSTON, Elizabeth H. w/o William W.	(d.age 18yr)	2 Mar 1851	So-119
JOHNSTON, George	3 Dec 1764	5 Oct 1846	So-119
JOHNSTON, George Upshur w/o Wm. W.	(d.age 15mo)	21 Jul 1842	So-119
JOHNSTON, Henrietta E.	31 Mar 1809	7 May 1876	So-121
JOHNSTON, Hobart s/o Wm.W. & Rosina	21 Feb 1853	1 Sep 1865	So-119
JOHNSTON, Margaret W.	20 Aug 1854	none	So-121
JOHNSTON, Rosina M. Upshur	6 Apr 1811	17 Jan 1877	So-119
JOHNSTON, Rosina Martin d/o William W.	(d.age 2mo)	17 Feb 1849	So-119
JOHNSTON, Sarah A. F.	12 Sep 1856	none	So-121
JOHNSTON, Sarah d/o Wm. W. & Rosina	25 Dec 1842	12 Aug 1861	So-119
JOHNSTON, Susan Upshur d/o William W.	(d.age 8mo)	10 Jun 1838	So-119
JOHNSTON, Upshur s/o William W.	7 Jan 1845	28 Mar 1880	So-119
JOHNSTON, William A. (no stone)	(d.age 55yr)	30 Dec 1873	So-119
JOHNSTON, William Wilson	30 Jul 1797	20 Dec 1865	So-119
JONES, Addie	1883	1969	So-72
JONES, Adele S.	1890	1969	So-116
JONES, Agnes S.	1886	1960	So-1
JONES, Albert H.	1884	1971	So-72
JONES, Alfred H.	11 Jan 1808	4 Nov 1866	So-119

JONES,Alice B. w/o Sydney J.	22 Jul 1854	21 Nov 1915	So-4
JONES,Alonzo Guy WWI	none	15 Apr 1934	So-68
JONES,Alonzo W.	1881	1970	So-98
JONES,Alphonza	(d.age1 yr)	14 Jul 1858	So-72
JONES,Amanda	(d.age56yr)	25 Jan 1862	So-128
JONES,Ann W. Mrs.	11 Sep 1788	21 Feb 1866	So-119
JONES,Annie E. w/o Alonzo W.	1883	1964	So-98
JONES,Archie	1852	1936	So-72
JONES,Arianna O.	31 Jul 1893	none	So-72
JONES,Arminta	(d.age11yr)	25 Dec 1870	So-72
JONES,Arnold E. Col.	5 Aug 1785	13 Jul 1839	So-119
JONES,Arthur H.	1888	1958	So-72
JONES,Benjamin	21 Oct 1830	21 May 1902	So-72
JONES,Benjamin E. s/o G. W.& E. V.	5 Jul 1879	18 Sep 1891	So-98
JONES,Bertha L.	21 Dec 1874	17 Oct 1950	So-72
JONES,Bertie w/o John	28 Jan 1869	3 Mar 1903	So-99
JONES,Bessie S.	10 Jul 1853	24 Apr 1895	So-119
JONES,Carless R.	1845	1915	So-112
JONES,Carlie W.	1881	1968	So-99
JONES,Casandra	(d.age64yr)	18 Jan 1861	So-72
JONES,Charity A.	1857	1940	So-99
JONES,Charlie	1880	1939	So-72
JONES,Charlotte (no stone)	(d.age50yr)	6 Dec 1856	So-119
JONES,Charlotte G.	1888	1960	So-112
JONES,Charlotte Haynie d/o Alfred	2 Jan 1839	5 Feb 1839	So-119
JONES,Claude	none		So-72
JONES,Cleophas S.	21 Nov 1844	7 Jun 1891	So-72
JONES,Clifton	1907	1968	So-99
JONES,Cornelia C.	1876	1952	So-121
JONES,Danah R.	22 Oct 1881	18 Jan 1961	So-98
JONES,Daniel Capt.	(d.age99yr)	29 Mar 1979	So-72
JONES,Daniel W.	22 Feb 1823	12 Nov 1918	So-130
JONES,David R.	1863	1922	So-72
JONES,David W. s/o Thomas	(d.age 9yr)	7 Oct 1843	So-84
JONES,Della d/o William & Sarah	(d.age 4da)	2 Sep 1851	So-153
JONES,Denwood Alexander	13 Nov 1859	16 Jul 1944	So-130
JONES,Dora w/o J. Risdon	1882	1972	So-98
JONES,Dora wid/o J. Resden	(d.age89yr)	Jan 1972	So-98
JONES,Dorothy Denwood	25 Feb 1894	14 Oct 1937	So-119
JONES,E. F.	1847	1929	So-121
JONES,Edward A.	1883	1956	So-112
JONES,Edward H. G. s/o C. S.	31 Aug 1883	1884	So-72
JONES,Eleanor Mrs. (no stone)	none	4 Oct 1842	So-119
JONES,Elijah M.	21 Dec 1830	28 Apr 1879	So-98
JONES,Elizabeth K. w/o Alfred H.	22 Feb 1817	29 Oct 1894	So-119
JONES,Elizabeth L.	1924	none	So-116
JONES,Elizabeth T. w/o William H.	9 Jun 1838	23 Jun 1914	So-72
JONES,Ella L.	1861	1951	So-72
JONES,Ellen	15 Oct 1826	20 Oct 1901	So-80
JONES,Ellen Dennis	6 Nov 1866	26 Feb 1941	So-119
JONES,Elmer A. Sr.	1888	1969	So-121
JONES,Emily G.	1856	1927	So-72
JONES,Emily Rebecca d/o Arnold E.	13 Feb 1830	13 Jan 1906	So-119
JONES,Emily V.	1858	1934	So-98
JONES,Emma V.	1896	1906	So-121

Name	Birth	Death	Location
JONES, Ernest W.		1875	1912	So-72
JONES, Ethel A. W. d/o Rufus	4 Jun 1892	25 Sep 1978	So-72
JONES, Eula F. d/o Monnie	9 Mar 1904	9 Nov 1918	So-72
JONES, Eunice T. w/o Monnie	1880	1928	So-72
JONES, Eunice d/o Walker M.	31 Aug 1908	2 Jul 1909	So-72
JONES, Eva B.	4 May 1888	none	So-98
JONES, Eva D. Mason	1883	1968	So-99
JONES, Eva Mae	1884	1951	So-72
JONES, Florence M.	1893	1967	So-121
JONES, Frances M.	6 Jan 1904	10 Aug 1924	So-72
JONES, G. Paul Dr.	6 Jun 1842	6 Jul 1903	So-119
JONES, G. W. T.	1849	1917	So-72
JONES, Geneva	1885	1972	So-72
JONES, George Claude s/o J. R. & Susan	9 Jan 1893	8 Jun 1893	So-98
JONES, George R.	1857	1943	So-99
JONES, George U. s/o G. W. & E. V.	12 Feb 1893	12 Feb 1893	So-98
JONES, George W.	1852	1932	So-98
JONES, George W.	1862	1948	So-68
JONES, Gertrude Clemintine	5 Jun 1919	5 Jun 1919	So-1
JONES, Granville s/o J. W.	none	11 Feb 1820	So-85
JONES, H. Preston	1899	1929	So-72
JONES, Harriett J. w/o Robert	1827	1874	So-116
JONES, Harvey A.	15 Aug 1882	4 Nov 1952	So-72
JONES, Henrietta E. w/o Robert of G.	13 Aug 1813	31 Aug 1875	So-119
JONES, Henrietta H. w/o Alfred H.	1785	13 Feb 1845	So-121
JONES, Henrietta H. w/o Alfred H.	1845	1875	So-121
JONES, Henry A.	21 May 1839	13 Feb 1901	So-72
JONES, Henry Martin s/o Isaac D. & Mary K.	1853	1854	So-121
JONES, Hester A.	1849	1938	So-112
JONES, Horace Gorman	22 Feb 1860	8 Oct 1883	So-119
JONES, Ida L. d/o Wm. D. & Sarah E.	1 Sep 1861	17 Dec 1899	So-98
JONES, Ida Tolles	1873	1955	So-122
JONES, Infant s/o C. S. & Mary E.D.	25 Oct 1878	23 Nov 1879	So-72
JONES, Irene J. w/o George W.	1871	1967	So-68
JONES, J. Risdon	1881	1968	So-98
JONES, Jacob Robert	29 Apr 1851	7 Feb 1919	So-98
JONES, James Harris		1945	So-122
JONES, James M.	14 Jun 1839	30 Mar 1916	So-4
JONES, Jane W. Mrs.	(d.age 25yr)	15 May 1837	So-119
JONES, John (no stone)	none	23 Aug 1847	So-119
JONES, John M.	1883	1955	So-72
JONES, John T.	1855	1930	So-98
JONES, John W.	1879	1960	So-72
JONES, John W.	(d.age 34yr)	3 Apr 1820	So-85
JONES, John W.	12 Jul 1866	26 Oct 1906	So-99
JONES, John W. s/o Thomas	24 Feb 1837	24 Sep 1862	So-90
JONES, Joseph	1833	1898	So-99
JONES, Joseph F.	(d.age 72yr)	11 Nov 1911	So-111
JONES, Julia A.	3 Jan 1838	6 Aug 1921	So-130
JONES, Julia Frances	2 Jan 1848	3 Jan 1922	So-72
JONES, Kate	1862	1930	So-72
JONES, Kenneth	1909	1924	So-72
JONES, Leolin	(d.age 41yr)	18 Feb 1902	So-99
JONES, Lester O.	23 Aug 1879	6 Feb 1946	So-98
JONES, Lewis G.	11 Nov 1863	19 Jul 1878	So-99

Name	Birth	Death	Section
JONES, Lewis G. s/o George R.	20 Jun 1878	14 Aug 1897	So-99
JONES, Linda	1911	1970	So-72
JONES, Lloyd T.	24 Dec 1862	10 May 1936	So-1
JONES, Lottie E.	1877	1958	So-72
JONES, Lottie Scott	11 Apr 1872	18 May 1873	So-72
JONES, Louisa F.	1850	1930	So-72
JONES, Louise	1880	1931	So-72
JONES, Louise A. w/o David R.	1870	1953	So-72
JONES, Lucy V.	1870	1891	So-112
JONES, Lula w/o Arthur	1886	31 Mar 1981	So-72
JONES, Lulu W.	1871	1932	So-121
JONES, Malvina	(d.age 2yr)	23 Nov 1861	So-72
JONES, Margaret	1886	1959	So-72
JONES, Maria E. M. w/o Wm. Edgar	11 Mar 1832	20 Feb 1911	So-119
JONES, Martha A.	12 May 1826	4 Mar 1890	So-119
JONES, Martha w/o Joseph	1831	1902	So-99
JONES, Mary Ann w/o Thomas	(d.age35yr)	18 Apr 1845	So-84
JONES, Mary E. D. w/o Cleophas	12 Dec 1842	30 Nov 1887	So-72
JONES, Mary E. D. w/o E. F.	30 Apr 1850	2 Nov 1920	So-121
JONES, Mary E. w/o Rufus B.	1841	1917	So-72
JONES, Mary G.	2 Dec 1848	31 Jul 1921	So-119
JONES, Mary Gibbons	1812	1922	So-121
JONES, Mary H.	1854	1933	So-72
JONES, Mary H. d/o C. S.	14 Jul 1876	20 Aug 1877	So-72
JONES, Mary H. w/o Samuel W.	(d.age25yr)	28 Feb 1831	So-119
JONES, Mary W.	1890	1943	So-112
JONES, Matilda	1816	1905	So-119
JONES, Matthias MD	(d.age58yr)	8 May 1826	So-119
JONES, Matthias s/o Alfred & Henrietta	1842	1862	So-121
JONES, Media Mrs. (no stone)	(d.age73yr)	29 Mar 1862	So-119
JONES, Melvin J.	none	15 Nov 1941	So-72
JONES, Milcah Ann	(d.age34yr)	1850	So-72
JONES, Milcha Gale w/o Mathias	(d.age64yr)	7 Oct 1836	So-119
JONES, Minnie F. w/o Walter	15 Sep 1876	23 Jun 1918	So-72
JONES, Minnie W.	1857	1940	So-121
JONES, Monie	1875	1935	So-72
JONES, N. Caroline	18 Mar 1848	4 Aug 1940	So-98
JONES, Ola G. d/o John W.	1887	1894	So-99
JONES, Omar A.	1855	1926	So-121
JONES, Omar J.	1885	1952	So-121
JONES, Omar J.	8 oct 1900	24 Aug 1924	So-72
JONES, Oscar F.	1874	1955	So-121
JONES, Preston E.	1899	1929	So-72
JONES, Purnell H.	1859	1901	So-72
JONES, Ralph B.	1918	1932	So-121
JONES, Robert H.	3 Sep 1819	24 Nov 1904	So-116
JONES, Robert H. Jr.	1876	1949	So-116
JONES, Robert H. s/o Robert of George	(d.age34yr)	6 Apr 1871	So-119
JONES, Robert J.	30 May 1843	18 Mar 1923	So-98
JONES, Robert S.	1879	1958	So-121
JONES, Robert s/o George	13 Nov 1798	15 Nov 1870	So-119
JONES, Rufus B.	1831	1916	So-72
JONES, Sadie V.	23 Jan 1874	12 Jun 1939	So-4
JONES, Sallie G. w/o Leolin	20 Oct 1864	10 Apr 1914	So-99
JONES, Sallie R. Mrs. (no stone)	(d.age82yr)	Jul 1891	So-119

JONES,Sallie w/o Carlie	1881	1969	So-99
JONES,Sally A.	(d.age55yr)	20 Jan 1859	So-119
JONES,Samuel W.	13 Jul 1804	7 Aug 1869	So-119
JONES,Sarah A. w/o W. D.	14 Jan 1830	3 Apr 1913	So-98
JONES,Sarah A. w/o William D.	14 Jan 1830	3 Apr 1913	So-98
JONES,Sarah Bess d/o Mrs. Meda Jones	none	5 Oct 1857	So-119
JONES,Sarah Ella d/o Wm. D. & Sarah	31 Dec 1868	3 Aug 1888	So-98
JONES,Sarah M.	1853	1930	So-98
JONES,Sarah R.	(d.age49yr)	6 May 1978	So-72
JONES,Sidney C.	12 Feb 1843	21 Sep 1917	So-4
JONES,Stewart (no stone)	(d.age 4yr)	18 Oct 1849	So-119
JONES,Susan M. w/o Jacob R.	25 Jun 1854	2 Mar 1935	So-98
JONES,Sydney S. (no stone)	(d.age34yr)	14 Mar 1867	So-119
JONES,Tazwell	2 Feb 1849	13 Aug 1900	So-119
JONES,Theodore and wife Virginia	none	none	So-72
JONES,Thomas D. Dr.	(d.age72yr)	19 Jul 1861	So-128
JONES,Thomas H.	1872	1958	So-72
JONES,Tubman	1869	1920	So-72
JONES,Vernia	1865	1936	So-120
JONES,Vernon H. s/o C. S.	12 Nov 1881	23 Jan 1882	So-72
JONES,Virginia T. d/o Robert	13 Dec 1861	15 Sep 1862	So-72
JONES,W. Leonard	28 Oct 1887	28 Nov 1936	So-98
JONES,Walter G.	29 Dec 1844	11 Oct 1888	So-119
JONES,Walter M. Capt.	1 Jan 1860	14 Apr 1910	So-72
JONES,Wenonoh	1873	1928	So-120
JONES,William	1877	1941	So-72
JONES,William Col.	(d.age93yr)	14 Jun 1853	So-128
JONES,William C. Dr.	(d.age52yr)	26 Apr 1853	So-119
JONES,William D.	15 Jul 1831	29 Feb 1912	So-98
JONES,William D.	15 Jul 1831	29 Feb 1912	So-98
JONES,William E. s/o Wm. D. & Sarah	31 Dec 1862	15 Jul 1875	So-98
JONES,William Edgar	1830	1912	So-119
JONES,William H.	1844	1927	So-72
JONES,William H.	16 May 1840	16 Nov 1880	So-72
JONES,William Lee	1868	1952	So-72
JONES,William T.	1873	1891	So-112
JONES,William Y.	1848	1930	So-72
JONES,Williamanna w/o James M.	16 Dec 1863	4 Oct 1914	So-4
JONES,Wilson Edward s/o Risden	(d.age73yr)	Jul 1980	So-130
JOSEPH,Watha w/o T. C.	1888	1932	So-173
JOSEPLY,Adam W.	28 Apr 1855	20 Mar 1923	So-130
JUETT,Lovey	1777	1858	So-51
JUETT,Whittington	1771	1855	So-51
KAY,Lettie Leatherbury	none	25 Nov 1965	So-130
KEELEY,Mary T.	7 Oct 1870	28 Apr 1930	So-132
KEENAN,Elizabeth Jones	1901	none	So-121
KEENAN,Paul R.	1903	1968	So-121
KEISTER,Annie Riggin Ewing	1860	1935	So-45
KELLAM,Amanda S.	19 Apr 1880	10 Nov 1951	So-112
KELLAM,Gordon L.	11 Dec 1877	16 Jan 1919	So-69
KELLAM,Jack Leland	1903	1964	So-69
KELLAM,William	21 Aug 1859	3 Jun 1939	So-68
KELLER,Beulah	1888	1952	So-121
KELLER,Frank A.	1883	none	So-121
KELLEY,Carrie A.	9 Jun 1887	10 Oct 1902	So-4

Name	Birth	Death	Ref
KELLEY, Charles P. h/o Mary E.	17 Feb 1824	3 Dec 1905	So-4
KELLEY, Elexine C.	1 Apr 1825	5 Sep 1878	So-4
KELLEY, Ida May	13 Sep 1875	1 Feb 1911	So-83
KELLEY, Iva M.	1878	1959	So-72
KELLEY, James E.	(d.age 59yr)	25 Dec 1906	So-72
KELLEY, Leah E.	1864	1939	So-72
KELLEY, Lucy Gillis d/o J.P.	1 Mar 1891	6 Aug 1892	So-132
KELLEY, May	10 Aug 1880	27 Aug 1906	So-72
KELLEY, Myrtie E.	30 Jan 1902	18 Oct 1903	So-72
KELLEY, Thomas J.	25 Dec 1808	12 Jul 1878	So-72
KELLEY, William D.	1940	1969	So-72
KELLY, Ann	(d.age 56yr)	14 Oct 1853	So-84
KELLY, Annie M. w/o John F.	28 Feb 1833	24 Sep 1899	So-93
KELLY, Eleanor w/o John	5 Mar 1810	12 Nov 1852	So-84
KELLY, Eliza A. w/o James F.	(d.age 42yr)	4 Apr 1844	So-84
KELLY, Ernest P.	1868		So-93
KELLY, James	12 Jan 1812	11 Mar 1884	So-91
KELLY, John	(d.age 70yr)	20 Feb 1836	So-84
KELLY, John	22 Mar 1809	18 Oct 1845	So-84
KELLY, John F.	(d.age 36yr)	Aug 1874	So-93
KELLY, John W. H.	11 Jun 1866	23 Sep 1866	So-93
KELLY, Levin P.	(d.age 9da)	9 Sep 1842	So-84
KELLY, Louisa A. w/o Thomas W.	24 Jul 1846	28 Feb 1926	So-93
KELLY, Maud J. w/o Mary A.	6 Jan 1883	24 Aug 1883	So-92
KELLY, Sally E.E. d/o J. T.	(d.age 4yr)	12 May 1854	So-84
KELLY, Sarah F. w/o William J.	(d.age 10yr)	17 Mar 1851	So-84
KELLY, Sarah w/o John	(d.age 63yr)	4 Nov 1834	So-84
KELLY, Thomas W.	(d.age 35yr)	2 Nov 1875	So-93
KELLY, Underwood R. W. s/o J. P.	2 Aug 1885	1885	So-92
KELLY, V. Almira	1846	1936	So-132
KELLY, William J. P. s/o John	16 Nov 1839	17 Feb 1840	So-84
KELSO, John	May 1890	Mar 1900	So-112
KEMP, Edgar H.	1892	1967	So-121
KEMP, Effie L. w/o George W.	1868	1939	So-121
KEMP, Francis W.	1893	1969	So-121
KEMP, George W.	1869	1943	So-121
KEMP, Homer	1900	1970	So-121
KEMP, Nancy B. d/o George W.	1897	1912	So-121
KEMP, Nancy L.	1908	none	So-121
KENNERLY, Rebecca McLain	Apr 1891	Jul 1929	So-130
KENT, G.	12 Apr 1879	27 May 1920	So-69
KENT, James S.	8 Aug 1849	27 Mar 1914	So-69
KENT, Mary G.	12 Apr 1879	27 May 1920	So-69
KERSTER, Charles E.	14 Feb 1873	11 Nov 1923	So-121
KERWIN, Clifford T.	1882	1956	So-97
KERWIN, Nellie P. w/o Clifford T.	1882	1918	So-97
KETCHING, Nancy L.	2 Jun 1961	1961	So-69
KETCHUM, Mary Ann Parks	none	none	So-165
KEYSER, Arthur K.	1903	4 Jan 1967	So-107
KIEFFER, Edwin	1869	1957	So-121
KIEFFER, Frank	1863	1950	So-121
KIEFFER, Leona	1872	1930	So-121
KILLMAN, Elsie	1930	1940	So-68
KILLMAN, Noah D.	1925	1927	So-68
KILLMAN, R. Margarette	18 Dec 1897	3 Sep 1952	So-68

KILLMAN,Rosanna M.		1919	1919	So-68
KILLMAN,Ruth E. S.		1926	1927	So-68
KILMON,Genevieve A. w/o William W.		1920	none	So-121
KILMON,William W. s/o William W.		1937	1954	So-121
KING,Charlotte Mrs. (no stone)		(d.age72yr)	5 Aug 1877	So-119
KING,Daisy B.		1879	1959	So-121
KING,Eliza (no stone)		none	Feb 1852	So-119
KING,John Done (no stone)		(d.age42yr)	12 Jan 1878	So-119
KING,John H. merchant (no stone)		(d.age51yr)	25 Feb 1854	So-119
KING,Marion A.		(d.age17yr)	10 May 1905	So-119
KING,Mary A.		1837	1900	So-120
KING,Nettie		1877	1946	So-121
KING,Pat		1843	1902	So-112
KING,Sallie A/ w/o Dr. John Trip		(d.age56yr)	2 Jul 1885	So-164
KING,Sarah Eliza Bell		1852	1910	So-119
KINGSBURY,Paul C.		1898	1960	So-121
KINGSBURY,Thelma V.		1904	1945	So-121
KINGSLEY,John		1889	1891	So-53
KINNAMON,Ezellia T.	20 Aug 1861	4 Oct 1886	So-99
KINNAMON,Hattie d/o William T.		1887	1888	So-99
KIRKPATRICK,James WWI	21 Oct 1893	30 Jul 1970	So-99
KIRKPATRICK,James H.		1856	1944	So-99
KIRKPATRICK,Sarah E. w/o James H.		1856	1949	So-99
KIRWAN,John	28 Oct 1860	4 Jan 1924	So-98
KIRWAN,Julia A. w/o John	20 Feb 1864	22 Oct 1948	So-98
KIRWIN,Clifton Zelotus s/o James W.	14 Jan 1890	1 Oct 1890	So-98
KIRWIN,Jane T. w/o Zelotus W.	15 Jul 1840	20 Sep 1876	So-98
KIRWIN,Zelotus W.	17 Apr 1838	25 Feb 1895	So-98
KIRWIN,Zelotus s/o J. L. & Julia A.		1890	1891	So-98
KLAVERWEIDEN,James T.	12 Mar 1883	30 Jul 1924	So-122
KNOTT,John L.	30 Oct 1861	5 Mar 1926	So-1
KNOTT,Mary S. Williams	1 Dec 1866	5 May 1923	So-1
KNOWLES,A. Gorman s/o Allen W.		1899	1905	So-99
KNOWLES,Fannie w/o Allen W.		(d.age25yr)	1 Sep 1890	So-99
KNOX,Margaret Dodds		1863	1942	So-121
KOHLEIM,Georgia B.		1889	196-	So-132
KOHLEIM,Paul		1891	1959	So-132
KOHLHEIM,August F.		1848	1938	So-132
KOHLHEIM,Bertha M.		1861	1944	So-132
KOHLHEIM,Fredrick W.		1903	1968	So-132
KOHLHEIM,Herman P.		1887	1964	So-132
KOHLHEIM,Martha Perrow		1893	1963	So-132
KOHLHEIM,Roland John WW I	9 Mar 1894	16 Sep 1976	So-132
KOPPENOL,John H.		1895	1970	So-3
KORECK,Louise		1881	1972	So-3
KRAUSE,Albert		1903	1904	So-120
KRAUSE,Albert E.		1875	1952	So-120
KRAUSE,Minnie L.		1873	1919	So-120
KRAUSE,Oliver J.		1874	1940	So-120
KRAUSE,Rose L.		1876	1961	So-120
KRICK,Daisey E. w/o William H.		1884	1962	So-110
KRICK,William h.		1884	1945	So-110
KUROWSKI,Rose E.		1903	1978	So-4
KUROWSKI,Stephen		1905	none	So-4
KYTE,Clarence K.	18 Oct 1896	22 May 1964	So-112

Name	Birth	Death	Location
KYTE, Joyce T.	1931	1965	So-112
LAIRD, Alexine w/o Thomas	(d.age 37yr)	20 Mar 1866	So-107
LAIRD, Alfred	29 Sep 1854	31 Dec 1905	So-107
LAIRD, Alisa G. w/o Willie S.	1897	1936	So-110
LAIRD, Alva Bozman Parks	26 Nov 1908	none	So-132
LAIRD, Annie E. w/o John R.	1850	1928	So-110
LAIRD, Asbury	1848	1927	So-110
LAIRD, Benjamin W.	(d.age 62yr)	7 Mar 1875	So-181
LAIRD, Clarence T. Sr.	1889	1963	So-110
LAIRD, Clayton	1902	1962	So-110
LAIRD, Clifton	1913	1966	So-99
LAIRD, Cornelia W. w/o Noah	17 Jul 1849	25 Mar 1888	So-67
LAIRD, Daisey	1876	23 Jun 1958	So-111
LAIRD, Daisy Belle	1914	1969	So-110
LAIRD, Delma B. w/o Rufus B.	1906	none	So-110
LAIRD, Edna Gray	8 Jun 1903	22 Jul 1936	So-110
LAIRD, Eva W. w/o Ranzie L.	1893	none	So-110
LAIRD, Fannie	1863	1885	So-23
LAIRD, Frank B.	1851	1935	So-110
LAIRD, Hattie	1895	1950	So-69
LAIRD, Ina	1891	1958	So-110
LAIRD, J. Randall s/o William	(d.age 78yr)	5 Aug 1987	So-124
LAIRD, John Mitchell	1875	1955	So-110
LAIRD, John R.	1841	1916	So-110
LAIRD, June	1924	1924	So-68
LAIRD, Lee T. WWI	25 Dec 1896	2 Jul 1936	So-110
LAIRD, Leonard	1856	1878	So-67
LAIRD, Levi	1807	1885	So-67
LAIRD, Lola J. w/o Clarence T.	1892	1965	So-110
LAIRD, Mae Hoffman	1899	1949	So-69
LAIRD, Mary E.	26 May 18--	unreadable	So-132
LAIRD, Mary E. w/o Frank B.	1852	1928	So-110
LAIRD, Mary E. w/o Samuel L.	1855	1930	So-110
LAIRD, Nancy E. w/o Benjamin & Leah	26 Jul 1844	unreadable	So-181
LAIRD, Ranzie L.	1888	1929	So-110
LAIRD, Robert C.	1938	1967	So-99
LAIRD, Rufus B.	1891	1965	So-110
LAIRD, Russel E. WWII	25 Jan 1924	14 Mar 1945	So-110
LAIRD, Samuel L.	1856	1925	So-110
LAIRD, Thomas R.	17 Jun 1813	19 Mar 1882	So-107
LAIRD, Willard O.	1916	1961	So-111
LAIRD, Willie S.	1897	1936	So-110
LAMBDEN, Phebe E.	1863	1863	So-111
LAMBDEN, Robert	1838	1864	So-111
LAME, Eva H.	1899	1902	So-111
LAME, Mary B.	1873	1932	So-111
LAMOUR, John A.	1826	1891	So-120
LAMOUR, Rebecca A.	1835	1908	So-120
LANDING, Annie S.	9 Jan 1853	23 May 1848	So-4
LANDING, Elvyn G.	1912	1960	So-122
LANDING, Fred M.	25 May 1886	26 Mar 1907	So-4
LANDING, J. Preston	17 May 1881	28 Oct 1924	So-4
LANDING, John H.	3 May 1849	7 Jul 1914	So-4
LANDING, Pierce G.	1894	1954	So-122
LANDON, E. H.	1824	1923	So-172

LANDON, George H.		1851	1919	So-172
LANDON, John R.		1861	1942	So-172
LANDON, John T.	16 Aug 1819		17 Jul 1890	So-148
LANDON, John Travis	20 Jun 1833		18 Mar 1893	So-166
LANDON, Marjorie Anne Evans	11 Jan 1954		11 Jan 1954	So-107
LANDON, Milcah A. w/o John T.	9 Jun 1811		8 Aug 1881	So-148
LANDON, R. E.		1809	1879	So-172
LANDON, Sophia Ellen Ford		none	none	So-166
LANGSDALE, Mary Ann w/o Thomas	(d.age21yr)		13 Apr 1837	So-119
LANGSDALE, Thomas	(d.age55yr)		2 Feb 1842	So-119
LANKFORD, Aaron C.		1804	12 Jan 1850	So-4
LANKFORD, Adeline Townsend w/o Littleton		1802	Nov 1859	So-118
LANKFORD, Amanda E.		1888	1965	So-121
LANKFORD, Amanda E. w/o Benjamin F.	11 Oct 1837		14 Sep 1877	So-121
LANKFORD, Anne E.		1846	1893	So-119
LANKFORD, Annie F.		1857	1908	So-120
LANKFORD, Augusta Mrs.	(d.age90yr)		6 May 1887	So-63
LANKFORD, Benjamin		1810	1891	So-120
LANKFORD, Benjamin F.		1865	1909	So-120
LANKFORD, Benjamin F.	25 Dec 1827		24 Feb 1908	So-121
LANKFORD, Benjamin L.	17 Nov 1798		11 Nov 1886	So-4
LANKFORD, Benjamin Louis		1865	1939	So-121
LANKFORD, Benjamin S.		1860	1893	So-4
LANKFORD, Benjamin S.	15 Nov 1873		29 Nov 1947	So-119
LANKFORD, Benjamin W. s/o James	11 Apr 1879		20 Oct 1907	So-172
LANKFORD, Carrie T.		none	6 Nov 1901	So-119
LANKFORD, Catherine Fitzsimmons w/o H.M.		1883	1927	So-121
LANKFORD, Charles A.		1863	1945	So-70
LANKFORD, Charles A. s/o Benjamin	19 Mar 1837		28 Oct 1862	So-4
LANKFORD, Clarence E.		none	4 Jul 1930	So-121
LANKFORD, Clarence P.		1864	1950	So-121
LANKFORD, Colombus		1863	1935	So-121
LANKFORD, Cora Virginia Morris w/o Columbus		1869	1901	So-121
LANKFORD, Cornelia J.	14 Jun 1849		2 Apr 1929	So-4
LANKFORD, ELiza Wilson w/o Nathan	15 Aug 1810		7 Dec 1855	So-4
LANKFORD, Edith		none	none	So-68
LANKFORD, Edward K. B.	22 Jan 1837		27 Dec 1897	So-4
LANKFORD, Effie F.		1884	1958	So-121
LANKFORD, Eliza (no stone)	(d.age15yr)		1 Mar 1862	So-119
LANKFORD, Eliza Catherwood d/o Sam.H.	6 Jul 1885		10 Dec 1885	So-119
LANKFORD, Elizabeth B.		1839	1931	So-121
LANKFORD, Ella C.	2 Aug 1858		19 Feb 1931	So-1
LANKFORD, Ella w/o George W.		1860	1952	So-121
LANKFORD, Emma w/o William F.	3 Dec 1863		8 Jul 1909	So-121
LANKFORD, Estelle Marshall		1860	1954	So-121
LANKFORD, Eugene A.		1865	1934	So-68
LANKFORD, Evelyn W. w/o Wilmer Jr.	(d.age83yr)		10 Nov 1976	So-121
LANKFORD, Florence		1880	1958	So-121
LANKFORD, George W.	17 Mar 1840		5 May 1915	So-121
LANKFORD, George W. F.	28 Mar 1814		16 Apr 1864	So-118
LANKFORD, George Washington	21 Oct 1811		none	So-4
LANKFORD, Grace T.		1831	1893	So-63
LANKFORD, Harriet L.		1820	1906	So-4
LANKFORD, Henry Fillmore		1856	1935	So-121
LANKFORD, Henry Marshall MD		1881	1951	So-121

LANKFORD,Henry S.		1823	1905 So-120
LANKFORD,Hiram L.		1797	1852 So-120
LANKFORD,Ida Marshall		1854	1943 So-121
LANKFORD,Isaac P.		1838	1898 So-4
LANKFORD,Isaac S.		1815	1882 So-4
LANKFORD,James L. s/o George W.	13 May 1844	14 Jul 1897 So-4
LANKFORD,John F.		1840	1862 So-50
LANKFORD,John H.	(d.age60yr)	7 Aug 1917 So-137
LANKFORD,John H. O.	2 Mar 1841	30 Jul 1887 So-68
LANKFORD,John L. J. w/o Edward J.	12 Dec 1862	8 Mar 1863 So-118
LANKFORD,John L. s/o Mary A.		1857	1869 So-120
LANKFORD,John Lewis s/o Benjamin	21 Oct 1826	25 Sep 1869 So-120
LANKFORD,Joseph W.		1842	1884 So-4
LANKFORD,Julia A. w/o George W.	25 Jan 1825	14 Jul 1898 So-4
LANKFORD,Lee Robert	14 Sep 1906	1969 So-68
LANKFORD,Lida C. w/o Eugene A.		1869	1961 So-68
LANKFORD,Lititia		1779	1849 So-120
LANKFORD,Littleton		1800	19 Jul 1853 So-118
LANKFORD,Marion E.	22 Nov 1863	14 Mar 1914 So-1
LANKFORD,Marion Morris w/o W. O.	13 Sep 1869	11 Nov 1942 So-121
LANKFORD,Martha A. w/o Henry		1823	23 Sep 1853 So-4
LANKFORD,Mary A.		1813	1873 So-120
LANKFORD,Mary A.		1836	1929 So-120
LANKFORD,Mary C. w/o John H.O.	18 Feb 1846	1 Jan 1875 So-68
LANKFORD,Mary D.		1831	1893 So-120
LANKFORD,Mary E. w/o Joseph W.		1854	1920 So-4
LANKFORD,Mary Martha		1837	1918 So-4
LANKFORD,Mary P. Pope w/o Warren L.	9 Mar 1874	3 Apr 1951 So-68
LANKFORD,Maryland Wilson w/o Warren L.	1879	1897 So-68
LANKFORD,Matilda A. w/o Benjamin F.		1843	1908 So-121
LANKFORD,Milton Stewart		1873	1952 So-121
LANKFORD,Nan L.		1876	1959 So-70
LANKFORD,Nathan James		1809	25 Sep 1881 So-119
LANKFORD,Orlando P.		1848	1911 So-120
LANKFORD,Rachael D.		1837	1920 So-120
LANKFORD,Richard Dixie		1867	1914 So-121
LANKFORD,Robert E.	6 Feb 1886	18 Feb 1969 So-4
LANKFORD,Roman D.		1859	1883 So-120
LANKFORD,S. Marion	10 Aug 1904	21 Nov 1961 So-121
LANKFORD,Sallie A. w/o George W.	24 Nov 1860	24 Apr 1904 So-4
LANKFORD,Sally W.		1857	1908 So-63
LANKFORD,Samuel D.	6 Oct 1840	6 Nov 1907 So-4
LANKFORD,Samuel D. Jr.	1 Dec 1883	6 May 1962 So-4
LANKFORD,Samuel H.		1845	1914 So-119
LANKFORD,Sarah Pusey		1852	1916 So-120
LANKFORD,Susan C. w/o Samuel D.	13 Sep 1846	16 Jan 1917 So-4
LANKFORD,Susan w/o Benjamin	13 Aug 1806	11 Nov 1883 So-4
LANKFORD,Uriah J.		1839	1858 So-121
LANKFORD,Warren Lee	3 Jan 1870	1930 So-68
LANKFORD,WiLliam M.		1835	1858 So-120
LANKFORD,William A.	(d.age74yr)	13 Jan 1918 So-67
LANKFORD,William F.	1 Feb 1862	8 Jul 1909 So-121
LANKFORD,William How		1836	1882 So-120
LANKFORD,William T.	2 Oct 1848	22 Dec 1891 So-4
LANKFORD,Wilmer O.	7 May 1865	19 Nov 1927 So-121

Name		Birth	Death	Location
LANO, Frank E.		1848	1931	So-121
LANO, Lena May		1881	1905	So-120
LANO, Mary E.		1848	1922	So-121
LARMORE, Delia L. w/o Samuel L.	16 Sep 1870	28 Aug 1903	So-98
LARMORE, Earl White		20 Jun 1928	20 Jan 1933	So-98
LARMORE, John F.		10 Nov 1865	18 Jul 1900	So-98
LARMORE, Minnie B.		14 Aug 1881	1 Aug 1965	So-98
LARMORE, Robert L.		1901		So-1
LARMORE, Roy Edward		9 Sep 1891	9 Dec 1923	So-98
LARMORE, Samuel		10 Apr 1862	11 Nov 1941	So-98
LARMORE, Susie w/o John F.	18 Jan 1867	10 Apr 1955	So-98
LARMOUR, Ida (no stone)	(d.age 4mo)	13 Nov 1860	So-119
LARRAMORE, George H. (b.Delaware)	1873	1923	So-68
LAUCHNER, Selma d/o J. E. & Ethelyn	1923	1923	So-121
LAWRENCE, Anna F.		1906	1927	So-110
LAWRENCE, Arthur L		1913	1934	So-110
LAWRENCE, Esther Mrs. (no stone)	(d.age 76yr)	3 Nov 1866	So-119
LAWRENCE, Esther Tyler d/o William	1877	1904	So-109
LAWRENCE, Harry R.		1879	1919	So-110
LAWRENCE, Herman WWII		31 Dec 1901	29 Apr 1969	So-3
LAWRENCE, L. B.		1873	1938	So-110
LAWRENCE, Lilly D. w/o Harry R.	1885	1965	So-110
LAWRENCE, M. L.		1879	1958	So-110
LAWRENCE, Mary A.		1810	1884	So-109
LAWRENCE, Wesley s/o Benjamin	1870	1923	So-110
LAWRENCE, William H.		1803	1901	So-109
LAWSON, Alice G.		1875	1882	So-49
LAWSON, Angie N. w/o Edgar W.	1874	1961	So-110
LAWSON, Annie F. w/o John F.	17 Apr 1857	7 Mar 1884	So-67
LAWSON, Aurelia Brooke		23 May 1886	6 Dec 1962	So-4
LAWSON, Avelon		(d.age 6wk)	Nov 1886	So-119
LAWSON, Bessie L.		1890	1891	So-42
LAWSON, Cornelius		1883	1918	So-42
LAWSON, Edgar T.		1904	1957	So-110
LAWSON, Edgar W.		1871	1946	So-110
LAWSON, Eleanor Louise		(d.age 3mo)	Aug 1891	So-132
LAWSON, Eleanor w/o Samuel	13 May 1832	17 Apr 1922	So-137
LAWSON, Elsie d/o Patrick Henry	14 Dec 1883	19 Sep 1884	So-119
LAWSON, Emily Brewer w/o Alfred	21 Oct 1862	8 Feb 1902	So-67
LAWSON, Ethel V.		1899	1962	So-110
LAWSON, George S.		6 Jan 1830	4 Nov 1893	So-179
LAWSON, George W.		1833	1852	So-56
LAWSON, Hannah		1797	1852	So-56
LAWSON, Hazel Pearl d/o Alfred	25 May 1886	30 May 1886	So-67
LAWSON, Henrietta Mrs. (no stone)	none	May 1890	So-119
LAWSON, Isaac		1777	1843	So-56
LAWSON, James		4 Mar 1784	25 May 1858	So-59
LAWSON, James A.		19 Sep 1865	6 May 1939	So-110
LAWSON, John A.		1855	1948	So-122
LAWSON, John W.		1830	1917	So-58
LAWSON, Julia Ann w/o William H.	22 Feb 1839	1917	So-35
LAWSON, L. Dow		1828	1903	So-61
LAWSON, Lester		1865	1866	So-41
LAWSON, Mary C. w/o John A.	1858	1903	So-109
LAWSON, Mary J.		1858	1865	So-58

Name	Birth	Death	Ref
LAWSON, Nancy E. w/o George S.	1837	1 Feb 1907	So-179
LAWSON, Nancy N.	1860	1865	So-58
LAWSON, Nancy W.	18 Apr 1833	26 Jul 1921	So-4
LAWSON, Nancy w/o James	12 Oct 1787	31 Mar 1881	So-59
LAWSON, Noah M.	10 Dec 1827	24 Nov 1901	So-67
LAWSON, Nora E. w/o James A.	14 Nov 1874	29 Aug 1954	So-110
LAWSON, Ritty	1832	1892	So-58
LAWSON, Robert F. s/o G. S. & N.E.	(d.age 3yr)	11 Sep 1871	So-179
LAWSON, Ruth d/o Edgar	5 Mar 1910	28 Feb 1911	So-110
LAWSON, S. Elizabeth	1876	1960	So-110
LAWSON, Samuel I.	16 Jun 1823	18 May 1903	So-137
LAWSON, Sarah J. w/o William T.	12 Mar 1834	25 Feb 1898	So-137
LAWSON, William Hance	16 Mar 1832	1917	So-35
LAWSON, William T.	17 Mar 1823	23 Mar 1892	So-137
LAYFIELD, Alferna R.	1911	none	So-121
LAYFIELD, Amanda C.	1855	1935	So-121
LAYFIELD, Annie C.	1874	1948	So-121
LAYFIELD, Belle	1858	1943	So-121
LAYFIELD, Catherine Henderson w/o Peter	1900	Dec 1942	So-121
LAYFIELD, Charles H.	1874	1955	So-121
LAYFIELD, Charles W.	18 Apr 1860	12 Oct 1944	So-121
LAYFIELD, Clara J.	1857	1932	So-121
LAYFIELD, Elizabeth J. Blain w/o James	17 Oct 1820	3 Feb 1898	So-174
LAYFIELD, Emily F. w/o Levin	10 Jul 1853	13 Oct 1885	So-121
LAYFIELD, Emma F. d/o James & E.	22 Jun 1853	18 Jul 1890	So-174
LAYFIELD, Emma J.	1878	1928	So-121
LAYFIELD, Flossie M.	1886	1963	So-121
LAYFIELD, Frank D.	1881	1964	So-121
LAYFIELD, Georgia L.	7 Dec 1870	24 Sep 1957	So-121
LAYFIELD, Isaac H.	1846	1912	So-121
LAYFIELD, Isadora E. w/o William A.	18 Apr 1848	28 Apr 1885	So-107
LAYFIELD, J. L.	none	none	So-174
LAYFIELD, James W.	12 Feb 1850	19 Oct 1896	So-121
LAYFIELD, Jane L.	1919	1966	So-122
LAYFIELD, Levin E.	1878	1940	So-121
LAYFIELD, Louis W.	1872	1947	So-121
LAYFIELD, Margaret M.	1903	1964	So-3
LAYFIELD, Mary E. d/o James	11 Sep 1841	16 Feb 1869	So-174
LAYFIELD, Mary H. w/o Frank D.	1882	1964	So-121
LAYFIELD, P. Oscar	1911	1968	So-121
LAYFIELD, Phillip O.	1881	1949	So-121
LAYFIELD, Rufus W.	1882	1957	So-121
LAYFIELD, Virginia w/o James	11 Nov 1850	17 Apr 1906	So-121
LAYFIELD, William J.	1851	1933	So-121
LAYFIELD, William T.	1852	1939	So-121
LAYFIELD, Winnie W. d/o James & E.	26 Apr 1863	4 Apr 1876	So-174
LEACH, John A. s/o George	13 Jun 1857	25 May 1882	So-115
LEACH, Mary E. d/o George	1 Jun 1847	3 Jan 1882	So-115
LEACH, Mary J. w/o George	(d.age 70yr)	22 Apr 1890	So-115
LEACH, Priscilla F.	1844	1920	So-70
LEACH, Robert F.	1849	1925	So-70
LEATHERBURY, Daisey Pearl d/o W. P.	18 Sep 1882	11 Aug 1896	So-130
LEATHERBURY, Ella E. (infant)	none	none	So-130
LEATHERBURY, George	1890	1891	So-27
LEATHERBURY, Harry Howard s/o James	3 Aug 1879	18 Mar 1918	So-130

LEATHERBURY,James L.	12 Feb 1833	12 Apr 1896	So-130
LEATHERBURY,John E.	2 Mar 1864	24 May 1912	So-130
LEATHERBURY,Lillian M.	1862	1926	So-130
LEATHERBURY,Matilda F.	25 Oct 1838	2 Aug 1900	So-130
LEATHERBURY,Minnie Elzey Porter	1870	1936	So-121
LEATHERBURY,William	1858	1929	So-130
LECATES,Franklin M.	7 Dec 1895	11 Aug 1972	So-106
LECATES,Kathleen Ford	1891	1951	So-106
LEE,Cordelia E. Cottman w/o Roy	(d.age86yr)	21 Jul 1987	So-137
LEE,Gerald Albert	1891	none	So-4
LEE,Louise Morrison w/o Gerald A.	1905	1961	So-4
LEGAN,Doria	1916	26 Dec 1980	So-72
LEGAN,Richard L.	1946	1966	So-72
LEWIS,Archie C. M.D.	1908	1970	So-3
LEWIS,Archie G.	1902	1972	So-132
LEWIS,Belma Milton	1910	1968	So-3
LEWIS,Bessie M.	1899	1965	So-132
LEWIS,Catherine D. Kolhein	1919	1971	So-132
LEWIS,Charles h.	1890	1944	So-107
LEWIS,Edna E.	none	none	So-132
LEWIS,Elsie	1925	1932	So-132
LEWIS,George P.	1875	1951	So-132
LEWIS,Gorman L.	1912	9 Jun 1979	So-132
LEWIS,John F.	1872	1943	So-132
LEWIS,Lela M. d/o John F.	20 Jan 1907	18 Aug 1907	So-132
LEWIS,Maggie	10 Mar 1854	24 Jan 1916	So-132
LEWIS,Mary L. w/o George P.	1 Sep 1880	12 Nov 1915	So-132
LEWIS,Nellie F. w/o Charles H.	1890	1973	So-107
LEWIS,Preston	1910	1937	So-121
LEWIS,Rena Hayward Waters w/o R. K.	15 Mar 1876	29 Jun 1944	So-121
LEWIS,Sallie Dryden	1899	1966	So-122
LEWIS,Samuel	Mar 1848	7 Apr 1916	So-132
LEWIS,William J. h/o Tabitha A.	7 Jun 1845	9 Mar 1901	So-132
LINNE,Anne Catherine	1882	1930	So-121
LINTON,Charles W. s/o William L.	1898	1917	So-4
LINTON,Emily Marie w/o Robert L.	21 Feb 1923	none	So-68
LINTON,Harvey B. s/o Benjamin	(d.age69yr)	6 May 1987	So-124
LINTON,Idela Thomas	1905	1938	So-68
LINTON,Robert Lee	10 Sep 1919	28 Mar 1972	So-4
LION,W. D.	1879	1959	So-130
LITTLETON,Charles W. s/o William L.	30 Nov 1898	3 Aug 1917	So-4
LITTLETON,Estella W.	1862	1944	So-4
LITTLETON,Howard W.	1890	1954	So-4
LITTLETON,Mary E. d/o William L.	4 Sep 1888	17 Apr 1915	So-4
LITTLETON,Mary Gould	1889	none	So-67
LITTLETON,William L.	1859	1935	So-4
LLOYD,Alexander S. D. s/o Wm.& Esther	20 Oct 1839	7 Oct 1913	So-130
LLOYD,Annie E. w/o George	1 Sep 1850	17 Nov 1934	So-130
LLOYD,Charles C.	1879	1938	So-121
LLOYD,E. Rodney s/o George	30 Sep 1883	17 Dec 1906	So-130
LLOYD,Edward C.	1894	1944	So-121
LLOYD,Esther Eliza.Leatherbury w/o O.	14 Oct 1866	1 Oct 1919	So-130
LLOYD,Esther W. w/o William	20 Jun 1803	17 Sep 1876	So-130
LLOYD,George E.	1844	1921	So-121
LLOYD,George W.	8 Jun 1842	5 Oct 1918	So-130

Name	Birth	Death	Location
LLOYD, John W.	1848	1912	So-132
LLOYD, Joseph George s/o George E. & Mary C.	none	none	So-121
LLOYD, L. Henry	21 Mar 1873	15 Dec 1951	So-130
LLOYD, Lellia A. d/o S. & Hettie E.	(d.age 5yr)	4 Jan 1894	So-130
LLOYD, Leon s/o Hettie E.	3 Feb 1895	11 Jan 1897	So-130
LLOYD, Linnie M.	8 Apr 1877	26 Oct 1961	So-130
LLOYD, Lizzie d/o George	9 Sep 1892	25 Jun 1897	So-130
LLOYD, Macon Carver	1881	1961	So-68
LLOYD, Mae d/o George	8 May 1898	9 Jun 1898	So-130
LLOYD, Mary C.	1851	1916	So-121
LLOYD, Richard Rev.	1880	1946	So-68
LLOYD, Robert Waters s/o George	(d.age 7mo)	20 Aug 1872	So-119
LLOYD, Samuel A. s/o George & Annie	28 mar 1885	6 Nov 1913	So-130
LLOYD, Sarah E.	1847	1928	So-132
LLOYD, Stanley s/o George	29 Jul 1890	11 Aug 1891	So-130
LLOYD, Susan C. d/o John W. & Sarah E.	2 Jan 1876	12 Dec 1897	So-132
LLOYD, William	(d.age83yr)	21 Jan 1883	So-130
LLOYD, Willie May	none	none	So-121
LOCKERMAN, Anna D. Ballard w/o F.S.	14 Nov 1841	6 Mar 1887	So-105
LOCKERMAN, Francis S. Sr.	25 Jun 1844	19 Mar 1919	So-106
LOCKEY, Isaac W.	(d.age 8wk)	Sep 1886	So-132
LOCKEY, Mary	(d.age 2yr)	Oct 1886	So-132
LOCKNER, Henrietta C.	1874	1959	So-120
LOGAN, Irene	1804	1969	So-99
LOKEY, H. Mae	1899	1962	So-121
LOKEY, Harold s/o William H.	30 Sep 1898	10 Sep 1910	So-4
LOKEY, Henry	(d.age60yr)	2 Sep 1883	So-132
LOKEY, John W. s/o W. J. & Sarah L.	3 Jan 1880	12 Dec 1903	So-132
LOKEY, Virginia	1872	1933	So-4
LOKEY, W. Clayton	1896	none	So-121
LOKEY, William H.	1 Sep 1872	2 Jun 1908	So-4
LOKEY, William J.	7 Mar 1850	2 Oct 1905	So-132
LONG, Alexander	12 Nov 1849	11 May 1924	So-4
LONG, Alexander Fletcher	18 May 1884	2 May 1916	So-4
LONG, Alfred V. s/o E. T. & F. M.	1942	1942	So-121
LONG, Ann M. w/o Littleton	(d.age54yr)	19 Jan 1854	So-119
LONG, Annie D.	1853	1929	So-119
LONG, Annie P. w/o George	18 May 1887	24 Sep 1959	So-1
LONG, Charles E.	26 Nov 1864	29 Jul 1905	So-67
LONG, Charles I.	4 May 1883	28 Jun 1944	So-77
LONG, Charles O. d/o Charles R.	(d.age68yr)	May 1987	So-3
LONG, Charles T.	1905	1956	So-122
LONG, Charles W.	none	none	So-121
LONG, Constance Chaille d/o Littleton	(d.age 6mo)	4 Apr 1877	So-119
LONG, Creston S.	1905	1951	So-1
LONG, Edith L. w/o Thomas H.	1869	1957	So-67
LONG, Edward (Congressman)	23 Sep 1808	16 Oct 1865	So-100
LONG, Edward L.C. s/o Alexander	(d.age89yr)	1967	So-124
LONG, Edwin D.	1851	1932	So-121
LONG, Edwin M.	(d.age64yr)	20 Sep 1877	So-173
LONG, Effie K. w/o Charles W.	11 Apr 1854	18 May 1882	So-67
LONG, Elizabeth A. w/o Charles	22 Jun 1863	30 Jul 1948	So-67
LONG, Elizabeth B. w/o Levin T.	17 Apr 1840	28 Sep 1913	So-67
LONG, Elnora F. s/o S. C.	1855	1926	So-121
LONG, Emory s/o B.	(d.age10yr)	1 Nov 1858	So-100

LONG,Ernest W. s/o Thomas	1869	1871	So-4
LONG,Ethel M. w/o William B.	1889	1967	So-121
LONG,Everett H. "Pete"	1872	1935	So-3
LONG,Fannie B.	1857	1927	So-121
LONG,Francis	11 Jul 1862	11 May 1936	So-121
LONG,Francis D.	1896	1899	So-121
LONG,Georgianna w/o Alexander	15 May 1852	10 Dec 1945	So-4
LONG,Harry C.	11 Mar 1878	17 Jan 1920	So-1
LONG,Harry D. s/o Thomas W. & Louisa	none	1898	So-4
LONG,Henrietta Hambleton d/o L.	(d.age 4mo)	29 Aug 1867	So-119
LONG,Ira Oscar	1872	1935	So-3
LONG,James M.	11 May 1877	24 Mar 1957	So-122
LONG,Jennie H.	1875	1956	So-3
LONG,John Hambleton s/o Littleton	30 Dec 1863	3 Jul 1864	So-119
LONG,John S.	1876	1935	So-67
LONG,John Thomas	29 Mar 1891	none	So-67
LONG,Joseph Covill s/o Littleton	28 Jul 1828	5 Feb 1863	So-119
LONG,Josephine w/o S. C.	1841	1892	So-121
LONG,LeRoy	1887	1947	So-121
LONG,Leah Whittington w/o Zadock	7 Jan 1776	10 May 1835	So-100
LONG,Lettie E. Johnson w/o James R.	(d.age90yr)	27 Jul 1987	So-3
LONG,Levin T.	20 Sep 1839	6 Nov 1897	So-67
LONG,Littleton	15 Feb 1797	13 Dec 1880	So-119
LONG,Littleton C. s/o Littleton	(d.age 1yr)	20 Sep 1887	So-119
LONG,Louisa d/o Thomas	1876	1876	So-4
LONG,Louise V. w/o Thomas	14 Aug 1837	19 Mar 1918	So-4
LONG,Mary A. P King w/o Santa Anna	6 Feb 1845	14 Sep 1918	So-123
LONG,Mary A. w/o Edwin M.	(d.age34yr)	18 Sep 1854	So-173
LONG,Mary E. d/o Wm. S. & Annie D.	(d.age 9mo)	26 Apr 1885	So-173
LONG,Mary H. w/o Littleton Jr.(no stone)	none	17 Aug 1882	So-119
LONG,Mary J.	1872	1903	So-67
LONG,Mary Martha Jane d/o E. M. & M.	(d.age 5yr)	12 Aug 1858	So-173
LONG,Mary V.	5 Jan 1880	5 May 1957	So-121
LONG,May Porter d/o S. Upshur & Sarah	1901	1902	So-121
LONG,Minnie N. w/o John S.	1882	1941	So-67
LONG,Mollie P.	1868	1949	So-1
LONG,Mortimer s/o P.S. (d. N. Y.)	(d.age43yr)	11 Feb 1881	So-119
LONG,Moses Hawks s/o Edwin & Emily	(d.age 6yr)	6 Oct 1866	So-173
LONG,Nancy w/o Littleton (no stone)	none	Jan 1853	So-119
LONG,Nannie S. Hall w/o Ned	1860	1881	So-4
LONG,Nathalie child of L.(no st.)	(d.age 4mo)	31 Jul 1867	So-119
LONG,Olivia Sedonia d/o Edwin & E.	(d.age18yr)	12 Feb 1864	So-173
LONG,Otis Raymond s/o Wallace R.	(d.age78yr)	1 Dec 1981	So-119
LONG,Philip s/o Alexander	9 Feb 1876	28 Oct 1918	So-4
LONG,R. Frank	11 Feb 1877	18 Sep 1949	So-121
LONG,Reba Nelson	12 Jun 1898	none	So-67
LONG,Robert Barry s/o Robert C.	(d.age19yr)	Sep 1974	So-10
LONG,Sadie F.	1889	1954	So-121
LONG,Sallie E.	1865	1954	So-121
LONG,Santa Anna	18 Mar 1840	25 Apr 1911	So-123
LONG,Sarah	1814	1905	So-119
LONG,Sarah M.	20 Aug 1905	none	So-122
LONG,Sarah P. w/o Upshur	1864	1904	So-121
LONG,Senia Ann	14 Feb 1838	10 Apr 1919	So-77
LONG,Sidney C.	1838	1920	So-121

Name	Birth	Death	Location
LONG,Theodore F.	1 Oct 1837	1 Sep 1887	So-77
LONG,Thomas H.	1869	1948	So-67
LONG,Thomas J.	1881	1954	So-121
LONG,Thomas O.	1868	1951	So-1
LONG,Thomas W.	6 Apr 1836	29 Mar 1918	So-4
LONG,Vernon L.	3 Nov 1900	14 Jul 1954	So-122
LONG,Viola Jane Ross	19 Nov 1905	8 Nov 1930	So-4
LONG,W. Raymond	11 Dec 1877	19 Oct 1945	So-122
LONG,Wilie E. s/o Wm. S. & Annie D.	(d.age 6mo)	11 Jul 1881	So-173
LONG,Willard A. WWII	6 Dec 1918	20 Sep 1967	So-3
LONG,William	(d.age 42yr)	11 Sep 1825	So-121
LONG,William B.	1887	1938	So-121
LONG,William James s/o H.C. & Annie	11 Mar 1910	8 Jan 1915	So-1
LONG,William L.	26 Oct 1866	31 Jan 1923	So-67
LONG,William S.	1845	1901	So-119
LONG,Woodland s/o Thomas	1872	1873	So-4
LONG,Zadock s/o Solomon & Margaret	10 Mar 1756	3 Feb 1838	So-100
LONGSTREET,Elizabeth Estella	1870	1881	So-121
LONGSTREET,Susan Agusta	1872	1881	So-121
LOWE,Edward	1863	1901	So-73
LOWE,Isabel Maddox w/o William E.	Dec 1920	12 Dec 1973	So-68
LOWE,William E.	1906	none	So-68
LOWELL,Agnes Pennell d/o George A.	1868	1939	So-121
LOWMAN,Blanche E.	1877	1943	So-121
LUCAS,Eliza A.	1871	1892	So-69
LUCAS,Florence C.	1888	1899	So-69
LeCATES,Franklin J.	3 Dec 1851	3 Feb 1926	So-121
LeCATES,Gertrude E. w/o Franklin J.	23 Nov 1869	16 Jul 1942	So-121
LeCATES,Matilda	1820	1898	So-121
LeCOMPTE,Mary A. w/o Robert P.	5 Dec 1834	23 Dec 1916	So-121

Name	Birth	Death	Location
MADDIN, Mollie w/o Robert F.	none	none	So-120
MADDOX, Amanda	24 May 1842	22 Jul 1910	So-148
MADDOX, Anna E. d/o F.S. & Annie M.	1928	1928	So-1
MADDOX, Bell Tilghman w/o John	1870	1948	So-68
MADDOX, Ben T.	1852	1924	So-68
MADDOX, Benjamin S.	1821	1883	So-15
MADDOX, Bessie T.	1896	none	So-68
MADDOX, Beulah	1 Jun 1876	4 Mar 1898	So-113
MADDOX, Carl Orem	10 Feb 1878	19 Aug 1881	So-113
MADDOX, D. Barvers	25 Feb 1856	6 Dec 1922	So-172
MADDOX, Daniel J.	26 Aug 1841	8 Jan 1916	So-148
MADDOX, Edward H.	1888	none	So-4
MADDOX, Effa Tenah	1865	1936	So-4
MADDOX, Emma Taylor	1901	none	So-68
MADDOX, Evelyn Dorsey	1864	1929	So-68
MADDOX, Frederick S.	1880	1943	So-1
MADDOX, Frederick W.	1924	none	So-68
MADDOX, Gary Craig s/o Frederick	1957	1960	So-68
MADDOX, George F. s/o Geo. W. WWI	(d.age 85yr)	Sep 1979	So-121
MADDOX, George T.	1858	1923	So-68
MADDOX, George W.	1848	1935	So-70
MADDOX, Georgianna L. w/o William B.	1890	1971	So-4
MADDOX, Grace R. w/o Frederick W.	1934	none	So-4
MADDOX, H. Norman Sr.	1893	1975	So-68
MADDOX, Harold J.	1888	1972	So-68
MADDOX, Harrison	1888	1962	So-4
MADDOX, J. Edward s/o Sidney L.	3 Jan 1891	3 Feb 1892	So-4
MADDOX, Jennie May	2 Jun 1867	14 Oct 1928	So-4
MADDOX, John W.	1868	1951	So-68
MADDOX, Joseph Gillis	5 Oct 1843	7 Mar 1917	So-113
MADDOX, Joseph Robbie	15 Feb 1895	30 Mar 1970	So-68
MADDOX, Laura	1864	1936	So-4
MADDOX, Lazarus	(d.age 73yr)	16 Jul 1845	So-148
MADDOX, M. Elizabeth	1864	1943	So-68
MADDOX, Mae w/o Harold J.	1894	none	So-68
MADDOX, Marcy	(d.age 26yr)	1 Nov 1820	So-119
MADDOX, Mary E.	1852	1922	So-68
MADDOX, Mary E. w/o William	4 Feb 1864	1 Aug 1938	So-4
MADDOX, Mary R.	1862	1873	So-15
MADDOX, Maude E.	1893	1950	So-4
MADDOX, Olive C. w/o Joseph	16 Mar 1896	28 Mar 1973	So-68
MADDOX, R. Henry	2 Feb 1864	26 Jun 1930	So-68
MADDOX, Rebecca S.	1785	1868	So-15
MADDOX, Robert J.	1856	1945	So-4
MADDOX, Robert Vernon	1897	1960	So-68
MADDOX, Ruth Lankford w/o Goerge	1898	1964	So-121
MADDOX, Sally J. Sudler w/o George	1850	1928	So-70
MADDOX, Sally Upshur Ballard	18 Mar 1845	5 Jan 1919	So-113
MADDOX, Samuel J.	1857	1936	So-68
MADDOX, Sarah (with Lazarus)	none	none	So-148
MADDOX, Sidney L.	26 Jun 1854	8 Jul 1935	So-4
MADDOX, Susan Robertson	21 Dec 1861	25 Feb 1935	So-172
MADDOX, William B.	1886	1965	So-4
MADDOX, William H.	1850	1890	So-4
MADDUX, Clara U.	none	18 Jan 1816	So-101

Name	Birth	Death	Section
MADDUX, Daniel	(d.age64yr)	20 Nov 1877	So-101
MADDUX, Henry D. s/o Littleton	11 Jul 1816	20 Jan 1838	So-102
MADDUX, Laura	none	1935	So-101
MADDUX, Littleton D.	(d.age77yr)	28 Jun 1851	So-102
MADDUX, Mrs. Edward	none	26 Jun 1865	So-155
MADDUX, Sarah	none	1930	So-101
MADDUX, Susan V. w/o Daniel	3 Feb 1816	25 Jul 1891	So-101
MADDUX, William E.		1860 1943	So-101
MADDUX, William Henry s/o Daniel	(d.age 8yr)	11 Feb 1854	So-101
MAHAFFEY, Lila W.	23 Oct 1893	5 Jul 1972	So-130
MAHAFFEY, Royd WW I	12 May 1890	9 Jul 1952	So-130
MAHAFFEY, Royd A. Jr. WW II	1923	1975	So-130
MAHAN, Anna Weidma	1897	none	So-146
MAHAN, Chloa Kepner	1895	1936	So-146
MAHAN, Dorothy Emma	1924	1929	So-146
MAHAN, Grant	1862	1948	So-146
MAHAN, Lilus Kepner	1865	1959	So-146
MAHAN, Thomas Edgar	1902	1961	So-146
MAHAN, Walter Kepner	1893	1961	So-146
MALCHOW, Louisa (born Germany)	14 Mar 1830	12 Feb 1912	So-132
MALLISON, Minnie Holland	1887	1874	So-45
MALONE, Lena G.	1873	1951	So-120
MARINER, Donald O.	1919	1941	So-146
MARRINER, Albert R.	1924	1942	So-3
MARRINER, Clyde C. WWII	25 Sep 1919	21 Dec 1971	So-3
MARRINER, J. W.	12 Jul 1844	none	So-148
MARRINER, Leroy F. s/o Frank	(d.age84yr)	May 1097	So-10
MARRINER, Maude Mrs.	2 Feb 1879	8 Jul 1935	So-74
MARRINER, Priscilla A. w/o J. W.	11 Sep 1843	11 Feb 1917	So-148
MARRINER, Virgil S.	1894	1959	So-3
MARSH, Amanda Clayton	1888	1966	So-111
MARSH, Archie H.	1880	1952	So-111
MARSH, Benjamin F.	11 Jun 1849	12 Nov 1922	So-111
MARSH, Calvin E.	1896	1955	So-111
MARSH, Carrie Estelle Austin	1877	1911	So-99
MARSH, Charity w/o Charles	(d.age77yr)	22 Nov 1888	So-139
MARSH, Charles D.	(d.age61yr)	27 Sep 1865	So-139
MARSH, Charles W.	1874	1854	So-99
MARSH, Charles W.	12 Nov 1838	13 Dec 1899	So-69
MARSH, Charlie W.	1885	1958	So-111
MARSH, Clara J.	1919	1951	So-69
MARSH, David F.	none	8 Mar 1874	So-69
MARSH, Dawn M.	21 Mar 1960	1960	So-69
MARSH, E. C. Capt.	1851	1907	So-99
MARSH, Edward F.	1875	1960	So-69
MARSH, Edward L.	1867	1872	So-111
MARSH, Edward T.	1871	1929	So-111
MARSH, Effa A.	3 Apr 1873	9 Mar 1882	So-69
MARSH, Elizabeth C.	31 Aug 1847	21 Nov 1942	So-69
MARSH, Eula A.	1903	1908	So-111
MARSH, Flossie B.	2 Nov 1887	27 Nov 1918	So-111
MARSH, George C.	6 Mar 1870	26 Aug 1926	So-111
MARSH, George C.	17 Jul 1922	5 Nov 1922	So-111
MARSH, George R.	1878	none	So-99
MARSH, George R. Sr.	1 Sep 1848	17 Apr 1930	So-99

MARSH,Gertrude		1896	1898	So-111
MARSH,Glenon		1963	1963	So-111
MARSH,Jennie F.	22 May 1873		23 Mar 1937	So-69
MARSH,Jessie J.	22 Jun 1812		21 Mar 1918	So-111
MARSH,John C.		1883	1963	So-111
MARSH,John F.		1869	1869	So-111
MARSH,John F.	2 Jul 1866		29 Mar 1898	So-111
MARSH,John W.	8 Dec 1829		25 Jun 1855	So-139
MARSH,John W.	25 Feb 1866		11 Aug 1928	So-69
MARSH,Julia D.		1877	1950	So-111
MARSH,Laura G.	14 Jan 1885		18 Jun 1966	So-111
MARSH,Lawrence		1901	1963	So-69
MARSH,Leona		1896	1922	So-99
MARSH,Levin W.		1877	1963	So-69
MARSH,Lillie M.	24 Oct 1899		28 Jul 1929	So-111
MARSH,Louis B.		1870	1875	So-111
MARSH,Ludine	27 Dec 1917		14 Jun 1919	So-111
MARSH,Lula B.		1897	1901	So-111
MARSH,M. Belle		1877	1938	So-99
MARSH,Margaret	20 Dec 1817		23 Jan 1868	So-111
MARSH,Margaret A. W.	18 Feb 1861		3 Oct 1863	So-112
MARSH,Marion M.		1910	1967	So-111
MARSH,Mary C.	(d.age31yr)		22 Sep 1871	So-69
MARSH,Mary Eleanor w/o George R.	(d.age20yr)		30 Oct 1870	So-176
MARSH,Norris E.		1964	1964	So-111
MARSH,Orville P.		1904	1906	So-111
MARSH,Page H.		1906	1910	So-111
MARSH,Rachel E.		1870	1944	So-73
MARSH,Sadie W.	19 May 1882		30 Dec 1966	So-111
MARSH,Sallie A. w/o George R.	7 Oct 1851		5 Mar 1910	So-99
MARSH,Sammie B.		none	1940	So-111
MARSH,Shadie J.	12 Aug 1842		2 Nov 1931	So-111
MARSH,Stachaia s/o E. C.	1 Jul 1860		3 Jul 1925	So-99
MARSH,Vennie	4 Jan 1875		Feb 1969	So-111
MARSH,Walter H.	28 Oct 1802		17 Feb 1854	So-69
MARSH,Walton D.	4 Dec 1898		11 Oct 1913	So-69
MARSH,Washington I.	3 Sep 1880		26 Jul 1886	So-69
MARSH,Wilbur A.	7 Aug 1886		13 Jan 1942	So-69
MARSHALL,Adren	30 Aug 1819		9 May 1884	So-4
MARSHALL,Alice M.		1886	1965	So-122
MARSHALL,Arthur L.		1899	1971	So-68
MARSHALL,Aurelia		1887	1954	So-68
MARSHALL,Bertha A.		1893	1979	So-68
MARSHALL,Christina		none	18 May 1868	So-111
MARSHALL,Dora H.	7 Jan 1878		15 Feb 1917	So-111
MARSHALL,Doris A.		1925	none	So-122
MARSHALL,Edison T.		1912	1957	So-111
MARSHALL,Edward		1886	1961	So-68
MARSHALL,Ellen		1813	1884	So-111
MARSHALL,Emma P. w/o George W.	30 Apr 1861		12 Nov 1916	So-4
MARSHALL,F. Todd		1903	1968	So-111
MARSHALL,Flora R.		1881	1860	So-1
MARSHALL,George W.		1863	1888	So-111
MARSHALL,George W.		1873	1947	So-4
MARSHALL,Harold C.		1892	1961	So-68

Name	Birth	Death	Section
MARSHALL, Helen T.		1901	1976	So-68
MARSHALL, Herman E.		1886	1945	So-122
MARSHALL, Howard		1922	1948	So-111
MARSHALL, Howard W.		1890	1967	So-111
MARSHALL, Howard W.		1917	1918	So-111
MARSHALL, John		1811	1896	So-73
MARSHALL, John C.		1864	1935	So-111
MARSHALL, Julia A.		1868	1956	So-99
MARSHALL, Julia A.		1896	1967	So-73
MARSHALL, Larry		1938	1942	So-111
MARSHALL, Leda		1884	1935	So-111
MARSHALL, Lizzie M.		1895	1915	So-111
MARSHALL, Lovey C.		none	12 Aug 1891	So-69
MARSHALL, M. B.		1885	1890	So-73
MARSHALL, Maggie		1856	1888	So-111
MARSHALL, Maggie A.		1857	1902	So-111
MARSHALL, Mannie		1868	1954	So-111
MARSHALL, Mannie	8 Jun 1903	14 Sep 1906	So-111
MARSHALL, Mannie C.		1875	1935	So-111
MARSHALL, Margaret Jane		1940	1941	So-68
MARSHALL, Marvin F.		1897	1967	So-111
MARSHALL, Mary A.		1865	1959	So-1
MARSHALL, Mary D.		1879	1941	So-4
MARSHALL, Mary E.		1893	1927	So-111
MARSHALL, Mary H.		1917	1918	So-111
MARSHALL, Matglee J. w/o John W.	13 Apr 1853	13 May 1908	So-107
MARSHALL, Miles W.		1920	1921	So-111
MARSHALL, Nannie L.		1895	1912	So-111
MARSHALL, Nellie A.	3 Nov 1815	25 Apr 1897	So-4
MARSHALL, Olevia	24 Apr 1884	19 May 1885	So-69
MARSHALL, Paul W.		1884	1946	So-68
MARSHALL, Peter J.		1846	1923	So-111
MARSHALL, Robert F.		1878	1952	So-68
MARSHALL, Ruth V.	4 Mar 1919	13 Nov 1919	So-111
MARSHALL, Samuel J.		1864	1919	So-99
MARSHALL, Samuel T.	14 Mar 1877	21 Jan 1911	So-111
MARSHALL, Sarah	28 Dec 1805	8 Mar 1897	So-69
MARSHALL, Straughan J.	10 Mar 1857	1910	So-111
MARSHALL, Theresa H. wid/o Walter T.	(d.age72yr)	Dec 1976	So-1
MARSHALL, Thomas E.		1854	1915	So-1
MARSHALL, Thomas L.		1881	1947	So-1
MARSHALL, Vernon E.		1914	1945	So-122
MARSHALL, W. J.		1839	1922	So-111
MARSHALL, Walter T.		1903	1968	So-1
MARSHALL, Watson E.		1892	1955	So-112
MARSHALL, William A.	24 Feb 1855	19 Aug 1936	So-111
MARSHALL, William G.		1918	1919	So-111
MARSHALL, Willie F.		1886	1961	So-111
MARSHall, John		1867	1915	So-111
MARSTON, Grace Sims	16 Aug 1894	none	So-99
MARTIN, Belle Augusta w/o Wm. H.	28 May 1865	8 Jun 1904	So-98
MARTIN, Emeline	12 Apr 1826	6 Oct 1906	So-4
MARTIN, Ernest M.		1889	1953	So-121
MARTIN, Gretta B.		1881	1962	So-122
MARTIN, James H.		1846	1930	So-121

MARTIN, John T.	7 Aug 1848	7 Feb 1890	So-4
MARTIN, Mary E.	1851	1925	So-121
MARTIN, Mary E.	1893	19--	So-121
MARTIN, Olive D.	1894	1967	So-119
MARTIN, Preston	1886	1953	So-121
MARTIN, Robert H.	12 Jan 1855	6 Jul 1924	So-4
MARTIN, Thomas	none	18 Jul 1820	So-120
MARTIN, William P.	1896	1937	So-119
MARTIN, William T.	26 Oct 1816	24 Sep 1887	So-4
MARTIN, William W.	1868	1952	So-122
MARTIN, William W.	9 Aug 1852	13 Nov 1881	So-4
MASLIN, George William	1854	1928	So-121
MASON, ALice	1867	1875	So-65
MASON, Arrah w/o Josiah	27 Apr 1832	22 Nov 1905	So-107
MASON, Carie R. w/o Warren	1877	1951	So-107
MASON, Charlie	1869	1870	So-65
MASON, Clara B. w/o Stephen E.	1882	1939	So-99
MASON, Clara w/o William G.	22 Sep 1902	19 Oct 1945	So-99
MASON, Dona	5 Feb 1862	25 Jan 1954	So-99
MASON, Emma J.	1850	1930	So-99
MASON, Ephraim H.	(d.age36yr)	12 Dec 1875	So-109
MASON, George B.	1849	1926	So-99
MASON, George Edwin s/o George	21 Jul 1887	1887	So-99
MASON, Gertrude	1869	1955	So-122
MASON, Infant s/o J.K. & Irma	22 Feb 1926	1926	So-99
MASON, Irma V. w/o John K.	1908	1961	So-99
MASON, John Capt.	1902	1940	So-99
MASON, John F.	4 Nov 1844	18 Mar 1901	So-99
MASON, John K.	1895	1948	So-99
MASON, John S.	15 Sep 1872	5 Jun 1938	So-99
MASON, Lawson J. Capt.	1846	1921	So-99
MASON, Lillian	1871	1872	So-65
MASON, Mary A. w/o George B.	1853	1932	So-99
MASON, Mayne s/o John	14 Mar 1928	13 Jan 1931	So-99
MASON, Minnie E.	13 Apr 1877	3 Dec 1938	So-99
MASON, Norman	1900	1965	So-99
MASON, Rachel s/o Stephen N.	(d.age70yr)	1884	So-99
MASON, Scott L.	23 Mar 1886	13 Feb 1960	So-99
MASON, Sinah	1813	1885	So-109
MASON, Stephen E.	1883	1964	So-99
MASON, Stephen N.	13 Apr 1816	21 Apr 1878	So-99
MASON, Vance s/o Grayson	1930	1931	So-99
MASON, Warren T.	1879	1959	So-107
MASON, William Grayson	12 Apr 1897	29 Sep 1934	So-99
MASON, William H.	1861	1944	So-122
MASON, William J.	1801	1818	So-120
MASSEY, B. Luthra	1922	none	So-68
MASSEY, Crystal Taylor w/o Weldon H.	1905	1979	So-68
MASSEY, Deborah d/o John H.	4 Mar 1847	30 Apr 1912	So-146
MASSEY, Della B. w/o Ollie	1885	1920	So-68
MASSEY, George H. Sr.	1867	1948	So-68
MASSEY, Gloria	1922	1923	So-68
MASSEY, H. Allen	1906	none	So-68
MASSEY, Helen M.	1904	1965	So-68
MASSEY, Hilton	1926	1926	So-68

MASSEY, Julia E.		1876		1954	So-68
MASSEY, Oliose		1917		none	So-68
MASSEY, Ollie R.		1873		1930	So-68
MASSEY, Ollie R.		1922		1977	So-68
MASSEY, S. Sherman		1910		1970	So-68
MASSEY, Thelma H. w/o Wendell B.		1905		1973	So-68
MASSEY, Weldon H. Sr.		1900		1962	So-68
MASSEY, Wendell D.		1905		1941	So-68
MATHER, Carolyne A. d/o Rev. A. W.	27 Nov	1879	15 Oct	1897	So-4
MATHER, E. Webster s/o Rev. A. W.	10 Jul	1876	4 Aug	1896	So-4
MATTHEWS, Carrie W. w/o John L.		1833		1951	So-68
MATTHEWS, Charles Stanley	21 Apr	1878	25 Oct	1878	So-4
MATTHEWS, Edward		none	18 Feb	1880	So-162
MATTHEWS, Edward R.	13 Jan	1866	1 Sep	1945	So-146
MATTHEWS, Elijah C. L.		1846		1939	So-68
MATTHEWS, Eliza J. w/o Francis	20 Nov	1830	18 Nov	1916	So-1
MATTHEWS, Esther		1808		1891	So-68
MATTHEWS, Francis b.Odessa Del.	18 Mar	1832	26 May	1926	So-1
MATTHEWS, Francis E.	15 Apr	1861	31 Jul	1932	So-1
MATTHEWS, Frank S.		1894		1967	So-121
MATTHEWS, Harriet E.		1846		1915	So-68
MATTHEWS, James Eugene	24 Apr	1862	5 Apr	1899	So-1
MATTHEWS, John L.		1880		1945	So-68
MATTHEWS, Lillie Lee w/o William	3 Nov	1866	22 May	1927	So-1
MATTHEWS, Margaret B.	25 Oct	1876	19 Dec	1908	So-146
MATTHEWS, Nannie B. w/o Frank S.		1902		1951	So-121
MATTHEWS, Sarah Hannah	30 Apr	1864	1 Apr	1951	So-1
MATTHEWS, Weldon J.		1913		1978	So-68
MATTHEWS, William H.	20 Mar	1862	7 May	1937	So-4
MATTHEWS, William Samuel	21 Nov	1869	14 Nov	1910	So-4
MATTHEWS, William V.	21 Jul	1864	16 Aug	1922	So-1
MAXWELL, Elizabeth		1908		none	So-4
MAXWELL, Jesse L.		1907		1957	So-4
MAY, Fannie D.		1884		1946	So-122
MAY, Gladys L.		1907		1975	So-4
MAY, John F.		1878		1957	So-122
MCCREADY, Thomas A.		1823		1867	So-29
MEDORA, Blanche	9 Nov	1869	3 Nov	1884	So-72
MELSON, Julia A. w/o Matthias	8 may	1858	3 May	1924	So-132
MELSON, Mary D.		1894		1958	So-99
MENZEL, George R.		1906		1958	So-68
MENZEL, George R.		1929		1929	So-68
MENZEL, Mary V.		1934		1944	So-68
MENZEL, Robert E. W.		1860		1922	So-1
MENZEL, Susanna w/o Robert E. W.		1868		1925	So-1
MERCHANT, Warren B.		1902		1971	So-130
MEREDITH, Daniel A.	20 Mar	1823	25 Feb	1880	So-106
MEREDITH, John W. s/o R. A. & D. A.	15 Dec	1871	24 Oct	1873	So-37
MERRILL, Addie W.		1884		1884	So-4
MERRILL, Anna		1861		1906	So-42
MERRILL, Carrie R.		1881		1882	So-4
MERRILL, Henrietta		1836		1906	So-42
MERRILL, Henry P.		1850		1924	So-4
MERRILL, John H.		1828		1858	So-54
MERRILL, Mollie W.		1853		1929	So-4

Name	Birth	Death	Plot
MESSICK, Ada L. d/o George	16 Feb 1858	3 May 1860	So-90
MESSICK, Arianna E. d/o George	1 Dec 1860	12 Dec 1864	So-90
MESSICK, Beatrice M.	1886	1890	So-53
MESSICK, Caroline	1816	1909	So-112
MESSICK, Caroline Hoffman w/o Claude	(d.age 90yr)	Apr 1974	So-124
MESSICK, David	1816	1888	So-112
MESSICK, Edward James	10 Sep 1845	22 Jan 1851	So-69
MESSICK, George D.	Nov 1837	6 Oct 1853	So-69
MESSICK, Hamilton W. s/o George	16 Feb 1856	4 Dec 1860	So-90
MESSICK, Jemima	(d.age 75yr)	22 Oct 1876	So-86
MESSICK, John W. s/o A.B. & E.	5 Apr 1866	27 Jul 1891	So-141
MESSICK, Johnson	20 May 1805	4 Jan 1854	So-69
MESSICK, Laura T. d/o George	24 May 1862	18 Dec 1864	So-90
MESSICK, Levina	1899	1908	So-112
MESSICK, Minnie	1897	none	So-121
MESSICK, Nehemiah	none	1874	So-86
MESSICK, Roda	(d.age 3 mo)	1836	So-69
MESSICK, Samuel L. s/o William F. B.	23 May 1964	2 Dec 1902	So-132
MESSICK, Stanley M.	1900	1960	So-121
MESSICK, Warren	2 Dec 1844	2 Feb 1891	So-4
MESSICK, Washington T.	18 Mar 1835	13 Oct 1853	So-69
METHVIN, William L.	1891	1958	So-122
METTATAL, Clarence R.	26 Jan 1879	23 Aug 1931	So-99
MEYER, John E.	1874	1932	So-121
MIDDLETON, Alice J. d/o Alice	1921	1923	So-112
MIDDLETON, Anna Marie	1916	1918	So-112
MIDDLETON, Asbury S.	25 Dec 1868	4 Feb 1941	So-112
MIDDLETON, Charles C.	1892	23 Jan 1945	So-112
MIDDLETON, Charles D.	1860	1953	So-112
MIDDLETON, Clayton W.	1905	1959	So-112
MIDDLETON, Gorman	1896	1963	So-112
MIDDLETON, Lillie	1878	1947	So-112
MIDDLETON, Mary E. w/o Asbury	3 Jun 1874	20 Mar 1929	So-112
MILBOURN, Claude S.	1876	1888	So-45
MILBOURN, Francis	1856	1891	So-4
MILBOURN, Jennie Bell w/o Frank	8 May 1854	3 Apr 1921	So-4
MILBOURN, Lidie F. w/o Francis	29 Apr 1856	1 Oct 1891	So-4
MILBOURN, Lidie Frances d/o Francis	9 Apr 1884	19 Oct 1884	So-4
MILBOURN, Margaret V.	1851	1929	So-4
MILBOURN, Marion	1887	1888	So-45
MILBOURN, Mary E. Mrs. (no stone)	(d.age 28yr)	21 Jun 1863	So-119
MILBOURN, R. Herman	1883	1944	So-4
MILBOURN, Robert H.	1831	1911	So-4
MILBOURN, Roscoe C.	1875	1944	So-45
MILBOURN, Sidney F.	22 Jan 1846	30 Mar 1902	So-4
MILBOURN, Sidney Francis s/o Francis	4 Mar 1889	13 Aug 1889	So-4
MILBOURNE, Lewis Morgan	14 Mar 1869	16 Oct 1951	So-121
MILBOURNE, Lucretia Waters	none	none	So-121
MILDON, Dorothy d/o William & Christine	1922	1929	So-121
MILDON, James	1860	1934	So-121
MILDON, Sarah w/o James	1860	1941	So-121
MILDON, William John Sr.	1882	1953	So-121
MILES, Ada E. w/o Clarence E.	1894	1935	So-4
MILES, Addie B.	1884	1960	So-148
MILES, Adeline Miss (no stone)	none	13 Aug 1885	So-119

Name	Birth	Death	Location
MILES, Albannor E. d/o Southy	1851	1857	So-4
MILES, Alfred M. (no stone)	none	Feb 1870	So-119
MILES, Alice A. w/o B. P.	6 Jul 1863	1 Aug 1894	So-179
MILES, Alma E.	1885	none	So-121
MILES, Ann (no stone)	none	13 Sep 1843	So-119
MILES, Annie E. H. w/o Luther	20 Nov 1838	24 Feb 1906	So-4
MILES, Annie E. w/o Edward	1849	1904	So-114
MILES, Annie F. d/o John	1 Mar 1883	6 Jul 1888	So-67
MILES, Aurelia Florence d/o Southy	14 Jun 1852	6 May 1946	So-4
MILES, Aurelia w/o Alfred M.(no stone)	none	27 May 1857	So-119
MILES, Benjamin	1798	1886	So-4
MILES, Bessie K. White w/o John T.	none	none	So-148
MILES, C. Allen	1913	1968	So-3
MILES, Caroline	1831	1865	So-19
MILES, Caroline B. Dickinson w/o F.W.	9 May 1830	Oct 1851	So-119
MILES, Charles B.	1877	1930	So-4
MILES, Christina Roach w/o Southy	20 Feb 1824	24 Jun 1885	So-4
MILES, Clarence E.	1893	1965	So-4
MILES, Clyde H.	18 Aug 1883	19 Dec 1904	So-148
MILES, Corinne E.	1856	1936	So-4
MILES, Daisey	1872	1959	So-148
MILES, Daniel	(d.age 46yr)	28 Dec 1852	So-148
MILES, Daniel T.	1856	1925	So-121
MILES, Doris M. w/o Hall	1888	1966	So-4
MILES, Edgar N. (Ned)	8 Nov 1857	24 Feb 1933	So-67
MILES, Edith V.	1919	1955	So-4
MILES, Edward S. M. D.	1850	1938	So-114
MILES, Edward T.	13 Oct 1870	25 Jan 1871	So-148
MILES, Edwin E.	1870	1955	So-4
MILES, Eliza J. w/o Thomas	1834	1908	So-67
MILES, Elizabeth A. w/o John H.	(d.age 48yr)	3 Feb 1856	So-4
MILES, Elizabeth Coulbourn w/o Wm. H.	1788	10 Feb 1859	So-4
MILES, Elnorah D.	1860	1946	So-4
MILES, Emma	1899	none	So-121
MILES, Eva Anna	11 Apr 1870	6 Sep 1896	So-4
MILES, Eva d/o John H.	17 Apr 1889	22 Jul 1889	So-67
MILES, Florence H.	1869	1 Apr 1954	So-4
MILES, George T. s/o Thomas	1860	1941	So-67
MILES, Georgianna B.	7 Nov 1861	24 May 1893	So-67
MILES, Gertrude	1854	1949	So-148
MILES, Granville L.	1884	1947	So-121
MILES, Gussie H.	1876	1962	So-4
MILES, Hall	1888	1962	So-4
MILES, Harmison	1895	1948	So-121
MILES, Hattie F.	1872	1949	So-121
MILES, Helen V.	1861	1936	So-121
MILES, Henrietta W. w/o Joshua	11 Jul 1820	2 Feb 1858	So-66
MILES, Henry Capt. (Rev.War)	17 Nov 1752	2 Apr 1795	So-4
MILES, Howard P.	1873	1955	So-122
MILES, Hulda E. w/o Charles	1881	1954	So-4
MILES, Infant of Clyde	11 Mar 1882	none	So-148
MILES, Isaac s/o Thomas	20 Sep 1869	20 Dec 1903	So-67
MILES, Jennie	1866	1933	So-4
MILES, Jennie T.	1847	1922	So-4
MILES, John	31 Dec 1842	20 Apr 1863	So-148

MILES,John E. s/o Thomas	26 Jul 1856	18 Jul 1870	So-67
MILES,John H.	(d.age58yr)	5 Oct 1856	So-4
MILES,John Henry D.	24 Feb 1827	18 May 1905	So-124
MILES,John Levin	(d.age56yr)	Sep 1973	So-114
MILES,John T.	17 Sep 1864	2 Jan 1914	So-148
MILES,John T.	28 May 1828	10 Aug 1901	So-4
MILES,John T. s/o John	(d.age 2yr)	13 Jun 1850	So-4
MILES,John W.	1856	13 Dec 1932	So-124
MILES,Josephine H.	1885	1966	So-122
MILES,Joshua H.	12 Jan 1817	6 May 1857	So-66
MILES,Joshua Weeden	9 Dec 1858	4 Mar 1929	So-121
MILES,Judith Elaine d/o Clarence E.	1941	1944	So-4
MILES,Julia (no stone)	(d.age18yr)	5 May 1846	So-119
MILES,L. H.	(d.age81yr)	16 Nov 1917	So-148
MILES,Leah E. w/o D. W.	5 Jan 1845	22 Nov 1909	So-148
MILES,Lillian H.	1880	1966	So-4
MILES,Lillie Rider	19 Aug 1861	25 Apr 1941	So-121
MILES,Lottie Annie	1864	1938	So-124
MILES,Lovey w/o John Henry D.	10 Jun 1834	23 Oct 1871	So-124
MILES,Luther A.	1848	1854	So-66
MILES,Luther T.	1868	1951	So-4
MILES,Luther T.	12 Oct 1824	23 Dec 1911	So-4
MILES,Marian E.	1890	1970	So-121
MILES,Mary Davy w/o William	26 Nov 1793	1875	So-124
MILES,Mary Jane (Mollie)	1890	1965	So-121
MILES,Mary L.	1912	none	So-4
MILES,Mary Martha Lankford w/o R.H.	5 Oct 1837	1 Oct 1918	So-4
MILES,Matilda F. w/o John T.	22 Sep 1833	11 Sep 1903	So-4
MILES,Milford W. s/o J. T. & B. K.	11 Feb 1894	16 Sep 1911	So-148
MILES,Minerva w/o George T.	1866	1947	So-67
MILES,Mollie B.	25 Aug 1866	23 Sep 1933	So-4
MILES,Neipier Jr.	1917	1975	So-4
MILES,Poulson J.	1846	1919	So-148
MILES,Ralph E.	1918	1938	So-122
MILES,Richard T.	1862	24 Oct 1880	So-148
MILES,Richard Walter	1867	1937	So-148
MILES,Robert B.	1892	1935	So-121
MILES,Robert B.	1911	1977	So-4
MILES,Robert H. s/o Joshua	22 Nov 1839	28 Mar 1885	So-4
MILES,Robert Sydney s/o Matthias	19 Nov 1859	6 May 1873	So-151
MILES,Rufus J.	1869	1961	So-148
MILES,Sadie W.	1877	1960	So-4
MILES,Sallie w/o Poulson J.	1849	1947	So-148
MILES,Samuel Francis	1865	1945	So-121
MILES,Samuel G.	22 Jan 1819	26 Sep 1877	So-4
MILES,Samuel L.	1859	1938	So-148
MILES,Sarah A. Lankford w/o Samuel G.	1830	1898	So-4
MILES,Sarah E.	12 Sep 1875	17 Jun 1876	So-148
MILES,Sarah E. w/o Lazarus	17 Mar 1824	1 Oct 1912	So-148
MILES,Sarah Rebecca	1870	1954	So-148
MILES,Southy F.	5 Feb 1861	5 Mar 1948	So-4
MILES,Southy F. s/o William	27 Apr 1822	15 May 1900	So-4
MILES,Susie B.	1891	1956	So-121
MILES,Suzzie	28 Feb 1848	20 Jan 1875	So-148
MILES,T. Frank s/o J. H. & C. E.	11 Feb 1870	28 Sep 1882	So-179

Name	Birth	Death	Plot
MILES,Thomas	(d.age73yr) 1887	9 Jan 1881 1950	So-67 So-4
MILES,Vance W.			So-4
MILES,Velma Edith	2 Jun 1919	7 Jan 1973	So-4
MILES,Vidella w/o Clyde	3 Sep 1880	2 Sep 1881	So-148
MILES,Virginia Waples	1862	1939	So-121
MILES,W. Ballard	1896	none	So-121
MILES,Washington	1851	1908	So-24
MILES,William	1841	1898	So-24
MILES,William	(d.age85yr)	27 Jan 1966	So-114
MILES,William E.	1856	1896	So-4
MILES,William H.	27 Jun 1866	2 Aug 1940	So-67
MILES,William Henry	1780	28 Mar 1865	So-4
MILES,William O. of J.	1854	1868	So-66
MILES,William S.	1860	1944	So-4
MILES,William s/o William	8 Nov 1781	none	So-124
MILES,Zeobia	1868	1952	So-148
MILLER,Alice P.	1878	1946	So-121
MILLER,Almira Gibbons w/o George P.	1873	1961	So-124
MILLER,Calvin J. WWI	1894	1969	So-3
MILLER,Charles A.	1 Feb 1887	16 Dec 1918	So-10
MILLER,Charles Allison	1852	1916	So-120
MILLER,Cornelius Jr.	none	1 Sep 1934	So-121
MILLER,Emiline E.	1835	1891	So-120
MILLER,Florence E.	16 May 1911	8 Aug 1961	So-110
MILLER,George P. s/o John	1877	1936	So-124
MILLER,Grace L. Mariner w/o Josephus	23 Feb 1852	27 May 1933	So-10
MILLER,Jack WWII	4 Feb 1919	15 Jun 1969	So-3
MILLER,Jessie Handy	1896	1938	So-121
MILLER,John	1802	2 Nov 1875	So-119
MILLER,John J.	1837	1894	So-134
MILLER,King Barnes	1891	1962	So-121
MILLER,Levin (no stone)	none	31 Dec 1854	So-160
MILLER,Louis	1879	1882	So-120
MILLER,Margaret E.	15 Jun 1850	13 Jun 1943	So-121
MILLER,Maria W. m/o Rev.John S.	1802	26 Dec 1881	So-119
MILLER,Mary Gibbons w/o John J.	1850	1886	So-134
MILLER,Maud	1882	1904	So-120
MILLER,O. Harry	1875	1962	So-121
MILLER,Robert Handy s/o Cornelius	29 May 1934	19 Nov 1934	So-121
MILLER,Sarah A. Hunter	1917	none	So-119
MILLER,Sidney F.	6 Jun 1848	9 May 1925	So-121
MILLER,William E.	12 Aug 1933	30 Dec 1961	So-110
MILLER,William F.	1838	1892	So-119
MILLIGAN,Alda M. Phiffer	1899	none	So-121
MILLIGAN,Charlotte E.	25 Nov 1832	27 Feb 1911	So-76
MILLIGAN,Edna May d/o D. C.	28 Aug 1894	Jul 1897	So-76
MILLIGAN,Edward P.	15 Oct 1831	9 Aug 1857	So-76
MILLIGAN,Edward S. Jr.	1886	1921	So-121
MILLIGAN,Eleanor d/o Eli	8 Jul 1826	28 Jun 1858	So-76
MILLIGAN,Eli	16 Oct 1792	12 Jul 1852	So-76
MILLIGAN,Eli s/o Eli	11 Dec 1865	11 Oct 1899	So-76
MILLIGAN,Elizabeth w/o Eli	1798	8 Jun 1870	So-76
MILLIGAN,George H.	16 Dec 1829	9 Dec 1856	So-76
MILLIGAN,Ida T.	1863	1961	So-121
MILLIGAN,Isaac H.	1837	27 Dec 1870	So-120

101

Name	Birth	Death	Location
MILLIGAN, Kathryn N.		1896	none	So-121
MILLIGAN, Mary J.		1839	1916	So-120
MILLIGAN, Wesley E.	16 Aug 1821	19 Aug 1885	So-76
MILLIGAN, William H.		1868	1929	So-121
MILLS, Ashton P.		1870	1952	So-120
MILLS, Elizabeth G.		1872	1952	So-120
MILLS, Eva Tull		1897	1972	So-68
MILLS, Florence Heath d/o S. D.	(d.age 19mo)	1859	So-119
MILLS, Frank E.		1882	1964	So-122
MILLS, Howard T.		1883	1955	So-68
MILLS, Maggie L.T. d/o Stephen (no st)	26 Feb 1859	24 Aug 1860	So-119
MILLS, Matilda		1887	none	So-122
MILLS, Thaddeus S. B.	21 Sep 1855	11 Dec 1901	So-98
MINER, Ann Emily	(d.age 40yr)	Mar 1892	So-132
MISTER, A Dow	20 Oct 1906	none	So-69
MISTER, Charlotte M. L.	21 Mar 1866	19 Mar 1867	So-72
MISTER, Donald L.		1874	1959	So-146
MISTER, George L.		1870	1952	So-146
MISTER, George W.		1835	1859	So-97
MISTER, James M. s/o Lawson	(d.age 83yr)	1978	So-121
MISTER, Jean M. d/o J. M. & Elizabeth	1926	1933	So-121
MISTER, Mary Miles		1908	1974	So-67
MISTER, Richard Reed		1885	1950	So-97
MISTER, Sadie E.		1901	1917	So-97
MISTER, Zippory		none	23 Aug 1865	So-111
MITCHELL, Clara M. Dryden		1884	1968	So-121
MITCHELL, Georgia V.		1886	1967	So-121
MITCHELL, Isaac T.		1842	1910	So-121
MITCHELL, Isaac T.		1888	1960	So-121
MITCHELL, John F.		1875	1935	So-45
MITCHELL, Lorrie Lee		1863	1933	So-45
MITCHELL, Norman P.		1894	1965	So-121
MITTEN, Effie M.		1884	1922	So-111
MOBERG, Carl Verner		1915	1977	So-68
MOBERG, Joyce Adams		1920	none	So-68
MOFFETT, Elsie R.		1928	12 Aug 1979	So-132
MOFFETT, Tracy WW II	9 Jun 1924	17 Feb 1976	So-132
MOHLER, John M.		1897	1967	So-3
MONROE, Bertha		1884	1958	So-99
MONROE, Sarah G. T.	(d.age 2 yr)	5 Nov 1872	So-99
MOORE, Agnes S.		1892	1959	So-67
MOORE, Alvert C.		1874	1940	So-121
MOORE, Annie V. w/o Matthias B.	6 Jan 1863	28 Jan 1949	So-99
MOORE, Benjamin F.		1903	1972	So-67
MOORE, Benjamin F. Jr.		1933	1977	So-67
MOORE, Benjamin W.		1863	1941	So-67
MOORE, Benjamin h/o Inez Webster		1906	1967	So-99
MOORE, Beulah d/o George W.	(d.age 2mo)	1886	So-99
MOORE, Dorothy A.		1921	none	So-67
MOORE, Elizabeth		1871	1941	So-67
MOORE, Elizabeth T.		1924	1975	So-68
MOORE, Florence M.		1898	1976	So-67
MOORE, George Thomas		1859	1946	So-67
MOORE, George W.		1860	1945	So-99
MOORE, George W.	29 Jan 1838	6 Oct 1915	So-1

Name	Birth	Death	Ref
MOORE, Georgia		1874	1944	So-99
MOORE, Georgia A.		1873	1935	So-121
MOORE, Grace M.		1900	1962	So-121
MOORE, Infant of Job		1884	1884	So-67
MOORE, J. Frank		1896	1964	So-67
MOORE, John H.		1817	1851	So-59
MOORE, John H.		1852	none	So-146
MOORE, John Henshaw s/o Rev. James	20 Jun 1853	26 Jun 1853	So-119
MOORE, Joseph W. s/o F. G.	7 Apr 1905	23 Aug 1905	So-117
MOORE, Judith E. d/o Frank G.	16 Jan 1892	31 Mar 1892	So-117
MOORE, Lillie d/o George W.	(d. age 4mo)	1888	So-99
MOORE, Loran L.		1904	1952	So-67
MOORE, Louis F.		1907	1952	So-122
MOORE, Maria J.		1819	1861	So-55
MOORE, Martha d/o F. G.	22 Feb 1907	21 Sep 1907	So-117
MOORE, Mary E.		1863	1887	So-67
MOORE, Mary E. w/o F. G.	27 Nov 1865	7 Aug 1915	So-117
MOORE, Mary F. d/o F. G.	27 Feb 1897	22 Sep 1897	So-117
MOORE, Mary M.		1861	1944	So-67
MOORE, Matthias B. Capt.	12 Jun 1867	28 Feb 1934	So-99
MOORE, Mildred H.		1905	1945	So-121
MOORE, Nancy		1810	1900	So-61
MOORE, Nancy S.		1840	1914	So-67
MOORE, Nellie J.		1891	1947	So-67
MOORE, Nellie W.	22 Feb 1865	15 Sep 1933	So-1
MOORE, Sally A.	none	none	So-122
MOORE, Sarah		1859	1884	So-67
MOORE, Sarah E.		1848	1923	So-146
MOORE, Susie L. w/o George W.		1869	1890	So-99
MOORE, Vaughn Rev.		1894	1969	So-99
MOORE, W. S.		1866	1937	So-99
MOORE, Walter W.		1886	1945	So-67
MORGAN, Carlton H.	25 Oct 1898	8 Jul 1968	So-107
MORGAN, Charles W.	none	none	So-107
MORGAN, Daniel W.	10 Aug 1834	15 Nov 1900	So-4
MORGAN, Jane LeCompte	18 Aug 1823	7 Feb 1897	So-4
MORGAN, Mary E. w/o Robert	18 Jun 1841	2 Mar 1922	So-107
MORGAN, Mildred L. d/o T. E.	1896	1897	So-119
MORGAN, Nina Stokes	none	none	So-107
MORGAN, Oscar LeRoy s/o Thomas	(d. age 10mo)	1886	So-119
MORGAN, Robert H.	7 Apr 1844	16 Aug 1925	So-107
MORGAN, Thomas Edgar s/o T. E.	16 Mar 1893	12 Dec 1893	So-119
MORRIS, Alice C.		1895	1970	So-121
MORRIS, Anna Lee		1886	1920	So-121
MORRIS, Anna M.		1889	1965	So-121
MORRIS, Clara E.		1859	1915	So-121
MORRIS, Clara E. w/o Dr. L. W.	28 Sep 1835	25 Jan 1905	So-121
MORRIS, Earl J.		1891	1969	So-121
MORRIS, Elizabeth D.	4 Jul 1863	27 Oct 1936	So-121
MORRIS, Emelia J. wid/o Henry E.	(d. age 54yr)	4 Dec 1874	So-119
MORRIS, Emily D. Barnes		1915	1933	So-1
MORRIS, Emma Ward		1855	1950	So-68
MORRIS, Fletcher D.	Oct 1882	5 Jul 1954	So-124
MORRIS, Franklin H.		1878	1951	So-68
MORRIS, Gardner		1816	1926	So-68

```
MORRIS,George W.                              (d.age99yr)      Dec 1980   So-4
MORRIS,Grace M.                                      1900          1962   So-121
MORRIS,H. Edwin                                      1886          1961   So-121
MORRIS,Harry M.                                      1903          1947   So-122
MORRIS,Henry E. L.         (no stone)         (d.age38yr)   27 Feb 1862   So-119
MORRIS,Henry E. s/o Edwin                     (d.age69yr)      Jan 1980   So-119
MORRIS,Irene H.                                      1912          none   So-122
MORRIS,Isaac S.                                      1860          1895   So-68
MORRIS,J. Slemons s/o L. W. & C. E.         30 Sep 1857   29 Nov 1858   So-121
MORRIS,James L.                                      1961          1919   So-121
MORRIS,John T.                                       1856          1933   So-68
MORRIS,John W.                                       1858          1927   So-121
MORRIS,Julia E. Dryden w/o George W.                 1882          1956   So-68
MORRIS,Lillian F.                                    1877          1953   So-68
MORRIS,Louis White   Dr.                    10 Nov 1823   12 Oct 1878   So-121
MORRIS,Louis White Dr. s/o Louis W.         16 Oct 1863    2 Feb 1912   So-121
MORRIS,Margaret M.                                   1851          1938   So-68
MORRIS,Mary C. w/o Fletcher                    Aug 1890    7 Jun 1974   So-124
MORRIS,Ralph L. Jr. Rev.                             1922          1979   So-68
MORRIS,Ralph L. Sr.                                  1899          1966   So-68
MORRIS,Roberta C.                                    1894          1947   So-121
MORRIS,Sadie C.                                      1899          1973   So-68
MORRIS,Thomas H.          (no stone)          (d.age18yr)   17 Jan 1862   So-119
MORRISON,Edward V.                                   1820          1972   So-68
MORRISON,Mary Walters                                1877          1961   So-4
MOUNT,Deloris Ann d/o Frank                          1835          1936   So-99
MOWBRAY,Naomi Dryden                        18 Aug 1908    2 Jul 1964   So-1
MUIR,Alice I. w/o Daniel E.                          1861          1936   So-106
MUIR,Alice M.                                        1880          1971   So-25
MUIR,Annie S. w/o Harry J.                  28 Dec 1871   23 Jan 1912   So-121
MUIR,Cora A.                                         1896          1977   So-132
MUIR,Cora A. w/o Josiah P.                  18 Mar 1870   23 Jan 1908   So-132
MUIR,Daniel E.                                       1861          1932   So-106
MUIR,Edward J.                                       1860          1920   So-110
MUIR,Elizabeth                                       none          none   So-106
MUIR,Elizabeth w/o William                    (d.age49yr)   15 Dec 1859   So-106
MUIR,Ella McDaniel                                   1871          1955   So-110
MUIR,Ethel K.                                        1897          1932   So-132
MUIR,Francis w/o John T.                    18 Jul 1857   29 Jun 1892   So-109
MUIR,George W.                               3 Apr 1850    9 Aug 1895   So-109
MUIR,Georgeanner d/o William                         1883          1887   So-109
MUIR,Grace May                                       1884          1898   So-106
MUIR,Hary E.                                         1870          1944   So-106
MUIR,Hattie Ford w/o Capt. Bill                      none   14 Dec 1946   So-167
MUIR,Henry B.     WWI                        3 Aug 1893   26 Jul 1950   So-122
MUIR,Irene                                   (d.age75yr)   21 Jun 1979   So-106
MUIR,J. Sylvester                            4 Feb 1879    4 Nov 194?   So-110
MUIR,John E.                                         1849          1914   So-132
MUIR,John E.                                18 May 1848   25 Sep 1896   So-106
MUIR,John H.                                10 Jun 1857   26 Dec 1911   So-106
MUIR,John M.                                13 Nov 1890   20 Aug 1934   So-132
MUIR,John T.                                16 Apr 1857   28 May 1937   So-121
MUIR,Josiah P.                              12 Sep 1868    1 Feb 1937   So-132
MUIR,Lambert                                         none          none   So-106
MUIR,Lambert J.                                      1825          1891   So-109
```

Name		Birth	Death	Location
MUIR, Leland S.	WWII	21 Jul 1910	3 Dec 1960	So-110
MUIR, Leona		9 Jul 1902	20 Mar 1915	So-110
MUIR, Lillian P. w/o William F.		1898	none	So-132
MUIR, Louisa Gates w/o Robert H. (no stone)		none	4 Sep 1873	So-119
MUIR, Lucy J.		1876	1954	So-106
MUIR, Madelyn		1919	1921	So-25
MUIR, Margaret C.		1920	1962	So-110
MUIR, Mary Ford w/o John H.		4 Sep 1860	8 Jan 1928	So-106
MUIR, Matilda Robinson w/o John		12 Oct 1852	11 Oct 1908	So-121
MUIR, Mattie E.		1899	none	So-110
MUIR, Melissa A. w/o William T.		20 Aug 1845	28 Sep 1865	So-106
MUIR, Milbourn T.	WWII	4 Apr 1914	10 Jul 1960	So-122
MUIR, Mirah F.		1861	1931	So-132
MUIR, Moody T.		1885	1924	So-121
MUIR, Nancy E. w/o Lambert J.		1840	1890	So-109
MUIR, Nevette W.		1893	1929	So-106
MUIR, Reba Etta		7 Oct 1908	none	So-110
MUIR, Robert Sr. (no stone)		(d.age70yr)	31 Mar 1878	So-119
MUIR, Ruth F. w/o Leland S.		3 Jul 1915	none	So-110
MUIR, Sadie E.		14 Mar 1884	30 Jun 1940	So-110
MUIR, Thomas Wilson		26 Dec 1840	9 Apr 1966	So-121
MUIR, Van Bennett	WWI	12 Jun 1895	18 Sep 1962	So-110
MUIR, Virginia Catherine w/o John		(d.age24yr)	12 Apr 1878	So-119
MUIR, Vivian McDaniel w/o W. Clarence		1892	1949	So-110
MUIR, W. Clarence		1892	1962	So-110
MUIR, Walter A.		1880	1953	So-25
MUIR, Washington (no stone)		(d.age22yr)	25 Mar 1878	So-119
MUIR, William		none	28 Aug 1879	So-106
MUIR, William F. Sr.		1892	1975	So-132
MULCAHY, Dennis J. Jr.		1879	1964	So-121
MULCAHY, Janice Marie infant d/o Jerry		1962	1962	So-99
MULDER, Effie E.		1886	1962	So-121
MULDER, Harry		1880	1952	So-121
MUMFORD, Ruth E.		1894	1937	So-121
MURPHY, Mary Warren		1890	1927	So-1
MURPHY, Oliver H. Rev.		1855	1921	So-119
MURPHY, Sarah Dashiell		1856	1924	So-119
MURRAY, Al B.		1882	1953	So-99
MURRAY, Alice E. d/o G. H.		1919	1923	So-99
MURRAY, Alice Ramona		1865	1936	So-99
MURRAY, Chlora w/o John W.		22 Oct 1881	7 Jun 1901	So-99
MURRAY, E. G. s/o John		1901	1901	So-99
MURRAY, Eben		9 Nov 1837	21 Mar 1896	So-99
MURRAY, Edna O.		24 Oct 1887	24 Apr 1949	So-99
MURRAY, Elmo J.		1916	1919	So-99
MURRAY, Etta May d/o Eben		1 Nov 1882	1 Apr 1903	So-99
MURRAY, George H.		1886	1955	So-99
MURRAY, George W. s/o Eben		27 Feb 1870	4 Nov 1890	So-99
MURRAY, Henry Gainsberry h/o Mary V.		(d.age62yr)	12 Aug 1906	So-99
MURRAY, John W. h/o Laura		8 Mar 1864	24 Oct 1905	So-99
MURRAY, Laura Railey		12 Sep 1866	10 Jul 1932	So-99
MURRAY, Loma Dryden w/o Ralph Earl		1918	none	So-121
MURRAY, Louis J.		1966	1932	So-99
MURRAY, Mary Austin w/o Eben		27 Aug 1852	6 Aug 1935	So-99
MURRAY, Mary V. w/o Henry G.		2 Jun 1847	3 Dec 1909	So-99

Name		Birth	Death	Ref
MURRAY,Mary W. Hopkins		1849	1953	So-99
MURRAY,Myrtie L.		1890	1955	So-99
MURRAY,Rachel E. d/o H. & M.V.	(d.age 2yr)	4 Aug 1872		So-176
MURRAY,Ralph Earl WWII		1917	1971	So-121
MURRAY,Ralph J.		1889	1934	So-99
MURRAY,Rena M.		1885	1929	So-99
MURRAY,Sarah d/o Thomas W. Stone	(d.age 23yr)	1 Aug 1875		So-119
MURRAY,Thirza F. Railey w/o Walter D.	5 Mar 1886	1 Apr 1914		So-99
MURRAY,William O.		1887	1958	So-99
MURRELL,Amelia E.		1858	1909	So-99
MURRELL,Irving		1883	1950	So-99
MURRELL,John W.		1831	1904	So-99
MURRELL,Sarah R. E.Bloodsworth w/o S.	(d.age 25yr)	21 May 1874		So-176
MUSLIN,Vixia		19 Nov 1901	Mar 1934	So-90
MYERS,George H.		1880	1945	So-121
MYERS,Imogene F.		1870	1953	So-121
MacDonald,Donald, Rev		1884	1973	So-4
McALLEN,Almire Bounds w/o William J.		1849	1926	So-121
McALLEN,Bertha V.		1892	1894	So-121
McALLEN,Bessie Pollitt w/o Harold A.		1890	1970	So-121
McALLEN,Carrie Bounds d/o William J.		1880	1965	So-121
McALLEN,Cora Collins w/o James A.		1858	1938	So-121
McALLEN,George Upshur s/o George		1860	1952	So-121
McALLEN,Harold Anstine		1888	none	So-121
McALLEN,James A. s/o George W.		1863	1944	So-121
McALLEN,Jennie F. Bridell w/o John W.		1860	1902	So-121
McALLEN,John W. s/o George W.		1855	1925	So-121
McALLEN,Olivia Elinor w/o George	10 Oct 1867	1950		So-121
McALLEN,Rudolph E.		1883	1900	So-121
McALLEN,Walter H.	20 Oct 1889	11 Feb 1964		So-121
McALLEN,William J.		1852	1925	So-121
McCLELLAND,Donald C.	13 Apr 1910	17 Aug 1965		So-111
McCLEMMY,George T.	13 Mar 1855	4 Sep 1913		So-121
McCLEMMY,Irving W.		1862	1930	So-121
McCLEMMY,Louis M.		1874	1937	So-121
McCLEMMY,Martha A. w/o George T.	16 Nov 1839	8 oct 1909		So-121
McCREADY,Eva E.		1879	1944	So-112
McCREADY,Horace F.		1883	1961	So-1
McCREADY,Patty A. w/o Thomas A.	7 Oct 1830	6 Jun 1912		So-29
McCREADY,Rena F. Collins w/o Elwood	(d.age 75yr)	9 Aug 1987		So-124
McDANIEL,Alice M. w/o George W.		1869	1935	So-110
McDANIEL,Calvin W.		1865	1933	So-110
McDANIEL,David		1874	1955	So-110
McDANIEL,David h/o Ella	1 Oct 1828	28 Dec 1905		So-99
McDANIEL,Emma R.		1885	1942	So-110
McDANIEL,Evelyn		1878	1914	So-110
McDANIEL,George W.		1854	1911	So-110
McDANIEL,George W.		1894	1963	So-110
McDANIEL,Hilda M. d/o George W.		1917	1932	So-110
McDANIEL,John H.	9 Jan 1849	19 Dec 1925		So-146
McDANIEL,Josepine w/o M. J.	8 Apr 1858	15 Jun 1910		So-110
McDANIEL,Laura L. w/o M. J.	(d.age 59yr)	8 Sep 1922		So-110
McDANIEL,Lida E. w/o George W.		1896	none	So-110
McDANIEL,Lloyd P.		1891	1961	So-1
McDANIEL,Maria Gale	(d.age 75yr)	6 Feb 1918		So-119

Name	Birth	Death	Location
McDANIEL, Marion E.		1905	1935	So-1
McDANIEL, Mary E. S. w/o John H.	1 Apr 1851	22 Nov 1922	So-146
McDANIEL, Mary Gertrude d/o John & M.	10 Feb 1901	14 Jun 1901	So-132
McDANIEL, Mary R. w/o William	1833	1887	So-109
McDANIEL, Mildred O.	1917	1932	So-1
McDANIEL, Priscilla w/o Calvin W.	1867	1937	So-110
McDANIEL, Roland	1889	1968	So-110
McDANIEL, Russell H.	1896	1928	So-110
McDANIEL, Stella R. w/o Lloyd	14 Dec 1897	22 Jan 1917	So-1
McDANIEL, William R.	1917	1928	So-110
McDONNELL, Ethel Ball	1885	1965	So-121
McDORMAN, Annie M. w/o Walter F.	17 Jan 1887	4 Nov 1950	So-72
McDORMAN, E. Wright	1855	1941	So-121
McDORMAN, Eliza R.	2 Sep 1822	2 Jun 1910	So-76
McDORMAN, Fannie R.	29 Feb 1892	24 Oct 1892	So-72
McDORMAN, Frances C. w/o George W.	1846	1930	So-132
McDORMAN, George	31 Jan 1791	1 Jan 1853	So-90
McDORMAN, George W. W.	(d.age 72yr)	18 Feb 1912	So-132
McDORMAN, Henrietta L. w/o William L.	1867	1947	So-107
McDORMAN, Infant d/o William F.	none	23 Jul 1901	So-72
McDORMAN, J. T. S.	(d.age 51yr)	20 May 1877	So-90
McDORMAN, James E.	(d.age 65yr)	4 Apr 1919	So-74
McDORMAN, Jesse S. s/o William	(d.age 2yr)	28 Dec 1849	So-84
McDORMAN, Lettie	19 Jun 1867	8 Aug 1856	So-72
McDORMAN, Lottie E.	1892	1957	So-122
McDORMAN, M. A.	6 Jun 1828	23 Jan 1857	So-90
McDORMAN, Priscilla	8 Mar 1799	8 Aug 1862	So-90
McDORMAN, Robert H. s/o Alexander E.	(d.age 89yr)	16 Aug 1987	So-119
McDORMAN, Roland C. WWII	1 May 1915	9 Aug 1943	So-72
McDORMAN, Susan D.	1857	1946	So-121
McDORMAN, Vellas d/o J. H.	(d.age 1yr)	31 Jan 1875	So-87
McDORMAN, Walter F.	17 Mar 1887	27 Feb 1961	So-72
McDORMAN, William	19 Nov 1862	10 Feb 1925	So-72
McDORMAN, William G. B.	(d.age 20yr)	21 Oct 1849	So-84
McDORMAN, William J.	1889	none	So-122
McDORMAN, William L.	1853	1936	So-107
McDORMAN, Willie R.	24 Sep 1890	9 Feb 1891	So-72
McDOWELL, Emeline	1845	1935	So-121
McDOWELL, George	1845	1927	So-121
McDOWELL, George s/o Walter & Irene	1915	none	So-121
McDOWELL, Rena	1883	1965	So-121
McDOWELL, Walter	1880	1964	So-121
McELLINEY, Elizabeth Jane d/o Rev.Geo.	(d.age 2yr)	6 Nov 1852	So-119
McELLINEY, Jane Dashiell w/o George	(d.age 73yr)	12 Mar 1883	So-119
McGRATH, Annie E. w/o J. W.	9 Feb 1853	14 May 1888	So-130
McGRATH, Annie Mrs.	(d.age 32yr)	12 May 1888	So-130
McGRATH, Edna C. w/o Walter	1884	1969	So-130
McGRATH, Elizabeth w/o E. E.	31 Jan 1863	25 Jul 1920	So-121
McGRATH, Everett	12 Nov 1860	10 Jan 1936	So-121
McGRATH, Florence F. w/o Henry T.	1879	1968	So-72
McGRATH, Henry T.	1872	1944	So-72
McGRATH, James W.	22 Jun 1950	5 May 1922	So-130
McGRATH, Martha A. w/o James W.	9 Feb 1873	14 Jan 1930	So-130
McGRATH, Mrs. A. (no stone)	none	Jun 1842	So-119
McGRATH, Ruth d/o J. W. & Annie E.	7 Dec 1879	22 Mar 1880	So-130

Name	Birth	Death	Location
McGRATH, Walter J.	1883	1939	So-130
McHUMPHREYS, James	none	none	So-120
McINTURFF, Lottie M.	1896	1964	So-3
McINTURFF, William J. WWI	19 Dec 1890	24 Dec 1966	So-3
McINTYRE, Addie	1 Apr 1900	27 May 1960	So-98
McINTYRE, Alphonso Sims	4 Sep 1853	14 Jun 1883	So-98
McINTYRE, Birdah Barbon d/o Manuel	(d.age 84yr)	1974	So-130
McINTYRE, Clara B. w/o Carl E.	18 Jul 1891	24 Jun 1925	So-121
McINTYRE, Clifford B.	1896	1945	So-130
McINTYRE, Columbus	8 Feb 1844	25 May 1917	So-98
McINTYRE, Dora C. w/o Roger C.	1878	1938	So-98
McINTYRE, Doris Virginia d/o Earl & S.	5 Feb 1911	24 Mar 1911	So-98
McINTYRE, Eric R. s/o Gilbert & Lelia	1 Mar 1915	26 Sep 1915	So-98
McINTYRE, Ernest Flay	23 Jul 1906	6 Aug 1928	So-98
McINTYRE, Ethel B.	1900	1977	So-130
McINTYRE, George B.	1862	1946	So-98
McINTYRE, Georgia A.	1864	1934	So-130
McINTYRE, Harry	14 Feb 1892	26 Oct 1958	So-98
McINTYRE, Harry Orville s/o H. A.	25 Aug 1922	24 Jul 1929	So-98
McINTYRE, Hazel O.	1909	1967	So-122
McINTYRE, Iva M.	1897	1939	So-122
McINTYRE, Jacob	1885	1932	So-130
McINTYRE, James R.	1864	1928	So-130
McINTYRE, John H.	1813	25 Sep 1900	So-130
McINTYRE, John O.	1888	1959	So-130
McINTYRE, John W.	4 Jul 1826	26 Apr 1905	So-98
McINTYRE, Kizziah w/o John H.	1921	27 Sep 1900	So-130
McINTYRE, Lelia	18 Jun 1895	28 Nov 1942	So-98
McINTYRE, Leonard J. WWI	7 Jul 1895	8 Mar 1956	So-122
McINTYRE, Lillie	12 Aug 1893	none	So-98
McINTYRE, Lynnie E.	1895	1951	So-130
McINTYRE, Margie Dryden w/o Denood O.	1892	none	So-121
McINTYRE, Mary E. w/o John W.	(d.age 58yr)	18 Jul 1894	So-98
McINTYRE, Minnie O. d/o John C. & M.	13 Sep 1886	10 Nov 1894	So-98
McINTYRE, Nora A. w/o George B.	1870	1924	So-98
McINTYRE, Rita Mae	1902	20 Oct 1982	So-98
McINTYRE, Roger C.	1877	1944	So-98
McLAIN, J. Anna Leatherbury	Jul 1870	Nov 1929	So-130
McLAIN, Larnier T.	1869	1932	So-130
McLANE, Mary Brown	1890	1956	So-121
McLANE, Sallie G. w/o James H.	29 Jan 1862	22 Oct 1883	So-172
McLANE, William L.	1891	1964	So-121
McMASTER, Alfred Dennis s/o John S.	29 Apr 1903	8 Sep 1965	So-121
McMASTER, Ellen Dale	15 Jun 1853	10 Sep 1924	So-119
McMASTER, Infant s/o W.S. & Ellen	17 Jun 1890	17 Jun 1890	So-119
McMASTER, Jane Dennis w/o John S.	15 Nov 1872	4 Apr 1950	So-121
McMASTER, John Stevenson s/o John T.	29 Dec 1857	21 Mar 1924	So-121
McMASTER, Samuel	1744	1811	So-1
McMASTER, William S.	10 Feb 1848	15 Dec 1906	So-119
McMILLEN, Alvah E.	1856	1927	So-120
McMILLEN, D. Blanch	1885	1905	So-120
McMILLEN, Jennie E.	1891	1937	So-120
McMINN, Olive Temple Chelton	3 Feb 1880	13 Aug 1946	So-106
McPHERSON, Mary Gore Henry w/o John T.	2 Oct 1828	2 Jan 1854	So-2
McROBERTS, Frances Tull	1906	none	So-4

Name	Birth	Death	Location
McROBERTS, James C.		1902	1973 So-4
NELSON, Addie E. w/o J. Frank		1898	1966 So-67
NELSON, Agnes S.		1892	1959 So-67
NELSON, Annie E.		1865	1936 So-67
NELSON, Azariah N.		1828	11 Nov 1871 So-29
NELSON, B. W.	23 Aug 1834	24 Jan 1924 So-67
NELSON, Beatrice		1911	1929 So-40
NELSON, Benjamin W.		1863	1941 So-67
NELSON, Beulah A.		1874	1943 So-121
NELSON, Brenda		1839	1901 So-58
NELSON, Clara V.		1867	1867 So-47
NELSON, Clement R.		1846	1859 So-29
NELSON, David		1825	1913 So-58
NELSON, Dorothy A. d/o J. Frank		none	1921 So-67
NELSON, Edward L.		1843	1925 So-29
NELSON, Elizabeth		1871	1941 So-67
NELSON, Elizabeth B.		1902	none So-121
NELSON, Elizabeth Miles w/o David	5 Jan 1852	11 Apr 1886 So-124
NELSON, Ellen		1811	1884 So-29
NELSON, Fred R.		1875	1959 So-122
NELSON, George		none	1839 So-40
NELSON, George Thomas		1856	1946 So-67
NELSON, Gertrude S.		1896	1975 So-68
NELSON, Henry J.		1878	1960 So-121
NELSON, Horace		1850	1854 So-29
NELSON, J. Frank		1896	1964 So-67
NELSON, James W.		1833	1875 So-47
NELSON, Julia w/o David		1827	1907 So-58
NELSON, Lawrence K. s/o Marion E.	19 Mar 1901	21 Mar 1909 So-4
NELSON, Loran L.		1904	1952 So-67
NELSON, Lorenzo T.		1858	1881 So-47
NELSON, Marion E. w/o Winfield S.		1863	1950 So-4
NELSON, Mary C. w/o Azariah N.	20 May 1830	22 Dec 1917 So-29
NELSON, Mary E.		1863	1887 So-67
NELSON, Mary E.	Sep 1843	27 Dec 1891 So-121
NELSON, Mary Louise		1921	1948 So-122
NELSON, Mary M.		1861	1944 So-67
NELSON, Nancy S. w/o B. W.	28 Oct 1840	15 Aug 1914 So-67
NELSON, Nancy w/o Thomas		1797	1876 So-58
NELSON, Nellie Jane		1891	1947 So-67
NELSON, Noah W.		1841	1898 So-29
NELSON, Ray H.	25 Oct 1882	15 Jun 1960 So-122
NELSON, Russell		1838	1938 So-58
NELSON, Sallie Dix		1864	1944 So-47
NELSON, Samuel James	31 Mar 1840	8 Oct 1924 So-121
NELSON, Sarah Mrs.	(d.age33yr)	Mar 1892 So-132
NELSON, Thomas	21 Apr 1797	9 Oct 1865 So-58
NELSON, Thomas J.		1836	1855 So-29
NELSON, Thomas King		1852	1853 So-40
NELSON, Walter W.		1886	1945 So-67
NELSON, William		1808	1881 So-29
NELSON, William H.		1833	1859 So-29
NELSON, Winfield Scott	5 Oct 1860	23 Oct 1932 So-29
NELSON, Winfield Scott	7 Sep 1893	16 Feb 1935 So-4
NENTWICK, George (no stone)	(d.age50yr)	21 Oct 1863 So-119

Name	Birth	Death	Ref
NEWMAN, George W.	5 Jan 1866	19 Dec 1899	So-132
NEWMAN, Harriet w/o Isaac	(d.age 47yr)	30 Mar ----	So-110
NEWMAN, Isaac	(d.age 42yr)	17 Aug 1841	So-110
NEWMAN, Lavinia E.	19 Jul 1964	24 Aug 1950	So-132
NEWMAN, Mother	4 May 1843	5 Apr 1890	So-132
NEWMAN, Rena F.	1877	1927	So-132
NEWMAN, Theodore Oliver s/o S. C. & V.	31 Mar 1869	6 Apr 1869	So-119
NEWTON, Musetta M.	1874	1928	So-99
NEWTON, Wessie A.	none	19 Mar 1942	So-107
NICHOLS, Audie R.	1890	1948	So-121
NICHOLS, Elvira	1871	1924	So-120
NICHOLS, Margaret w/o Dr. Joseph	(d.age 73yr)	12 Apr 1861	So-119
NICHOLS, Marianna d/o A. R. & Olivia	1924	1932	So-121
NICHOLS, Olivia A.	1890	1964	So-121
NICHOLS, Sarah A.	1877	1948	So-120
NICHOLS, Thomas D.	1870	1931	So-120
NICHOLS, Thomas D. Jr.	1911	1966	So-3
NICHOLS, William A.	1868	1940	So-120
NICHOLSON, Mary Eliza w/o Rev.Joseph J	(d.age 31yr)	10 Mar 1850	So-119
NICHOLSON, Sarah Catherine d/o J.J.	(d.age 8mo)	7 Jan 1849	So-119
NOBLE. Laura J. d/o G.A. & C.	(d.age 19yr)	5 Sep 1881	So-179
NOBLE, Addie B. Dashiell w/o James A.	1867	1944	So-110
NOBLE, Charlotte E.	5 Jul 1930	13 Aug 1930	So-110
NOBLE, Florence M. w/o J. Denwood	1889	1963	So-110
NOBLE, George A.	1898	1957	So-110
NOBLE, George W.	1858	1930	So-110
NOBLE, J. Denwood	1879	1958	So-110
NOBLE, James A.	1865	1942	So-110
NOBLE, Joseph	1897	1964	So-99
NOBLE, Lena M. w/o Thomas W.	1887	1955	So-110
NOBLE, Lucretia W. w/o George W.	1868	1912	So-110
NOBLE, Madaline w/o George A.	1901	1941	So-110
NOBLE, Paul S.	1881	1919	So-110
NOBLE, Thomas W.	1886	1948	So-110
NOBLE, Veda Merle d/o William A.	none	none	So-109
NOBLE, William A.	1866	1923	So-110
NOCK, Alexine C. Henderson w/o John W.	(d.age 25yr)	5 Feb 1874	So-2
NORETTA, Leonard	1874	1895	So-97
NORTHAM, John William	1874	1951	So-97
NORTHAM, William Earl	1904	1948	So-97
NOTTINGHAM, Leila	1939	1979	So-68
NUTTER, Caleb W.	1875	1922	So-110
NUTTER, Edith F. w/o Caleb W.	none	none	So-110
NUTTER, Florence E. d/o Caleb W.	1911	1949	So-110
NUTTER, Henrietta Ann w/o C. W.	1843	1903	So-109
NUTTER, Kate C.	1873	1956	So-110
NUTTER, Meda w/o Percy	1894	1959	So-110
NUTTER, Percy	1894	1963	So-110
NUTTER, Wesley C.	1842	1917	So-110
NUTTER, William C.	1889	1949	So-110
NUTTER, William T.	1858	1943	So-110
NYQUIST, Emery	1871	1936	So-121
NYQUIST, Emery s/o Emery	1913	1936	So-121
NYQUIST, Hulda C. w/o Emery	1871	1953	So-121
OATES, Ethelinde Dennis	31 Oct 1876	2 Mar 1945	So-121

Name	Birth	Death	Ref
OATES, George, an Irishman (no stone)	(d.age 60yr)	15 Dec 1883	So-119
OATES, Robert Luther s/o Ethelinde D.	28 Jul 1903	1 Dec 1961	So-121
OATES, Susan Mrs. (no stone)	none	3 Mar 1878	So-119
ONDERDONK, Harriett Stevenson Henry	26 Jan 1822	22 Aug 1861	So-2
ORVIS, Charles M.	1874	1953	So-122
ORVIS, Etta M.	1871	1946	So-122
ORVIS, Harold D.	1903	1968	So-122
OTWELL, Harvey C.	4 Mar 1876	19 Jul 1896	So-99
OUTTEN, Georgia I.	22 Feb 1900	5 Oct 1970	So-107
OUTTEN, William Scott	11 Nov 1857	1934	So-1
OVERHOLT, George	1923	1935	So-1
OVERHOLT, Ida	1892	1931	So-1
OVERHOLT, Irene	1923	1932	So-1
OVERTON, Sarepta A. d/o Lester D.	(d.age 11mo)	19 Aug 1863	So-143
OWENS, Charles W.	1902	1951	So-121
OWENS, Charles W.	5 Jan 1875	14 Feb 1951	So-121
OWENS, Eva L.	1876	1954	So-122
OWENS, Hattie A. w/o Charles W.	14 Feb 1869	3 Jun 1952	So-121
OWENS, James T.	1872	1956	So-122
OWENS, Jennie w/o Oliver F.	2 Feb 1882	12 Jun 1907	So-90
OWENS, T. s/o William	10 Jan 1836	19 May 1857	So-84
OWENS, Walter M. s/o Charles W.	5 Jul 1899	17 Feb 1947	So-121
PACKARD, Charles A.	1844	9 Feb 1901	So-119
PADEN, George	1850	1921	So-98
PADEN, Lizzie S.	1863	1938	So-98
PAGE, Anne d/o Henry Page of Kent Co.	1807	1870	So-121
PAGE, Henry	28 Jun 1841	7 Jan 1913	So-121
PAGE, Virginia Upshur Dennis w/o Henry	20 Feb 1844	22 Oct 1929	So-121
PALMATORY, George H. (no stone)	(d.age 65yr)	Jun 1892	So-119
PALMATORY, Irene K.	1828	1909	So-120
PALMATORY, Virginia	1861	1953	So-120
PALMER, C. Edward s/o Harry	(d.age 78yr)	10 May 1987	So-119
PANZER, Bessie P.	1897	1964	So-121
PANZER, Frank J.	1892	1940	So-121
PARKINSON, May E. w/o John T.	10 Jul 1825	17 May 1885	So-97
PARKS, Alvin	1896	1949	So-110
PARKS, Amanda w/o John	none	none	So-165
PARKS, Annie C. w/o C. Norman	25 Feb 1885	10 May 1968	So-67
PARKS, Annie P.	1842	1921	So-132
PARKS, Aura C.	1884	1968	So-72
PARKS, Bessie A. w/o Carroll	1887	1973	So-98
PARKS, Bessie Landon Crew 2nd w/o Wm.H.	none	none	So-166
PARKS, Beulah M. w/o William R.	1887	1959	So-72
PARKS, Billy gr.son of William R.	1947	1963	So-72
PARKS, Blanche Louise d/o James	30 Mar 1914	19 Aug 1914	So-99
PARKS, C. Norman	1880	1936	So-67
PARKS, Carroll	1886	1973	So-98
PARKS, Charlton I. s/o D.J.& Mary	27 Aug 1877	13 Jul 1878	So-103
PARKS, Children of C. A. & Bessie A.	1921	1921	So-98
PARKS, Edward E.	1902	1959	So-110
PARKS, Edward W.	(d.age 54yr)	2 Aug 1902	So-132
PARKS, Edwin	1883	1920	So-72
PARKS, Effa Florence d/o N. E.	none	15 Oct 1869	So-76
PARKS, Effie L. B. d/o J. A. & R. J.	(d.age 4yr)	6 Aug 1879	So-37
PARKS, Elias father of John	16 May 1806	6 Sep 1887	So-165

Name	Birth	Death	Location
PARKS,Elizabeth w/o John W.	(d.age31yr)	2 Apr 1859	So-106
PARKS,Ella M. w/o J. Thomas	1873	1933	So-110
PARKS,Ethel, Agnes,Carroll,Marcus children	none	none	So-166
PARKS,Everett Martin s/o John E.& Jessie	none	29 Jan 1912	So-132
PARKS,Gabriel T.	1833	1899	So-99
PARKS,George A.	21 Jan 1872	9 Feb 1929	So-169
PARKS,Gladys E. w/o J. Walter	1894	1957	So-110
PARKS,Gordy Shores	29 May 1916	29 Aug 1968	So-72
PARKS,Gordy Z. WW I	1 Aug 1896	8 Aug 1963	So-132
PARKS,Harry Elisha	10 Mar 1902	11 Aug 1947	So-132
PARKS,Harry s/o J. T. & Emily	1889	1902	So-99
PARKS,Ilba Windsor w/o Robert	(d.age58yr)	7 Apr 1869	So-180
PARKS,Infant s/o Carroll & Bessie	1921	1921	So-98
PARKS,Infant s/o Holland & Thelma	none	none	So-121
PARKS,Isaac S.	1850	1937	So-110
PARKS,Isaac T.	1843	1912	So-132
PARKS,J. Thomas	1865	1951	So-110
PARKS,J. Walter	1898	1962	So-110
PARKS,James	1885	1939	So-99
PARKS,John Alford	none	none	So-165
PARKS,John W.	23 Dec 1861	16 Jan 1933	So-72
PARKS,John W. h/o Sarah L.	30 May 1846	20 Mar 1918	So-99
PARKS,John William	1947	1963	So-72
PARKS,Laura A. d/o R. & M.	(d.age 3yr)	27 Nov 1871	So-180
PARKS,Lizzie S.	1863	1938	So-98
PARKS,Lois C.	1896	5 Nov 1980	So-132
PARKS,Lucy	1881	1959	So-99
PARKS,Martha S w/o G. T.	24 Jul 1822	1909	So-99
PARKS,Mary	6 Sep 1800	1 Jun 1889	So-91
PARKS,Mary V. d/o Carroll & Bessie	1915	1916	So-98
PARKS,Millard I.	10 Apr 1886	7 Sep 1970	So-72
PARKS,Milly	none	none	So-165
PARKS,Miranda J.	21 Jan 1846	25 Dec 1927	So-132
PARKS,Nancy G.	(d.age17yr)	Apr 1882	So-37
PARKS,None	none	17 Dec 1951	So-169
PARKS,Pamela	(d.age39yr)	6 May 1860	So-72
PARKS,Ruth w/o Alvin	1905	none	So-110
PARKS,Sallie Landon w/o William H.	24 Feb 1856	8 Jun 1898	So-166
PARKS,Sally d/o R. & M.	(d.age 3yr)	1 Jan 1858	So-180
PARKS,Sarah H. w/o William C.	1904	none	So-110
PARKS,Sarah Janette	8 May 1964	1 Apr 1922	So-72
PARKS,Sarah L.	7 Oct 1846	29 Jun 1928	So-99
PARKS,Thelma W.	1915	1963	So-121
PARKS,Thomas W.	1923	1965	So-110
PARKS,Virginia S.	1844	1937	So-110
PARKS,W. Underwood s/o J. T.	4 Mar 1885	5 Dec 1908	So-99
PARKS,Walter R. s/o D. J.	25 Apr 1881	20 Dec 1885	So-70
PARKS,Walter s/o George U.	(d.age 3 mo)	23 Jul 1883	So-72
PARKS,William C.	1903	1970	So-110
PARKS,William H. (Bulltail)	12 Aug 1856	28 Jan 1911	So-166
PARKS,William Rolan	1884	1973	So-72
PARSONS,Alice E.	8 Mar 1846	22 Oct 1910	So-119
PARSONS,Annabell d/o George P.	25 Mar 1903	5 May 1922	So-68
PARSONS,Annie P. H. d/o Rufus	1 Aug 1844	28 Sep 1888	So-119
PARSONS,Charlotte E.	26 Jul 1854	1 Mar 1928	So-119

Name	Birth	Death	Location
PARSONS, Charlotte J. w/o Rufus	6 Oct 1813	7 Jul 1862	So-119
PARSONS, Edwin Swanson	31 Aug 1905	12 Jun 1933	So-4
PARSONS, Elisha s/o John James	none	1937	So-4
PARSONS, Ella Coulbourn w/o George P.	4 Aug 1872	6 Jul 1856	So-68
PARSONS, George P.	8 Jan 1869	8 Aug 1941	So-4
PARSONS, Infant s/o E. S. & Marge	none	22 Oct 1890	So-4
PARSONS, John H. (Jack)	1866	1939	So-68
PARSONS, Kendall B. (no stone)	(d.age68yr)	2 Nov 1879	So-119
PARSONS, Marta Louise d/o Rufus	1849	1859	So-119
PARSONS, Martha I. w/o John H.	1866	1930	So-68
PARSONS, Mary E. W. Conner w/o Elisha	3 Jul 1867	17 Jan 1962	So-4
PARSONS, Rufus	10 Feb 1814	15 Jul 1896	So-119
PASQUITH, Charles	1836	1917	So-121
PASQUITH, Charles Woolston s/o H.T.	1 Oct 1905	12 Jun 1908	So-121
PASQUITH, Donovan W.	1913	1947	So-121
PASQUITH, Henry T.	1869	1954	So-121
PASQUITH, Katie M.	1873	1921	So-121
PASSWATER, Benjamin J. Lankford	1876	1877	So-120
PASSWATER, Elizabeth A.	1834	1921	So-120
PASSWATER, William B.	1838	1890	So-120
PATTERSON, Ann E. d/o Robert & Ellen	(d.age 3mo)	24 Jan 1843	So-179
PATTERSON, Ellen S.	19 Jan 1832	3 Nov 1837	So-179
PATTERSON, Ellen S. w/o Robert	(d.age46yr)	7 Jul 1845	So-179
PATTERSON, Helen S. w/o Robert	(d.age71yr)	24 Nov 1869	So-129
PATTERSON, Infant s/o R.	20 Aug 1828	21 Aug 1828	So-179
PATTERSON, John s/o R. & E. S.	3 Oct 1827	6 Nov 1827	So-179
PATTERSON, Kate d/o Robert & Ellen	10 Dec 1838	16 Jun 1869	So-179
PATTERSON, Mary R.	(d.age63yr)	5 Jan 1887	So-129
PATTERSON, Mary R.	25 Feb 1824	3 Dec 1886	So-179
PATTERSON, Revel A.	23 Apr 1832	11 Jan 1891	So-4
PATTERSON, Robert	20 Nov 1792	13 Jan 1879	So-179
PATTERSON, Sarah Ann	21 Sep 1829	22 Oct 1837	So-179
PATTERSON, William A.	15 Feb 1872	20 oct 1902	So-4
PATTISON, Deborah	1821	1910	So-120
PAVESE, Newton G.	1902	1972	So-3
PAYNE, Alice M.	19 Jul 1866	13 Aug 1929	So-122
PAYNE, Arietta R. d/o Emory C.	17 Mar 1906	28 Jun 1906	So-1
PAYNE, Harry W.	1879	1961	So-68
PAYNE, Joshua P.	11 May 1850	11 Nov 1915	So-1
PAYNE, Mary w/o Joshua P.	9 Jan 1853	15 Jan 1931	So-1
PAYNE, Nellie Dryden	none	1909	So-68
PAYNE, Oliver T.	3 Aug 1865	22 Jun 1950	So-122
PAYNE, Robert J.	1910	1962	So-121
PEARSON, Ada	1861	1893	So-171
PEARSON, Elizabeth F.	11 Jul 1911	24 Sep 1911	So-122
PEARSON, Evanda M. w/o R. D. M.	13 Mar 1888	23 May 1914	So-122
PEARSON, Mary T.	5 Feb 1908	29 Mar 1908	So-122
PEARSON, Robert L.	3 Aug 1825	11 Jun 1915	So-122
PEARSON, Sam	1852	1896	So-171
PEARSON, Sarah E.	1837	1914	So-122
PEARSON, Theophilus	4 Sep 1800	25 Apr 1921	So-69
PENNEWELL, Anna Mae Adams w/o Robert W.	1912	none	So-68
PENNEWELL, Robert William	1911	1965	So-68
PENNOCK, Martha A. w/o Walter	20 May 1852	29 Nov 1886	So-132
PERDUE, John B.	(d.age75yr)	12 May 1908	So-1

PERDUE, Lucinda P.	18 Apr 1835	9 Aug 1924	So-1
PEREGOY, Elva Mae	2 Nov 1895	24 May 1962	So-121
PHILLIPS, Clarence W.	1877	1932	So-99
PHILLIPS, Elijah	none	Apr 1862	So-69
PHILLIPS, Emily E. K.	(d.age22yr)	29 Jan 1875	So-72
PHILLIPS, Florence A.	1862	1951	So-121
PHILLIPS, Florence B.	1885	1970	So-121
PHILLIPS, Florence M.	1884	1937	So-99
PHILLIPS, Herman Ray	14 Aug 1888	5 Apr 1965	So-121
PHILLIPS, Nellie E.	1893	1920	So-121
PHILLIPS, Roxanna w/o Isaac	28 Mar 1860	25 May 1894	So-99
PHILLIPS, Sidney Howard	3 Dec 1869	13 Dec 1945	So-121
PHILLIPS, Stella F.	1885	1888	So-99
PHILLIPS, William J.	1895	1921	So-121
PHOEBUS, Adele M.	1905	1919	So-121
PHOEBUS, Alexaine	3 Sep 1841	7 Jul 1912	So-132
PHOEBUS, Ann Willing w/o James	1808	1897	So-120
PHOEBUS, Anne Eliza Willing d/o James	1831	1903	So-120
PHOEBUS, Bell w/o Henry B.	1878	1929	So-110
PHOEBUS, Bernice Wesley	1883	1950	So-110
PHOEBUS, Bertha V. w/o David M.	1871	1929	So-110
PHOEBUS, David M.	1859	1932	So-110
PHOEBUS, Eleanora w/o J. Asbury	31 Dec 1846	16 Sep 1904	So-132
PHOEBUS, Emily w/o H. B.	(d.age65yr)	1923	So-110
PHOEBUS, Florence Dryden w/o O. L.	(d.age69yr)	1980	So-124
PHOEBUS, George W.	(d.age67yr)	22 Feb 1914	So-132
PHOEBUS, H. B.	(d.age77yr)	none	So-110
PHOEBUS, Harry Thomas	1893	1964	So-110
PHOEBUS, Helen M	1899	1914	So-121
PHOEBUS, I. Fred	1877	1961	So-121
PHOEBUS, Indiania	8 Jan 1863	8 Mar 1923	So-132
PHOEBUS, Iva Priscilla d/o Henry	1889	1891	So-109
PHOEBUS, J. Thomas	30 May 1868	28 Jun 1928	So-121
PHOEBUS, James H.	1845	1916	So-132
PHOEBUS, James s/o John & Margaret	24 Apr 1797	1888	So-120
PHOEBUS, John T.	23 Aug 1909	20 Feb 1942	So-121
PHOEBUS, Lesley	15 Jun 1880	8 Apr 1902	So-132
PHOEBUS, Lewis	29 Apr 1772	31 Oct 1842	So-178
PHOEBUS, Lois N.	8 May 1893	1 Mar 1958	So-122
PHOEBUS, M. E. Wilber	1840	1915	So-132
PHOEBUS, M. Roberta	1855	1950	So-110
PHOEBUS, Margaret S.	23 May 1868	4 Jun 1936	So-121
PHOEBUS, Mary P.	1843	1918	So-132
PHOEBUS, Mary W. w/o James H.	7 Mar 1841	9 May 1902	So-132
PHOEBUS, O. Lankford	none	1966	So-124
PHOEBUS, Sadye G. w/o I. Fred	1885	1950	So-121
PHOEBUS, Sallie R.	1862	1942	So-110
PHOEBUS, Sallie R. w/o Lewis	unreadable	9 Oct 1873	So-178
PHOEBUS, Sidney S. w/o T. & L.	(d.age 6yr)	14 Sep 1860	So-180
PHOEBUS, Thomas S.	(d.age26yr)	Nov 1860	So-180
PHOEBUS, V. Fillmore	1856	1939	So-110
PHOEBUS, William T. WWI	2 Sep 1894	27 Aug 1972	So-3
PHOEBUS, Zadock H.	1848	1928	So-110
PIERCE, Franklin Jr.	1890	1952	So-121
PINTO, Ada Long	3 Jun 1859	6 Feb 1927	So-121

Name	Birth	Death	Location
PINTO, Cora A.	1870	1856	So-120
PINTO, John U.	none	none	So-120
PINTO, Leah w/o John V. (no stone)	(d.age56yr)	25 May 1855	So-119
PINTO, Thomas A.	1862	1922	So-120
PITCHER, William Henry	1865	1937	So-121
PLATT, Elizabeth Buchanan	1928	1951	So-121
POE, Lavinia	14 Apr 1825	16 Mar 1844	So-69
POLK, Earl Brodie	3 Jan 1872	13 Oct 1928	So-121
POLK, Edward Henry s/o T. G. & Mary	25 Dec 1858	5 Dec 1867	So-121
POLK, Ephraim G.	6 Oct 1844	10 Oct 1895	So-121
POLK, F. Culbreth s/o F. C. & Mary D.	18 Oct 1927	1933	So-121
POLK, Garnet Chelton	29 Feb 1878	17 Sep 1959	So-121
POLK, Imogene Gilmon d/o Joseph G.	(d.age11da)	8 Dec 1840	So-121
POLK, Imogene Gilmon w/o Joseph Gillis	20 Sep 1812	12 May 1907	So-121
POLK, James K.	23 Feb 1815	13 Jul 1845	So-93
POLK, John Woolford s/o T. G.	24 Jan 1834	23 Apr 1869	So-121
POLK, Joseph Gillis	(d.age60yr)	8 Nov 1870	So-121
POLK, Joseph Gilmon s/o William G.	none	12 Oct 1869	So-121
POLK, Laura Agusta d/o Joseph G.	(d.age17yr)	8 Aug 1873	So-121
POLK, Laura Henry	18 Apr 1872	12 Jul 1873	So-121
POLK, Lizzie d/o William T.	18 Sep 1870	2 Aug 1871	So-121
POLK, Mary Anne	1830	1894	So-121
POLK, Mary Culbreath w/o E. G.	14 Nov 1852	14 Jun 1881	So-121
POLK, Mrs. Col. James (no stone)	(d.age87yr)	1 Jul 1887	So-119
POLK, Samuel s/o Joseph G.	(d.age25yr)	9 Sep 1866	So-121
POLK, Samuel s/o William T.G.	18 Dec 1866	4 Jul 1867	So-121
POLK, Sarah Mrs. (no stone)	none	29 Sep 1842	So-119
POLK, Sarah Anne d/o Joseph & Imogene	(d.age 2yr)	none	So-121
POLK, William Byrd	22 Jul 1878	30 Jul 1880	So-121
POLK, William Thomas Gillis	1805	1875	So-121
POLK, Zeno Henry	10 Sep 1855	5 Jun 1857	So-121
POLLIARD, Albert W.	1867	1956	So-121
POLLITT, Calvin H.	1903	1951	So-121
POLLITT, Elizabeth (d.Baltimore)	(d.over50y)	15 Jul 1856	So-132
POLLITT, Florence	1879	1927	So-121
POLLITT, George R.	5 Sep 1833	22 May 1910	So-121
POLLITT, John	none	4 Jul 1800	So-121
POLLITT, Katherine M. w/o Calvin H.	1900	none	So-121
POLLITT, Lena T. w/o William Edward	1911	1969	So-121
POLLITT, Robert Warren	1869	1911	So-121
POLLITT, Samuel Irving s/o George R.	20 Mar 1869	18 Apr 1914	So-121
POLLITT, Sidney s/o Morris & Hester	20 Mar 1850	8 Mar 1910	So-132
POLLITT, Susan A. w/o George R.	6 Dec 1835	12 Jun 1928	So-121
POLLITT, Whittington	(d.age60yr)	19 Mar 1881	So-131
POLLITT, William Edward	1905	1961	So-121
POMEROY, John D.	1898	1962	So-121
POOLE, Albert	1912	1978	So-68
POOLE, Flora L.	1888	1923	So-68
POOLE, Floyd	1920	1938	So-68
POOLE, M. E.	1827	1908	So-120
POOLE, W. W.	1817	1889	So-120
POPE, Ella M. w/o J. P.	3 Jul 1852	13 Aug 1884	So-106
POPE, John A.	1874	1956	So-121
POPE, Mary Jane Mollie	1890	1965	So-121
POPE, Sadie W.	1876	1933	So-121

Name	Birth	Death	Location
POPE, Samuel E.	1866	1896	So-97
PORTER, Amanda J. w/o John L.	1838	1905	So-120
PORTER, Anne G.	23 Feb 1941	1 May 1960	So-122
PORTER, Cecie C.	1876	1960	So-122
PORTER, Charles L.	28 Sep 1906	2 Jul 1862	So-121
PORTER, Charles R.	1876	1964	So-121
PORTER, Frank L.	1877	1945	So-120
PORTER, Gussie L.	1876	1958	So-120
PORTER, Harry A.	1875	1941	So-120
PORTER, Helen Elzey Dashiell w/o Wm J.	29 Aug 1849	7 Sep 1907	So-121
PORTER, J. Arden	17 Feb 1862	18 Feb 1910	So-148
PORTER, James H.	none	1981	So-98
PORTER, John L.	1905	1930	So-120
PORTER, John Louis	1829	1899	So-120
PORTER, Lena L.	1878	1967	So-121
PORTER, Lorena E. w/o J. Arden	1867	1947	So-148
PORTER, Lynn s/o John L.	(d.age 98yr)	Dec 1976	So-119
PORTER, Mabel d/o John L.	1863	1887	So-120
PORTER, Martha R.	1901	none	So-121
PORTER, Ruth Parks w/o James H.	none	none	So-98
PORTER, Sallie Etheling	1865	1937	So-120
PORTER, Walter	none	none	So-120
PORTER, Willabel	1875	1929	So-121
PORTER, William J.	1833	3 Mar 1898	So-121
PORTER, William W.	1867	1953	So-122
POTTER, Anna Maria Mrs.	(d.age 45yr)	10 Mar 1881	So-132
POTTER, Annie C.	18 Feb 1875	11 Aug 1880	So-4
POTTER, Annie M.	24 Jan 1840	11 Mar 18--	So-132
POTTER, Celestia V.	5 Dec 1867	17 Au 1880	So-4
POTTER, Margaret w/o S. S.	11 Jan 1840	1 Sep 1932	So-4
POTTER, Salathiel S.	Jan 1829	24 Nov 1879	So-4
POTTER, Sarah L.	18 Aug 1863	28 Jan 1880	So-4
POTTER, Vernon	1861	1907	So-68
POTTER, William P.	22 May 1868	28 Jan 1932	So-132
POWELL, Addie W.	1878	1962	So-121
POWELL, Adline w/o Robert H.	15 Aug 1842	10 Mar 1921	So-146
POWELL, Annie E.	1875	1949	So-121
POWELL, Annie M. d/o Geo.C.& M.E.	20 Jun 1860	27 Sep 1881	So-1
POWELL, Annie S.	1892	1936	So-121
POWELL, Bertha L.	1903	none	So-121
POWELL, Bertie M.	28 Apr 1887	14 Dec 1933	So-1
POWELL, Betty Hayman w/o Oscar T.	1873	1957	So-121
POWELL, Beulah F.	1898	1967	So-121
POWELL, Cephronia E.w/o Lorenzo Q.	18 Aug 1877	1956	So-68
POWELL, Charles C. S.	27 Dec 1886	28 May 1933	So-1
POWELL, Charles E.	28 Apr 1857	16 Jul 1940	So-1
POWELL, Charles Ricky	1957	1970	So-3
POWELL, Clara S. w/o George	22 Jan 1876	26 Oct 1915	So-121
POWELL, Clarence A.	29 Dec 1879	19 Feb 1963	So-1
POWELL, Cora E.	1871	1937	So-121
POWELL, Cornelia Miles	1855	1947	So-121
POWELL, Douglas Bryan	1945	1971	So-3
POWELL, Drucilla H.	1832	1918	So-121
POWELL, Earl W.	(d.age 84yr)	Jan 1981	So-1
POWELL, Edward Nolen	11 Aug 1900	10 May 1901	So-68

Name	Birth	Death	Section
POWELL, Edwin Rufus	24 Sep 1880	6 Sep 1882	So-146
POWELL, Elijah	1830	1906	So-121
POWELL, Elijah E.	1870	1934	So-121
POWELL, Elizabeth J. C. w/o I. E.	9 Oct 1822	29 Jul 1889	So-121
POWELL, Etha E.	1887	none	So-121
POWELL, Ethel Harrison Mrs.	14 Jan 1888	Jun 1972	So-121
POWELL, Eva W. w/o Clarence A.	7 Dec 1882	1926	So-1
POWELL, Geneva Miles	1877	1960	So-171
POWELL, George C.	5 Dec 1833	22 Oct 1903	So-1
POWELL, George Jr.	1908	1944	So-121
POWELL, George W.	15 Apr 1872	10 Aug 1950	So-121
POWELL, George W. s/o George C.	5 Mar 1862	13 Oct 1893	So-1
POWELL, Grover	2 Aug 1889	3 Aug 1972	So-1
POWELL, Harriett W. w/o George W.	2 Sep 1860	2 Oct 1930	So-1
POWELL, Harry B.	1885	1958	So-121
POWELL, Henry	1867	1927	So-146
POWELL, Isaac T.	1869	15 Sep 1939	So-68
POWELL, James Arthur	1880	1959	So-121
POWELL, James Henry	1850	1930	So-121
POWELL, James M.	1856	1893	So-120
POWELL, John O.	1869	1945	So-121
POWELL, Laura D.	1897	none	So-121
POWELL, Lena A.	1881	1935	So-121
POWELL, Lena Woolford w/o W. B.	2 Feb 1872	11 Jul 1921	So-121
POWELL, Lena w/o R.	14 Oct 1877	4 Aug 1909	So-121
POWELL, Lida W.	1876	1946	So-121
POWELL, Lorenzo Q.	24 Jan 1874	28 Nov 1946	So-68
POWELL, Lucy w/o Henry	1869	1939	So-146
POWELL, Lydia G.	30 Sep 1881	24 Feb 1905	So-72
POWELL, Lydia Pusey	1875	1945	So-121
POWELL, Marian W.	1910	1929	So-121
POWELL, Marlia May d/o T. W. & R. H.	1 Mar 1930	11 Aug 1930	So-146
POWELL, Mary Elizabeth w/o George C.	17 Aug 1839	28 Aug 1914	So-1
POWELL, Mary P.	1853	1936	So-121
POWELL, Milton Stanley s/o Omar & Eutha	1908	1920	So-121
POWELL, Omar A.	1883	1957	So-121
POWELL, Oscar T. Jr.	1805	1962	So-121
POWELL, Oscar Teakle	1862	1910	So-121
POWELL, Ralph W.	1898	1963	So-121
POWELL, Raymond E.	1909	1945	So-122
POWELL, Reba D.	none	1967	So-121
POWELL, Robert H.	8 Nov 1884	4 Jan 1917	So-146
POWELL, Roger T.	1923	1959	So-121
POWELL, Rudolph C.	1886	1949	So-121
POWELL, Rudolph Wainwright s/o Rudolph(d.age67yr)		30 June 1987	So-3
POWELL, Sallie Dryden w/o Charles E.	18 Jan 1857	18 Dec 1915	So-1
POWELL, Sally m.	8 Aug 1808	25 Dec 1854	So-146
POWELL, Savilla w/o James	(d.age67yr)	Dec 1974	So-119
POWELL, Sherman R. WWI	1896	1968	So-121
POWELL, Stella T.	1886	1959	So-121
POWELL, Theodore F.	1852	1927	So-121
POWELL, W. Barton	1863	1947	So-121
POWELL, Walter	27 Oct 1805	23 Aug 1859	So-146
POWELL, Walter F.	12 Aug 1888	2 Sep 1969	So-121
POWELL, Walter Lee Sr.	12 Jun 1903	30 Aug 1949	So-68

Name	Birth	Death	Ref
POWELL, William	1859	1919	So-171
POWELL, William H.	1868	1954	So-121
POWELL, William R.	20 Mar 1896	25 May 1957	So-121
POWELL, William Rufus	1848	1935	So-121
POWELL, William W.	1878	1959	So-121
POWELL, William W.	(d.age 76yr)	27 Sep 1901	So-117
POWELL, Winifred Spencer	1891	1958	So-121
PRATO, Edward A.	1926	1973	So-3
PRICE, Alday O.	1867	1934	So-99
PRICE, Alvah E.	1887	28 May 1985	So-72
PRICE, Ann Rebecca w/o Wm. A.	(d.age 44yr)	2 Aug 1878	So-82
PRICE, Annette W.	1873	1937	So-72
PRICE, Bennett P.	1907	1908	So-72
PRICE, Bernice	1881	1958	So-72
PRICE, Bertha w/o Peter	1877	1929	So-72
PRICE, Beverly	none	none	So-72
PRICE, Billy J.	1928	1937	So-72
PRICE, Calvin V. s/o Charles H.	20 Mar 1884	7 Feb 1913	So-72
PRICE, Cassie G.	12 Apr 1864	29 Dec 1891	So-72
PRICE, Charles H.	1859	1931	So-72
PRICE, Charles W. WWI	31 Mar 1887	13 Apr 1968	So-72
PRICE, Charlotte	(d.age 75yr)	25 Apr 1914	So-72
PRICE, Cynthia Leigh	none	none	So-72
PRICE, Edwin	none	none	So-72
PRICE, Eleanor E.	1887	1912	So-120
PRICE, Elizabeth	1896	1918	So-72
PRICE, Elizabeth	(d.age 74yr)	23 Jun 1891	So-72
PRICE, Ella Hopkins w/o Alday	6 Sep 1877	21 Dec 1908	So-99
PRICE, Ella J.	1887	1970	So-72
PRICE, Ernest James	1897	1946	So-72
PRICE, Eva C.	1879	1945	So-72
PRICE, Eva Mary	1870	1940	So-72
PRICE, Gassee G.	12 Apr 1864	29 Dec 1891	So-72
PRICE, George H.	1850	1934	So-130
PRICE, Georgia Hopkins 2nd. w/o Alday	1875	1948	So-99
PRICE, J. Clifford	1884	1963	So-130
PRICE, James A.	6 Oct 1858	30 Jul 1905	So-132
PRICE, John B. Franklin s/o John	8 May 1841	21 Jun 1861	So-127
PRICE, John C.	1824	1835	So-72
PRICE, John M.	(d.age 27yr)	10 Oct 1876	So-72
PRICE, John S.	1876	1968	So-72
PRICE, John Wesley	24 May 1836	3 Jun 1839	So-127
PRICE, Julia R. w/o Charles H.	1859	1957	So-72
PRICE, Larce Jeanette w/o John W.	8 May 1864	1 Apr 1922	So-72
PRICE, Laura V.	1856	1937	So-132
PRICE, Lottie H.	(d.age 22yr)	20 May 1872	So-72
PRICE, Louisa	Apr 1882	24 Jun 1882	So-72
PRICE, Lydia G.	30 Sep 1881	24 Feb 1905	So-72
PRICE, Mahlon	(d.age 85yr)	9 Feb 1984	So-72
PRICE, Mary A. F.	7 Nov 1852	11 May 1904	So-132
PRICE, Mary A. w/o George H.	1861	1935	So-130
PRICE, Mary B.	(d.age 1yr)	24 Jul 1870	So-72
PRICE, Mary Ellen	1861	1945	So-72
PRICE, Mary Henrietta J. w/o William	11 Jul 1815	16 Mar 1900	So-132
PRICE, Matilda	18 Feb 1829	22 Aug 1906	So-72

Name	Birth	Death	Ref
PRICE, Millard E. Jr. USMC	1925	1968	So-3
PRICE, Orpah G.	1904	4 Jan 1986	So-72
PRICE, P. Bennett	1907	1908	So-72
PRICE, Peter W.	1877	1944	So-72
PRICE, Phillip Jerome	1859	1948	So-72
PRICE, Robert H.	Nov 1890	25 Jul 1916	So-72
PRICE, Russell W.	1904	1968	So-3
PRICE, Ruth A. w/o Severn	27 Apr 1849	22 Apr 1895	So-99
PRICE, Sarah R.	1824	1902	So-4
PRICE, Severn	25 Dec 1837	24 Jul 1890	So-72
PRICE, Severn Capt.	8 Mar 1839	21 Nov 1894	So-99
PRICE, Tomashia	21 Oct 1866	11 Oct 1886	So-72
PRICE, William	(d.age 18yr)	21 Mar 1863	So-72
PRICE, William C.	4 Nov 1848	6 Mar 1866	So-112
PRICE, William H.	1869	1923	So-72
PRICE, Wilmer J.	1887	1953	So-72
PRITCHETT, Lucy E. w/o Staughn	1875	1945	So-130
PRITCHETT, Arinthia w/o John G.	1877	1960	So-130
PRITCHETT, John G.	1877	none	So-130
PRITCHETT, Pauline C.	2 Mar 1863	19 Jan 1906	So-98
PRITCHETT, Staughn	1873	1954	So-130
PRITCHETTE, Marietta	16 Dec 1853	24 May 1906	So-98
PRITCHETTE, Samuel J.	22 Jan 1858	7 Jun 1942	So-98
PROPST, Cecil Everett	1897	1969	So-3
PROPST, Lucy Rose w/o Solomon P.	1873	1943	So-121
PROPST, Solomon P	1859	1938	So-121
PRUITT, Addie F.	1878	1908	So-25
PRUITT, Annie M. w/o James H.	24 Jun 1870	5 Jun 1928	So-99
PRUITT, Bessie C. d/o C.M. & S. J.	1903	1914	So-99
PRUITT, Charles F.	1868	1955	So-25
PRUITT, Charles M.	12 Sep 1872	12 Jun 1928	So-99
PRUITT, Elizabeth j.	1839	1923	So-25
PRUITT, George W.	17 Oct 1867	11 Jun 1927	So-107
PRUITT, Howard J.	1901	1952	So-25
PRUITT, James H.	26 Oct 1867	7 Aug 1945	So-99
PRUITT, John E.	1839	1899	So-25
PRUITT, John R.	1866	1947	So-99
PRUITT, Marion S. s/o James H.	12 Jun 1903	15 Oct 1903	So-99
PRUITT, Melvin s/o C. M. & S. J.	1909	1910	So-99
PRUITT, Mildred d/o C.M. & S. J.	1909	1910	So-99
PRUITT, Robert A.	24 Jun 1839	4 Mar 1903	So-99
PRUITT, Robert Earl s/o James H.	15 Oct 1893	19 Feb 1920	So-99
PRUITT, Roy B. s/o C. M.	9 Mar 1895	23 Feb 1899	So-99
PRUITT, Sarah E. s/o Robert	6 Feb 1876	8 Apr 1900	So-99
PRUITT, Sarah E. w/o Robert A.	1 Apr 1840	12 Oct 1902	So-99
PRUITT, Sarah J.	16 Oct 1876	4 Feb 1931	So-99
PRUITT, Sarah M.	1867	1937	So-99
PRUITT, William James s/o J. H.	10 Feb 1897	23 May 1923	So-99
PRUITT, Woodson s/o R. A. & S. E.	3 Jul 1870	11 Dec 1870	So-177
PURNELL, Elizabeth S.	1854	1942	So-22
PURNELL, Joshua O.	1843	1922	So-22
PURNELL, Joshua Oranger	1843	1922	So-26
PUSEY, Alice T.	none	none	So-121
PUSEY, Alison T.	1 Mar 1846	31 Oct 1917	So-117
PUSEY, Archer	(d.age 8yr)	Oct 1890	So-132

PUSEY,Birdie		1864	1916	So-68
PUSEY,Calvin Dale		1876	1938	So-4
PUSEY,Curtis C.	(d.age91yr)		19 Feb 1973	So-3
PUSEY,Daisey May		1887	1934	So-121
PUSEY,Doris Irene d/o Herman & Naomi	22 Feb 1911		26 Oct 1911	So-132
PUSEY,E. Page		1872	1962	So-68
PUSEY,Edward C.		1904	1904	So-120
PUSEY,Edward S. Jr.	27 Mar 1905		10 May 1860	So-121
PUSEY,Edward S. Sr. h/o Mae V.Evans		1880	1953	So-121
PUSEY,Edwin W.		1905	1943	So-68
PUSEY,Eldon T. Sr.		1895	1952	So-121
PUSEY,Ella E. w/o Harcourt J.		1897	none	So-121
PUSEY,Elsie		1886	1933	So-4
PUSEY,Emma Jones		1843	1934	So-121
PUSEY,Ernest Johnson	17 Mar 1860		25 Jun 1918	So-121
PUSEY,George Norman		1878	1960	So-121
PUSEY,George Woodland	14 Feb 1873		6 Aug 1933	So-121
PUSEY,Georgia D.		1886	1955	So-68
PUSEY,Harcourt J.		1886	1948	So-121
PUSEY,Harry T.		1907	1939	So-68
PUSEY,Hattie T.		1881	1948	So-68
PUSEY,Herman F.		1887	1966	So-132
PUSEY,Jesse s/o Edwin (no stone)	(d.age1yr)		3 Sep 1882	So-119
PUSEY,Joseph A.		1841	1913	So-121
PUSEY,Kate Rosalie d/o Edwin		1878	2 Mar 1882	So-119
PUSEY,Laurenson L.		1907	1908	So-121
PUSEY,Lewis W.		1845	1936	So-120
PUSEY,Lizzie w/o Alison T.	27 Jul 1853		21 Jul 1889	So-117
PUSEY,Louise Anna w/o Calvin Dale		1875	1963	So-68
PUSEY,Lula Shockley w/o E. Walton	(d.age84yr)		Jan 1973	So-119
PUSEY,Mae V. w/o Edward S.		1891	1963	So-121
PUSEY,Martha V.		1867	1958	So-120
PUSEY,Mary J.		1847	1938	So-121
PUSEY,Mary O. Dryden		1884	1905	So-120
PUSEY,Mary Waller		1892	1929	So-120
PUSEY,Nannie w/o Ernest J.	21 Dec 1859		29 Sep 1940	So-121
PUSEY,Naomi B. w/o Herman		1888	1965	So-132
PUSEY,Nettie B.	8 Oct 1878		none	So-121
PUSEY,Roland		1910	1946	So-121
PUSEY,Samuel	(d.age45yr)		2- Jun 1890	So-132
PUSEY,Upshur		1877	1964	So-4
PUSEY,Van Girmon		1892	1919	So-120
PUSEY,W. Carl s/o L.W. & Martha	5 Jan 1891		13 Mar 1891	So-130
PUSEY,W. P.	15 Jul 1825		17 May 1907	So-121
PUSEY,Warren R.		1878	1946	So-122
PUSEY,Wilhelmina S.	(d.age81yr0		7 Jul 1969	So-4
PUSEY,William H.		1844	1925	So-4
PUSEY,William O.		1897	1951	So-121
PUZEY,Vador Elzie		1898	1970	So-3
PUZEY,William Ashton s/o Edwin & Kate	(d.age 2mo)		none	So-119
QUANDT,Elsie		1886	1954	So-121
QUANDT,William		1886	1966	So-121
QUINN,Albert		1904	1956	So-45
QUINN,Clara Holton w/o Egbert	1 Apr 1883		22 Feb 1958	So-4
QUINN,Egbert Lyle	8 Jan 1885		9 Feb 1968	So-4

QUINN, George Holton		1905	1961	So-4
QUINN, Katie M. w/o Lorie Clarke		1868	1950	So-4
QUINN, Lorie Clarke Jr.	9 Dec 1887	27 May 1931	So-4
QUINN, Lorie Clarke Sr.	16 Aug 1864	15 Jul 1953	So-4
QUINN, Sarah Margaret d/o E. L.	8 Oct 1906	15 Aug 1907	So-4
RADCLIFFE, Rider Henry	(d.age 26yr)	20 Aug 1818	So-119
RAGAN, William A.		1869	1960	So-1
RAILEY, Joseph A. h/o Laura L.	18 May 1860	12 Jun 1902	So-99
RATCLIFFE, Carl		1897	1980	So-72
RAUTIO, Walter K. s/o K.W.	(d.age 75yr)	24 Aug 1987	So-124
RAYFIELD, Amelia		1818	1888	So-50
RAYFIELD, James K.		1920	1883	So-50
RAYFIELD, Mabel V.		1890	1972	So-68
RAYFIELD, T. Clarence		1878	1936	So-68
REAMY, R. Cornelius		1882	1937	So-68
REAMY, Ruth Ward		1881	1964	So-68
REASER, Franklin s/o Elias & Anna	22 Oct 1910	29 Oct 1910	So-121
REED, Ann	3 Dec 1761	7 Nov 1829	So-127
REED, Ann Ballard d/o Robert	(d.age 20yr)	14 Aug 1850	So-127
REED, Ballard	29 May 1754	21 Oct 1836	So-127
REED, Elizabeth E. A. w/o Robert	(d.age 38yr)	13 Oct 1846	So-127
REED, Robert	14 Apr 1804	14 Dec 1837	So-127
REESE, Annie M.		1876	1963	So-132
REESE, Charlie W.		1864	1913	So-132
REESE, Elizabeth A. w/o William	18 Dec 1837	17 Dec 1919	So-132
REESE, Fannie E. d/o Wilbur & V.	11 Jul 1874	12 Aug 1892	So-172
REESE, Florence Causey w/o Joseph		1879	1958	So-99
REESE, Joseph		1874	1964	So-99
REESE, Joseph Barton s/o Joseph		1906	1906	So-99
REESE, Maggie A. w/o Charlie W.		1875	1910	So-132
REESE, Sidney B.		1840	1908	So-132
REESE, Virginia A. d/o William H.	11 Feb 1864	8 Jan 1928	So-132
REESE, Virginia w/o Wilbur	28 Jul 1845	10 Apr 1929	So-172
REESE, Wilbur C.	28 Nov 1844	31 Jul 1917	So-172
REESE, William	15 Jan 1835	23 Jan 1916	So-132
REESE, William T.		1870	1930	So-132
REID, Edward Augustus	12 Dec 1842	7 Jul 1916	So-121
REID, Edward B.		1897	1911	So-121
REID, Elijah D. (b.Marriott N.J.)	26 Jun 1839	16 Sep 1888	So-121
REID, Elizabeth w/o Joseph W.		1844	1929	So-121
REID, Helen P.		1934	1953	So-122
REID, Infant s/o E. A. & M.E.	(d.age 3da)	21 Oct 1829	So-121
REID, Irene		1933	1967	So-3
REID, John (b.Monmouth N. J.)	12 Jan 1832	20 Jul 1880	So-121
REID, John Augustus	27 May 1890	4 Sep 1915	So-121
REID, Joseph B.		1878	1922	So-121
REID, Joseph W.		1845	1932	So-121
REID, Katherine w/o Joseph B.	27 Aug 1875	13 Jul 1916	So-121
REID, Kevin Layfield		1959	1970	So-3
REID, Louis J.		1928	none	So-122
REID, M. Elizabeth w/o E. Augustus	4 Sep 1852	8 Jan 1922	So-121
REID, Nellie B.		1899	1929	So-121
REID, Olivia W.		1873	1941	So-121
REID, Theodore B.		1870	1941	So-121
REID, Theodore B.		1894	1972	So-121

Name	Birth	Death	Section
REINHARDS, E. L.	1909	27 Oct 1979	So-132
RENSHAW, Alice w/o H. C.	2 Feb 1836	28 Feb 1905	So-130
RENSHAW, Annette	1871	1941	So-130
RENSHAW, Anntania w/o George T.	(d.age52yr)	28 Mar 1876	So-130
RENSHAW, Archibald	26 Mar 1867	14 Jan 1946	So-130
RENSHAW, Crawford B.	none	none	So-130
RENSHAW, Dorothy Jane	19 Sep 1926	1 Dec 1931	So-130
RENSHAW, Edwin Thomas	17 Feb 1931	10 Sep 1931	So-130
RENSHAW, Florence	1856	1947	So-130
RENSHAW, George H.	(d.age59yr)	20 Jan 1857	So-119
RENSHAW, George H. s/o Thadeus	(d.age 6yr)	29 Nov 1874	So-126
RENSHAW, George T.	15 Sep 1812	19 Feb 1890	So-130
RENSHAW, Henry Clay	30 Jan 1836	29 Aug 1922	So-130
RENSHAW, Irma Marie	28 Oct 1932	6 Nov 1933	So-130
RENSHAW, Lillie K.	26 Oct 1866	4 Dec 1925	So-130
RENSHAW, Margaret	1838	20 Oct 1865	So-98
RENSHAW, Martin WW I	3 Apr 1896	9 Apr 1939	So-130
RENSHAW, Mary Elnorah Bounds w/o Thad.	16 May 1840	27 Sep 1878	So-126
RENSHAW, Mary R. w/o George H.	(d.age90yr)	19 Jan 1888	So-119
RENSHAW, Mrs. Thadeus W.	none	30 Aug 1863	So-126
RENSHAW, Richard	1907	1931	So-130
RENSHAW, Roger L.	none	none	So-130
RENSHAW, Romona	7 Feb 1930	11 Feb 1930	So-130
RENSHAW, Sarah L.	9 Aug 1864	5 Nov 1873	So-98
RENSHAW, Susan Lloyd	14 Jan 1900	16 Nov 1933	So-130
RENSHAW, Thaddeus W.	12 Nov 1835	27 Dec 1912	So-130
RENSHAW, William Bernard	1860	1955	So-130
RENSHAW, William T.	30 Jan 1865	25 Jul 1942	So-130
REVELL, Alice w/o David	(d.age55yr)	1 Nov 1850	So-164
REVELL, David Capt.	(d.age81yr)	23 Jun 1871	So-164
REVELLE, Annie F.	1832	1916	So-148
REVELLE, Benjamin E.	1876	1965	So-148
REVELLE, C. Wendell	1916	1918	So-148
REVELLE, Emory James	1894	1969	So-72
REVELLE, Henry	1875	1935	So-45
REVELLE, James W.	1863	1933	So-148
REVELLE, John T.	1884	1928	So-132
REVELLE, Mary A.	1885	1942	So-132
REVELLE, Minerva L. w/o James W.	1868	1950	So-148
REVELLE, Myra Windsor	(d.age64yr)	22 Aug 1981	So-72
REVELLE, Nina M.	1830	1927	So-45
REVELLE, Ruth M. Lawson w/o Samuel	(d.age70yr)	20 Sep 1987	So-124
REVELLE, Samuel D.	1878	1918	So-148
REVELLE, Sidney F.	1885	1945	So-132
REVELLE, William Edward WWI	none	7 Oct 1918	So-148
REYNOLDS, Beulah B.	1895	1969	So-121
REYNOLDS, Charles H.	1854	1950	So-121
REYNOLDS, Mary D.	185?	1938	So-121
REYNOLDS, Ralph E.	1893	1959	So-1
REYNOLDS, Rosa Mae	1895	1953	So-1
REYNOLDS, Sarah C.	1888	1944	So-58
REYNOLDS, William C.	1889	1963	So-121
RICH, Albert J.	26 Dec 1905	13 Oct 1971	So-26
RICH, Rhea J.	11 Nov 1909	24 Nov 1978	So-26
RICHARDS, Donald E.	1894	1972	So-121

Name	Birth	Death	Section
RICHARDS, Kenneth L. USA	13 Dec 1928	10 Feb 1966	So-3
RICHARDS, Nyssa F. w/o Donald E.	1894	1972	So-121
RICHARDS, William C.	1889	1963	So-121
RICHARDSON, Emma Boston	(d.age 75yr)	7 Apr 1987	So-119
RICHARDSON, Etta P.	1906	1972	So-3
RICHARDSON, Fannie M. w/o R. S.	12 Feb 1867	29 Jan 1921	So-99
RICHARDSON, Harrel H.	1888	1948	So-121
RICHARDSON, Helen Porter	1875	1953	So-121
RICHARDSON, Henry H.	12 Oct 1863	22 Aug 1940	So-115
RICHARDSON, Herbert L.	1876	1936	So-121
RICHARDSON, John W.	(d.age 78yr)	27 May 1903	So-1
RICHARDSON, Mary A. w/o William C.	1877	1968	So-121
RICHARDSON, Mary D.	none	none	So-121
RICHARDSON, Rosie J. w/o Henry H.	1 Jul 1870	12 Feb 1932	So-115
RICHARDSON, Samuel G.	1886	1972	So-3
RICHARDSON, Susan	26 Sep 1845	2 Sep 1933	So-1
RICHARDSON, William C.	1868	1954	So-121
RICHTER, Charles W.	12 Jun 1855	14 Aug 1914	So-98
RICHTER, Emely V. w/o Charles W.	7 Aug 1861	18 Apr 1917	So-98
RIDER, Bessie Leona w/o W.P. & M.A.	24 Jun 1869	15 Aug 1870	So-121
RIDER, Margaret A. w/o William P.	28 Dec 1832	18 Feb 1899	So-121
RIDER, William Purnell	21 Oct 1821	9 Aug 1906	So-121
RIGGIN, Abendego s/o Thomas	1852	1925	So-45
RIGGIN, Abendigo	(d.age 28yr)	1859	So-45
RIGGIN, Abraham	(d.age 26yr)	1862	So-45
RIGGIN, Abram s/o Thomas	1862	1934	So-45
RIGGIN, Blanche B. d/o Elisha T.	(d.age 95yr)	18 Jul 1987	So-4
RIGGIN, Dale E. s/o Charles E. WWI	(d.age 77yr)	May 1975	So-3
RIGGIN, Elizabeth	1795	1869	So-45
RIGGIN, Effa J.	1870	1871	So-45
RIGGIN, Elena	(d.age 6 da)	17 Mar 1867	So-72
RIGGIN, Elizabeth A. W. w/o Washington	19 Jun 1837	1 Jun 1882	So-67
RIGGIN, Emily E.	(d.age 4yr)	29 Jul 1858	So-4
RIGGIN, Emily W.	1845	1912	So-1
RIGGIN, George W.	1883	1950	So-1
RIGGIN, Gordon Elisha	1884	1952	So-122
RIGGIN, Herman U	1881	1924	So-45
RIGGIN, Hester Nelson w/o Noah	1820	1883	So-45
RIGGIN, Hettie E. w/o W. T.	28 Jan 1863	16 Dec 1890	So-39
RIGGIN, Horace Francis	6 Jan 1907	18 Jan 1966	So-4
RIGGIN, Howard J.	8 May 1896	25 Dec 1963	So-107
RIGGIN, I. James	1837	1894	So-1
RIGGIN, Jacob	1823	1898	So-45
RIGGIN, Jane Ward	1826	1859	So-62
RIGGIN, Johanna Moore w/o E. J.	(d.age 54yr)	21 Feb 1904	So-4
RIGGIN, John	(d.age 72yr)	unreadable	So-45
RIGGIN, John W.	1885	1930	So-45
RIGGIN, Louisa w/o Thomas	3 Jan 1829	15 Jun 1891	So-45
RIGGIN, Marion Nelson	1890	1949	So-122
RIGGIN, Martha C.	12 Sep 1898	12 May 1968	So-1
RIGGIN, Martha W.	1874	1963	So-1
RIGGIN, Mary C. Dize w/o James	12 Sep 1836	24 Jun 1864	So-67
RIGGIN, Mary E.	1841	1904	So-45
RIGGIN, Mary E. w/o Jacob	1824	1894	So-45
RIGGIN, Mary J.	1863	1934	So-45

Name	Birth	Death	Location
RIGGIN, Nathaniel B.		1915	1958	So-4
RIGGIN, Nellie		1810	1892	So-1
RIGGIN, Noah	21 Apr 1827	1867	So-45
RIGGIN, Norah E.	1889	1937	So-121
RIGGIN, Paul	23 Nov 1890	20 Jul 1891	So-39
RIGGIN, Permely	1804	1838	So-29
RIGGIN, Ralph L.	22 Apr 1922	2 Apr 1939	So-107
RIGGIN, Reba Sears	1882	1910	So-44
RIGGIN, Rebecca Green w/o Horace E.	1907	none	So-68
RIGGIN, Sadie G.	13 Apr 1901	25 Mar 1965	So-107
RIGGIN, Sarah C.	1888	1929	So-58
RIGGIN, Severn	1818	1881	So-45
RIGGIN, Thomas	1820	1896	So-45
RIGGIN, Weldon	(d.age75yr)	Jan 1972	So-124
RIGGIN, William A.	1894	1964	So-121
RING, Adkins	none	none	So-122
RING, John J.	1889	1949	So-122
RINGGOLD, Charles W.	1865	1922	So-97
RINGGOLD, Julius D.	1895	1937	So-97
RINGGOLD, Kate R. w/o Julius D.	1892	none	So-97
RINGGOLD, Lottie G. w/o Charles W.	1870	1944	So-97
RITTY, Donald J.	24 Jan 1846	24 May 1878	So-72
RITZEL, Augusta	1846	1920	So-122
RITZEL, Augustus J.	1886	1850	So-120
RITZEL, Elizabeth	1857	1935	So-122
RITZEL, Marian B.	1896	none	So-120
RITZEL, Mary E.	1880	1949	So-122
ROACH, Caroline Gunby	24 Aug 1831	12 Sep 1879	So-124
ROACH, Eiza Gunby w/o William B.	15 Dec 1804	13 Sep 1861	So-124
ROACH, Elizabeth w/o William	27 Aug 1861	7 Jun 1914	So-67
ROACH, J. Edward	17 Jul 1838	30 Mar 1858	So-124
ROACH, Jane	1831	29 Sep 1849	So-124
ROACH, Mary Miles	1777	1809	So-4
ROACH, Nancy	1779	1809	So-67
ROACH, Ruby	1894	1959	So-67
ROACH, William	1772	1837	So-4
ROACH, William B.	1800	20 Sep 1839	So-124
ROACH, William E.	29 Apr 1861	29 Jun 1908	So-67
ROACH, William H. Sr.	1827	2 Jan 1888	So-124
ROACH, Willie w/o William	24 Feb 1890	21 Jun 1891	So-67
ROBERTS, Helen Watts	1881	none	So-121
ROBERTS, Jackie	1762	1846	So-72
ROBERTS, John Baker	11 Mar 1879	6 Aug 1958	So-121
ROBERTS, John s/o Renshaw (Rev.War)	none	22 Oct 1845	So-72
ROBERTS, Laurence M. s/o Mattus	24 Aug 1848	6 Jun 1850	So-119
ROBERTSON, Alexander	17 Jan 1819	15 Mar 1897	So-1
ROBERTSON, Andrew J.	1896	1967	So-130
ROBERTSON, Carrie M.	1873	1916	So-4
ROBERTSON, Cecelia C.	1886	1965	So-68
ROBERTSON, Francis S.	1863	1940	So-121
ROBERTSON, Harriett d/o H. H. & Mag.	(d.age21mo)	16 Jun 1876	So-119
ROBERTSON, Henry H.	11 Jul 1880	5 Nov 1970	So-121
ROBERTSON, Henry H. Jr.	21 Aug 1915	none	So-121
ROBERTSON, Ida H.	13 Jul 1865	7 Sep 1909	So-4
ROBERTSON, James (Rev)	(d.age53yr)	28 Jun 1748	So-2

Name		Birth	Death	Ref
ROBERTSON, John C.		1863	1926	So-1
ROBERTSON, John E. WWII	3 Jun 1905	21 Mar 1970	So-4
ROBERTSON, John T.	3 Jul 1838	19 Apr 1914	So-4
ROBERTSON, Lena Maddox w/o Samuel H.		1887	1965	So-70
ROBERTSON, Margaret Dashiell		1877	1951	So-121
ROBERTSON, Margaret E. Dashiell w/o Henry		1847	1919	So-119
ROBERTSON, Margaret G.		1862	1936	So-121
ROBERTSON, Martha M. w/o Alexander	14 Feb 1824	3 Apr 1906	So-1
ROBERTSON, Mary Anne d/o Alexander	10 Nov 1852	11 Jul 1903	So-1
ROBERTSON, Mary E. w/o John T.	23 Jul 1845	26 Jun 1905	So-4
ROBERTSON, Myra E.		1894	none	So-130
ROBERTSON, Ruth Price		1899	1941	So-99
ROBERTSON, Samuel H.		1868	1943	So-70
ROBERTSON, Sue S.	3 Oct 1884	none	So-121
ROBERTSON, Thomas s/o John T.& E.D.	(d.age71yr)	Oct 1952	So-4
ROBERTSON, Vernon G.		1894	1967	So-130
ROBERTSON, Virginia H. w/o John C		1862	1952	So-1
ROBERTSON, Weldon A.		1900	1949	So-68
ROBINSON, Edwin Allen		1891	1953	So-4
ROBINSON, Edwin T. Dr.		1859	1896	So-4
ROBINSON, Lake D.		1889	1900	So-4
ROBINSON, May Davis		1867	1944	So-4
ROBINSON, Ralph S.		1888	1963	So-72
ROCKWELL, Charles B.		1892	1958	So-121
ROSENBROOK, Josephine		1862	1940	So-1
ROSS, A. Belle		1868	1952	So-98
ROSS, Anna M. w/o Guy S.		1920	none	So-110
ROSS, Anna d/o Lafayette	9 Jul 1874	11 Nov 1946	So-121
ROSS, Annie M. Butler w/o Wm. Z.	(d.age89yr)	Dec 1980	So-3
ROSS, Charles Edgar WWI	6 Jul 1888	25 Apr 1965	So-3
ROSS, Charles R.	22 Apr 1828	8 Jul 1910	So-98
ROSS, Charlie E. s/o Levin C.	10 Oct 1858	10 Oct 1888	So-180
ROSS, Christiana A. w/o William H.	(d.age50yr)	13 Aug 1904	So-109
ROSS, Clara E. d/o Lafayette	16 May 1867	11 Dec 1954	So-121
ROSS, Dorothy w/o Charles	22 Mar 1828	29 May 1900	So-98
ROSS, Elton H.		1891	1959	So-121
ROSS, Fannie K.	16 Jun 1885	6 Jan 1937	So-110
ROSS, Grover T.	6 Aug 1885	29 Apr 1951	So-98
ROSS, Guy S.		1904	1968	So-110
ROSS, Jennie W. s/o John W.		1873	1901	So-109
ROSS, Lafayette W.		1864	1947	So-98
ROSS, Laura Kate	30 Jan 1865	21 Jul 1947	So-98
ROSS, Levin	(d.age28yr)	14 Jul 1884	So-98
ROSS, Lillie V.	13 Dec 1863	12 Jun 1945	So-121
ROSS, Lizzie J.		1866	1926	So-132
ROSS, Louise C.	10 Feb 1892	20 Oct 1946	So-98
ROSS, Margaret A.		1884	1947	So-122
ROSS, McLvain S.Sgt U.S. Army A.F.	27 Sep 1889	22 May 1945	So-132
ROSS, Millard V. d/o Lafayette	3 Jan 1876	9 Nov 1954	So-121
ROSS, Nancy	(d.age88yr)	30 Jul 1855	So-72
ROSS, Nolan V.		1886	1958	So-122
ROSS, Robert M.	17 Mar 1853	20 Jun 1915	So-98
ROSS, Sallie B. d/o Lafayette	8 Nov 1871	8 Mar 1944	So-121
ROSS, Sallie E. w/o Charles	18 Dec 1867	7 Mar 1945	So-132
ROSS, Scott E.		1892	1958	So-110

Name	Birth	Death	Location
ROSS, William J.		1847	1916	So-132
ROSS, William R. s/o William H.	none	none	So-109
ROSS, William Z.	1885	1955	So-3
ROSSE, Iva Cullen	5 Apr 1917	3 Oct 1960	So-4
ROSSE, Martha Jane w/o Scott E.	1892	1958	So-110
ROSSE, Samuel A. Dr.	15 Feb 1896	24 Apr 1969	So-4
ROSSE, Viola Long	1905	1930	So-4
ROUNDS, Charles C.	1896	1972	So-3
ROUNDS, Lola Peterman	1896	1970	So-3
ROUSE, Jay	27 Dec 1968	27 Dec 1968	So-3
ROUSE, Wanda Lee	1934	1969	So-3
ROW, George D.	1880	1965	So-72
ROW, Lillian C. w/o George D.	1894	none	So-72
ROWE, Cabrafila	22 Feb 1851	30 Sep 1860	So-79
ROWE, Carrie V. w/o James T.	1871	1954	So-97
ROWE, George	22 Sep 1785	15 Jun 1844	So-79
ROWE, George F. (no stone)	none	22 Feb 1891	So-97
ROWE, James T.	1858	1911	So-97
ROWE, Monmonier	1859	1910	So-97
ROWE, Sally Emily w/o Monmonier	1861	1944	So-97
ROYCE, Virginia Schuyler d/o H. S. & M.M.	1921	1921	So-121
RUARK, Addie Thayer Adams w/o William H.	1839	1911	So-121
RUARK, Charles Thomas Jr.	1928	1929	So-1
RUARK, Garland C.	1892	none	So-122
RUARK, Helen M. w/o Emery G.	4 Apr 1882	27 Jan 1932	So-1
RUARK, Jennie E.	1862	1944	So-1
RUARK, Joshua Leonard	1856	1932	So-1
RUARK, Lafayette	1862	1936	So-1
RUARK, Mamie C.	1895	1965	So-122
RUARK, Mary Katherine Mrs.	1858	25 Feb 1935	So-1
RUARK, William Henry	1851	1941	So-121
RUARK, William Hooper	1899	1964	So-121
RUBY, John T. Dr.	1872	1943	So-121
RUE, Edna E.	1878	1933	So-121
RUE, Elizabeth E.	17 Oct 1841	21 Jun 1923	So-121
RUE, James S.	1870	1951	So-121
RUE, Joseph H.	20 Nov 1842	20 Apr 1889	So-121
RUE, Julia S.	9 Mar 1879	14 Feb 1951	So-132
RUNKLES, Raymond R. h/w Edna Webster	1899	1962	So-99
RUSSELL, Harvey M	1906	1961	So-3
RUSSUM, Eliza Miss (no stone)	(d.age77yr)	15 Feb 1866	So-119
SALISBURY, Robert Isbel	1872	1943	So-121
SANDERS, Amanda	1879	1961	So-121
SANDERS, Granville	1877	1967	So-121
SANDERS, Harold	1908	1972	So-121
SAUNDERS, Clark WWI	25 Feb 1889	4 Sep 1950	So-98
SCHUMAN, Hattie E.	1880	1940	So-121
SCHWARTZ, Ethel L.	1880	1927	So-121
SCHWARTZ, J. Fred	1873	1945	So-121
SCHWARTZ, John T.	5 Jun 1843	4 Apr 1919	So-121
SCHWARTZ, L. Louise	1902	1966	So-121
SCHWARTZ, Maria w/o John F.	15 Jun 1848	30 Oct 1910	So-121
SCOTT, Alice Whittington	1 Apr 1848	1 Nov 1921	So-4
SCOTT, Annie C. w/o George W.	1 Sep 1849	29 Mar 1885	So-93
SCOTT, Charlotte A. d/o John D.	3 Feb 1836	13 Jul 1843	So-93

Name	Born	Died	Section
SCOTT, Donald P.	(d.age 52yr)	13 Jan 1984	So-72
SCOTT, Donovan A.	1907	1959	So-4
SCOTT, Elizabeth	6 May 1805	none	So-72
SCOTT, Ellen Dashiell	1901	1956	So-121
SCOTT, H. Blanche w/o Omar	20 Jul 1885	5 Oct 1906	So-99
SCOTT, Hattie Marshall	23 Sep 1870	31 Oct 1956	So-121
SCOTT, Infant s/o Joseph & Hattie	none	26 Feb 1890	So-121
SCOTT, James H. Rev.	31 Jan 1828	22 May 1901	So-99
SCOTT, James Samuel h/o Lucy Dayton	25 Mar 1928	26 Mar 1928	So-99
SCOTT, Jean Whittington w/o Julian A.	(d.age 41yr)	Oct 1974	So-4
SCOTT, John D.	10 Feb 1840	29 Dec 1908	So-93
SCOTT, John Samuel	(d.age 22yr)	13 Oct 1836	So-72
SCOTT, Joseph Gunby	12 Mar 1858	26 Sep 1911	So-121
SCOTT, Julia w/o John D.	9 Aug 1843	10 Apr 1887	So-90
SCOTT, Louisa E. w/o James H.	14 Oct 1833	29 Dec 1904	So-99
SCOTT, Lucy Smullen 2nd w/o J.S.	27 Mar 1857	22 Jul 1922	So-99
SCOTT, Lucy Z. Smullen	11 May 1859	12 Apr 1937	So-132
SCOTT, Margaret W.	11 Mar 1894	none	So-122
SCOTT, Mary H.	(d.age 16yr)	10 Oct 1848	So-72
SCOTT, Mollie J. w/o Joseph G.	1869	1893	So-120
SCOTT, Omar M.	5 Feb 1883	2 Apr 1955	So-122
SCOTT, Roy C.	13 Aug 1900	11 Jun 1969	So-3
SCOTT, Susie w/o Winfred	1882	1961	So-72
SCOTT, Virginia R.	1847	1933	So-93
SCOTT, Walter Lankford s/o Joseph G.	1893	1893	So-120
SCOTT, William L.	1852	1933	So-132
SCOTT, Winfred	1880	1960	So-72
SEARS, Sarah A.	1848	1944	So-44
SEARS, William A.	1872	1892	So-44
SELTZER, Annie S. (b.Delaware)	18 Jun 1855	27 Oct 1932	So-68
SELTZER, Edward L. (b. Pottsville Pa.)	1855	1927	So-68
SEXTON, John	1877	1943	So-121
SEXTON, Robert A. WWII	2 Sep 1912	10 Feb 1967	So-3
SEXTON, Sidonia	1878	1970	So-121
SHANTON, Mary E.	1887	1969	So-3
SHARP, Delia Bame	1870	none	So-121
SHARP, Kessell E.	1903	1966	So-121
SHARP, Lula Mae	1905	1935	So-121
SHARP, Walter Q.	1868	1928	So-121
SHARRETT, Maggie I.	26 Oct 1869	16 Jul 1960	So-121
SHARRETT, Samuel	17 Nov 1865	13 Dec 1922	So-121
SHAW, Hattie E.	1886	1926	So-110
SHELLER, John C.	1903	1960	So-122
SHELTON, Blanche E. w/o Fletcher T.	1896	none	So-110
SHELTON, Fletcher T.	1898	1958	So-110
SHELTON, Fonsia A. w/o William S.	1886	1960	So-110
SHELTON, William S.	1876	1947	So-110
SHIELDS, Edward S.	2 Dec 1868	25 Oct 1924	So-121
SHIELDS, John M.	1865	1935	So-121
SHIELDS, Sallie L.	1865	1939	So-121
SHOCKLEY, Annie M.	1874	1902	So-107
SHOCKLEY, Elsie	1911	1946	So-122
SHOCKLEY, Hazel F.	1918	none	So-122
SHOCKLEY, Hazel Lena	1 Aug 1884	29 Oct 1951	So-122
SHOCKLEY, John H.	2 Jul 1863	17 Apr 1932	So-1

Name	Birth	Death	Location
SHOCKLEY, Joseph P.	1880	1953	So-122
SHOCKLEY, Linwood J. Sr.	1910	1968	So-122
SHOCKLEY, Mary w/o John H.	none	2 Jun 1942	So-1
SHOCKLEY, Walter H. s/o John	1 Oct 1887	21 Feb 1918	So-1
SHOCKLEY, William C.	(d.age 98yr)	Feb 1977	So-110
SHORES, Alexander J.	(d.age 28yr)	28 Mar 1844	So-84
SHORES, Alice J.	1912	10 Jun 1981	So-72
SHORES, Barney G.	1861	1938	So-97
SHORES, Betsy w/o Thomas	1808	1891	So-109
SHORES, Carol G.	1891	1951	So-110
SHORES, Charles A.	1870	1951	So-110
SHORES, Charlton	28 Sep 1906	20 Aug 1907	So-72
SHORES, Christopher G. s/o Levin	26 Oct 1840	1865	So-90
SHORES, Clarence	1884	1960	So-72
SHORES, Edward J.	26 Jan 1846	8 Jul 1908	So-132
SHORES, Elmer J.	1882	1935	So-110
SHORES, Emma C. w/o Barney G.	1871	1909	So-97
SHORES, Evaline S. w/o William L.	1859	1916	So-97
SHORES, Fannie C.	30 Apr 1874	5 Aug 1891	So-72
SHORES, Florence G. w/o Thomas E.	9 Mar 1872	8 Aug 1893	So-72
SHORES, Frances w/o Novella Hall	1848	1902	So-110
SHORES, George E.	16 Mar 1840	6 Sep 1889	So-109
SHORES, George F.	1888	1970	So-72
SHORES, Gordy s/o Thomas E.	10 Dec 1890	15 Oct 1891	So-72
SHORES, Hattie B. w/o Elmer J.	none	none	So-110
SHORES, Henry L.	1919	1953	So-72
SHORES, Hester M. w/o Zachariah E.	1881	1936	So-110
SHORES, Ida Washington w/o John Thomas	1868	1936	So-110
SHORES, Infant s/o Thomas E. & F. G.	6 Mar 1893	8 Mar 1893	So-72
SHORES, James Wilson	1934	1934	So-72
SHORES, John A. h/o Elizabeth	29 Mar 1836	29 Apr 1922	So-72
SHORES, John S.	1861	1923	So-72
SHORES, John T. WWII	1924	1963	So-110
SHORES, John Thomas	1862	1943	So-110
SHORES, John W.	1863	1896	So-109
SHORES, Lambert	1800	1873	So-97
SHORES, Leah L. w/o Edward	4 Nov 1864	10 Nov 1896	So-91
SHORES, Leah w/o William	(d.age 61yr)	7 Apr 1866	So-91
SHORES, Leonard C.	1894	1923	So-110
SHORES, Levin	(d.age 80yr)	7 Nov 1869	So-90
SHORES, Lillie M. w/o Lee	31 Aug 1897	8 Mar 1918	So-91
SHORES, Louise C.	1882	1953	So-72
SHORES, Margaret w/o G. W.	(d.age 34yr)	4 Aug 1852	So-90
SHORES, Margie P. w/o Warren E.	1896	1969	So-110
SHORES, Mary	(d.age 66yr)	28 Feb 1855	So-84
SHORES, Mary A. d/o S. W.	(d.age 17mo)	16 Jul 1864	So-72
SHORES, Mary A. w/o Charles A.	1870	1946	So-110
SHORES, Mary w/o L.	(d.age 46yr)	10 Oct 1841	So-84
SHORES, Meta E. s/o Joseph D.	1905	1905	So-90
SHORES, Nancy W. w/o E. J.	1875	1901	So-109
SHORES, Nemiah B.	(d.age 53yr)	17 Oct 1871	So-84
SHORES, Nora E. w/o Wood T.	1882	1942	So-110
SHORES, Novella Hall	1852	1919	So-110
SHORES, Robert J.	1883	1969	So-72
SHORES, Robert J.	15 Dec 1912	26 Aug 1974	So-72

Name	Birth	Death	Ref
SHORES, Ruby P.	(d.age 94yr)	7 Jul 1982	So-72
SHORES, Ruth Virginia d/o Elmer J.	6 Oct 1910	8 Jul 1911	So-132
SHORES, Sadie w/o John W.	none	none	So-109
SHORES, Sally w/o Lambert	1794	1952	So-97
SHORES, Samuel	1882	1949	So-72
SHORES, Samuel J. B. s/o Levin	(d.age 37yr)	29 Nov 1872	So-90
SHORES, Severn	15 Nov 1814	16 Nov 1865	So-84
SHORES, Sidney s/o Levin	(d.age 22yr)	1849	So-90
SHORES, Thomas	(d.age 51yr)	5 Oct 1875	So-181
SHORES, Thomas	25 Oct 1789	4 Jul 1858	So-84
SHORES, Thomas Jerome	8 Dec 1916	14 Apr 197-	So-72
SHORES, Vella B. w/o Leonard C.	1897	1962	So-110
SHORES, Warren E.	1892	1949	So-110
SHORES, William F.	1912	1932	So-122
SHORES, William J.	25 Oct 1813	19 Sep 1881	So-91
SHORES, William L.	1856	1914	So-97
SHORES, Wood T.	1876	1925	So-110
SHORES, Zachariah E.	1871	1917	So-110
SHREINER, Catherine B.	1911	1935	So-121
SHRIEVES, A. Harry s/o Sandy	24 Oct 1887	27 Mar 1889	So-99
SHRIEVES, Brady T. s/o Sandy	(d.age 9yr)	2 Jun 1890	So-99
SHRIEVES, Daisey U.	1886	1955	So-121
SHRIEVES, J. Leonard	1883	1947	So-121
SHRIEVES, John Brady	1907	1962	So-99
SHRIEVES, Leonard	1911	1935	So-121
SHRIEVES, Mary d/o Sandy	7 Jul 1894	5 Feb 1895	So-99
SHRIEVES, Sandy, Capt, drowned	(d.age 35yr)	2 Jun 1890	So-99
SHRINES, Annie	27 Sep 1829	10 Feb 1903	So-86
SIDDONS, Charles R.	1884	1958	So-122
SIDDONS, Ethel P.	1891	1957	So-122
SIGLER, Audra Opal	25 Sep 1905	30 Nov 1946	So-121
SIGLER, John W.	30 Jan 1875	4 Apr 1926	So-121
SIGLER, Kate D.	14 Jan 1877	23 Oct 1949	So-121
SIGLER, Lloyd W.	12 Mar 1902	14 Jan 1922	So-121
SILVIA, Alice E.	1902	none	So-121
SILVIA, Robert A.	1898	1961	So-121
SILVIA, Sarah Henderson	1905	1930	So-121
SILVIA, Sarah Marshall	1878	1951	So-121
SIMMONS, Elizabeth Bell	1904	1917	So-72
SIMMONS, James Arthur	1906	1911	So-72
SIMMONS, James E.	1875	1953	So-72
SIMMONS, Mamie E.	1884	1943	So-72
SIMMS, Brady D.	1897	1978	So-130
SIMMS, Dorothy Bounds w/o Clark I.	(d.age 82yr)	Feb 1974	So-99
SIMMS, Elsie A.	1893	1963	So-130
SIMMS, Emerson	1888	1950	So-130
SIMMS, Emma N.	22 Aug 1859	12 Oct 1928	So-99
SIMMS, H. Parker s/o G. D.	1952	1952	So-99
SIMMS, Jesse S.	2 Mar 1824	24 Jul 1879	So-176
SIMMS, John R.	13 Jun 1886	none	So-99
SIMMS, Mary w/o William P.	1874	1954	So-99
SIMMS, Revelle P.	3 Apr 1852	16 Jan 1944	So-99
SIMMS, Ruby N.	1888	1959	So-130
SIMMS, Sallie E. w/o Revelle	22 Aug 1859	none	So-99
SIMMS, Sarah J.	1852	1902	So-99

Name	Birth	Death	Ref
SIMMS,WiLlie D.		1882	1932	So-99
SIMMS,Wilber F.		1851	1943	So-99
SIMMS,William P.		1871	1926	So-99
SIMPKINS,Ada L.		1888	1961	So-72
SIMPKINS,Ada R. d/o A. M.	(d.age 1yr)		1871	So-85
SIMPKINS,Addie M. w/o Fred		1889	1960	So-99
SIMPKINS,Beulah P. d/o George	8 Jul 1890	11 Sep 1906	So-99
SIMPKINS,Beulah d/o T. W.	21 Jan 1910	1910	So-99
SIMPKINS,Charles E.		1887	1960	So-72
SIMPKINS,Charles M.	12 Jan 1847	9 Dec 1913	So-93
SIMPKINS,Charles T. s/o Jesse W.	8 Feb 1870	18 Jun 1885	So-99
SIMPKINS,Charles Woodland	none	1872	So-85
SIMPKINS,Clayton T.	(d.age90yr)	Aug 1974	So-99
SIMPKINS,Eliza R.	1879	1937	So-93
SIMPKINS,Estella M.	1879	1955	So-99
SIMPKINS,Fred Sr.	1881	1967	So-99
SIMPKINS,George W.	5 Jan 1859	28 Mar 1938	So-99
SIMPKINS,Harriet E. w/o Thomas R.	27 Mar 1838	24 Apr 1879	So-99
SIMPKINS,J. Clifton	1875	1955	So-99
SIMPKINS,J. Elwood	1901	1962	So-99
SIMPKINS,James H. s/o T. W.	30 May 1906	1906	So-99
SIMPKINS,James R. s/o Irving	28 Dec 1928	14 Mar 1932	So-99
SIMPKINS,Jesse W.	19 Jun 1835	11 Oct 1919	So-99
SIMPKINS,Mary Eliza	7 Apr 1859	4 Oct 1952	So-99
SIMPKINS,Mary Ethel	1884	1952	So-99
SIMPKINS,Mary w/o W. W.	8 Dec 1865	17 Aug 1905	So-99
SIMPKINS,Matilda A.E. w/o Jesse	18 Jan 1811	6 Oct 1853	So-176
SIMPKINS,Minnie A.	1883	1962	So-93
SIMPKINS,Rachel E. d/o Jesse W.	28 Feb 1878	14 Apr 1895	So-99
SIMPKINS,Rebecca A. w/o Jesse W.	(d.age61yr)	7 Nov 1904	So-99
SIMPKINS,Thomas P. Capt.	2 Sep 1833	25 May 1889	So-99
SIMPKINS,Thomas W.	1877	1966	So-99
SIMPKINS,William O.	1879	1937	So-93
SIMPKINS,William T.	1887	1967	So-99
SIMPKINS,William W.	17 Jun 1862	9 Mar 1938	So-99
SIMPSON,Theodore s/o Rev. T.V.& M.C.	(d.age10da)	16 Mar 1811	So-121
SIMS,Ellen	26 Nov 1827	26 Dec 1876	So-98
SIMS,Elsie d/o Granville	1910	1956	So-99
SIMS,Esther A.	(d.age 8yr)	15 Sep 1857	So-176
SIMS,Granville	1870	1964	So-99
SIMS,Helen d/o Granville	1908	1912	So-99
SIMS,John	10 Sep 1824	9 Jun 1891	So-176
SIMS,John F.	4 May 1855	27 Mar 1914	So-99
SIMS,John W. s/o William J.	(d.age 2yr)	23 Sep 1864	So-176
SIMS,Laura I.	27 Dec 1859	16 Dec 1921	So-99
SIMS,Louis Mae Bloodsworth	1902	1968	So-99
SIMS,Mary A. w/o John	21 Feb 1828	30 Dec 1896	So-99
SIMS,Mary Fisher w/o Granville	1871	1936	So-99
SIMS,Robert S. s/o John	(d.age 2mo)	6 Sep 1847	So-176
SIMS,Samuel	18 Dec 1815	20 Sep 1900	So-98
SIMS,Sophia d/o Sam. & Mary	8 Sep 1806	10 Oct 1882	So-98
SIMS,William Eddie	1 Mar 1894	7 Mar 1936	So-99
SINCLAIR,Von A.	none	none	So-109
SLEMONS,Annie Virginia Morris w/o J.E	(d.age23yr)	30 Apr 1873	So-119
SLEMONS,J. Edwin	1845	1913	So-119

Name	Birth	Death	Location
SLEMONS, Maggie May d/o J. Edwin	12 Jun 1872	23 Apr 1873	So-119
SMITH, Alice Esther d/o Levin A.	(d.age 19mo)	18 Aug 1857	So-75
SMITH, Alice H.	10 Oct 1857	22 Jan 1864	So-75
SMITH, Alice d/o William T.	(d.age 6yr)	22 Jan 1863	So-154
SMITH, Amelia J.	(d.age 83yr)	24 Nov 1911	So-111
SMITH, Anna P.	1886	1953	So-122
SMITH, Annie M.	1899	none	So-111
SMITH, Annie M. w/o Levin A.	(d.age 26yr)	11 Apr 1859	So-75
SMITH, Annie Maslin w/o Francis T.	13 Jan 1839	14 Apr 1921	So-121
SMITH, Bertie	1906	1933	So-111
SMITH, Betty A.	1 Apr 1923	23 Oct 1978	So-146
SMITH, Blanche w/o Tilden	1876	1908	So-110
SMITH, Charles B.	2 May 1888	14 Feb 1955	So-146
SMITH, Charles B.	21 Jul 1904	28 Mar 1932	So-110
SMITH, Charles J.	1917	1982	So-146
SMITH, Clara V.	1914	1952	So-111
SMITH, Donald	1907	1907	So-111
SMITH, Dorris M.	9 Dec 1919	4 Dec 1960	So-111
SMITH, E. Mace	1888	1967	So-122
SMITH, Earl	1892	1968	So-122
SMITH, Edith G. w/o Charles B.	1876	1960	So-110
SMITH, Edna M.	9 Feb 1897	10 May 1914	So-1
SMITH, Edward Hammond	3 Jun 1859	20 Nov 1936	So-97
SMITH, Edward Orich	1850	1928	So-119
SMITH, Edward W.	1862	1923	So-110
SMITH, Edwin Capt.	1904	1949	So-99
SMITH, Edwin C.	1898	1954	So-111
SMITH, Eliza A.	4 Nov 1886	23 Feb 1939	So-111
SMITH, Elizabeth Ann w/o George T.	1873	1952	So-110
SMITH, Elizabeth M.	8 Aug 1868	20 Nov 1948	So-97
SMITH, Ella B. Dashiell w/o Edward O.	29 May 1859	1934	So-119
SMITH, Ella Mae	1895	1941	So-122
SMITH, Ella V.	1866	none	So-121
SMITH, Elwood	10 May 1905	16 Jan 1955	So-122
SMITH, Emily May d/o William H.	(d.age 15mo)	20 Aug 1872	So-121
SMITH, Emma Josephine w/o William H.	1838	1906	So-120
SMITH, Esther	16 Jan 1905	11 Jun 1936	So-122
SMITH, Etta A.	8 Apr 1881	12 Dec 1918	So-121
SMITH, Eugene (no stone)	(d.age 29yr)	23 Nov 1866	So-119
SMITH, Evannah w/o Levin J.	11 Jan 1857	15 May 1899	So-179
SMITH, Francis T.	26 May 1873	21 Nov 1954	So-121
SMITH, G. W. s/o Paul	1903	1914	So-110
SMITH, George T.	1853	1936	So-110
SMITH, George W.	11 Oct 1890	20 Aug 1947	So-111
SMITH, Helen E.	1882	1958	So-121
SMITH, Henrietta Paulina (Lena)	1881	1954	So-110
SMITH, Henrietta d/o Levin A. & Anne	(d.age 4mo)	10 Jan 1858	So-75
SMITH, Henry Y.	19 Feb 1854	27 Jan 1864	So-75
SMITH, Henry s/o William T.	(d.age 10yr)	27 Jan 1863	So-154
SMITH, Hester w/o William	none	7 May 1861	So-75
SMITH, Ira	1878	1946	So-111
SMITH, J. Sydney	1848	1919	So-110
SMITH, Jennie w/o John W.	1888	none	So-110
SMITH, John (no stone)	(d.age 94yr)	12 Oct 1865	So-119
SMITH, John C.	1847	1909	So-110

Name	Birth	Death	Plot
SMITH, John H.		1850	1923	So-111
SMITH, John Sidney s/o John	4 Apr 1837	1 Oct 1844	So-119
SMITH, John W.	1821	unreadable	So-109
SMITH, John W.	1883	1942	So-110
SMITH, John W. Rev.	20 May 1873	21 Nov 1954	So-121
SMITH, Joseph Fry b. Virginia	1 Dec 1814	10 Feb 1894	So-119
SMITH, Julia F.	1885	1973	So-130
SMITH, Julia d/o William H.	(d.age 9yr)	1 Feb 1872	So-121
SMITH, Kate H.	1876	1946	So-122
SMITH, Katherine Hayman	1 Jan 1870	10 Sep 1959	So-121
SMITH, L. Preston	1900	1951	So-122
SMITH, Lewis Elmer s/o Perry	(d.age 4yr)	25 Jun 1899	So-99
SMITH, Livinia E. w/o William	14 Apr 1850	2 Apr 1898	So-125
SMITH, Lizzie	(d.age 79yr)	1966	So-111
SMITH, Lizzie w/o John S.	12 Mar 1850	21 Oct 1897	So-109
SMITH, Lucille F.	1916	1924	So-111
SMITH, Maggie J.	1892	1922	So-111
SMITH, Margaret	1870	1922	So-73
SMITH, Martin (ch.d.Scarlet Fever)	(d.age 4yr)	24 Jan 1863	So-154
SMITH, Martin T.	16 Aug 1859	21 Jan 1864	So-75
SMITH, Mary A.	3 Sep 1861	25 Oct 1865	So-119
SMITH, Mary A. w/o Thomas	1868	1940	So-99
SMITH, Mary Alice d/o W.S. & Lizzie	7 Oct 1884	1 Oct 1885	So-75
SMITH, Mary Amanda d/o Joseph F.	(d.age 4yr)	25 Oct 1865	So-121
SMITH, Mary C. w/o John C.	27 Jun 1856	8 Aug 1900	So-109
SMITH, Mary E. w/o Jack (no stone)	(d.age 84yr)	24 Mar 1883	So-119
SMITH, Mary Eliza d/o William T.	(d.age 3yr)	6 Dec 1851	So-75
SMITH, Mary Elizabeth w/o Joseph	(d.age 54yr)	12 Apr 1874	So-119
SMITH, Mary F.	13 Jun 1856	25 Jan 1864	So-75
SMITH, Mary d/o William T.	(d.age 8yr)	25 Jan 1863	So-154
SMITH, Myra J.	1906	1962	So-99
SMITH, O. Paige	1902	1969	So-3
SMITH, Ola E. Jones w/o Gilbert D.	(d.age 74yr)	May 1987	So-98
SMITH, Olive Viola	1883	1965	So-110
SMITH, Olivia J. w/o William H.	1832	1880	So-120
SMITH, Oscar H.	1884	1963	So-111
SMITH, Perry M.	5 Sep 1858	2 Dec 1922	So-99
SMITH, Phillapa	11 Mar 1864	10 Jul 1864	So-119
SMITH, Phillip M.	1875	1963	So-121
SMITH, Phillip M. Jr.	1907	1924	So-121
SMITH, Rae K.	1910	1929	So-111
SMITH, Rebecca J. w/o George T.	18 Dec 1858	8 Jun 1886	So-179
SMITH, Rhoberta	1873	1939	So-110
SMITH, Robert L. s/o Perry	6 Apr 1888	25 Jul 1909	So-99
SMITH, S. Aileen	1922	none	So-122
SMITH, Samuel F.	22 Feb 1848	28 Apr 1907	So-119
SMITH, Samuel Fry s/o W. T. & H.M.	17 Jul 1852	27 Jan 1864	So-75
SMITH, Samuel s/o William T.	(d.age 12yr)	27 Jan 1863	So-154
SMITH, Sidney B.	7 Apr 1911	15 Oct 1911	So-111
SMITH, Sidney W.	1908	1908	So-111
SMITH, Sophonisha Handy w/o Teackle J.	1871	1964	So-121
SMITH, Susie M.	1901	none	So-122
SMITH, Teackle Jacob MD s/o Charles	1869	1951	So-121
SMITH, Thomas E.	24 Mar 1827	30 Oct 1895	So-1
SMITH, Venie M.	14 Apr 1882	12 Apr 1967	So-111

Name	Birth	Death	Ref
SMITH, Virginia E.	1860	1901	So-73
SMITH, Virginia Fontaine w/o Samuel	none	3 Feb 1900	So-119
SMITH, William D.	19 Oct 1903	14 Jun 1965	So-121
SMITH, William H. (b. Alexandria Va.)	1823	1901	So-120
SMITH, William Sr.	(d. age 75yr)	9 Jan 1858	So-75
SMITH, William T.	16 Dec 1814	4 Dec 1889	So-75
SMITH, Willie G.	1872	1941	So-122
SMULLEN, Anna Belle	1924	1935	So-130
SMULLEN, Darath W.	1905	1976	So-130
SMULLEN, Elizabeth H.	1815	1881	So-120
SMULLEN, Frank	1858	1923	So-130
SMULLEN, Jennie D.	1888	1960	So-121
SMULLEN, John H.	1883	1967	So-121
SMULLEN, John H.	4 Jan 1841	3 Nov 1921	So-132
SMULLEN, Nathaniel	1809	1866	So-120
SMULLEN, Rosanna	1849	1926	So-120
SMULLEN, Walter S.	1907	1967	So-121
SMULLEN, Williamanna	1862	1922	So-130
SNEADE, Alexander W.	1884	1886	So-69
SNEADE, Amanda W.	4 Nov 1877	8 May 1960	So-112
SNEADE, Asbury W.	1878	1886	So-69
SNEADE, Charles W.	1872	1951	So-69
SNEADE, Clara J.	20 Feb 1882	23 Apr 1919	So-69
SNEADE, Cora Dryden w/o C. Wesley	31 Dec 1871	2 Jul 1933	So-123
SNEADE, Elizabeth S.	1901	19 Jul 1967	So-69
SNEADE, George T.	1868	1884	So-69
SNEADE, Harvey R.	27 Oct 1919	20 Nov 1920	So-69
SNEADE, James E.	15 Feb 1875	7 Nov 1957	So-112
SNEADE, John	17 Sep 1842	17 Jun 1910	So-69
SNEADE, John A.	1868	1882	So-69
SNEADE, Margaret E.	7 Jan 1845	16 Apr 1914	So-69
SNEADE, Martha A.	31 Aug 1904	28 May 1908	So-69
SNEADE, Mary M.	1876	1886	So-69
SNEADE, Perry R.	1899	1964	So-69
SNEADE, Preston W.	23 Dec 1900	17 Sep 1901	So-69
SNEADE, Susan Marie	1955	1960	So-112
SNEADE, Wesley Corbin	29 Mar 1940	1942	So-69
SNEADE, William O.	1865	1886	So-69
SOMERS, Andie B.	none	24 Sep 1965	So-107
SOMERS, Annie L.	1889	1956	So-112
SOMERS, Arnold I. WWII	1924	1965	So-110
SOMERS, Aurintha P.	1859	1924	So-112
SOMERS, Charles H.	1870	1948	So-121
SOMERS, Charles W.	none	13 Nov 1873	So-106
SOMERS, Christopher	24 Mar 1955	3 Mar 1893	So-132
SOMERS, Cora Hastings w/o Chrisstopher	11 Aug 1861	26 Jan 1929	So-132
SOMERS, Dan T. s/o S. J. & M. J.	none	24 Aug 1873	So-106
SOMERS, Daniel S.	1863	1951	So-112
SOMERS, Daniel T.	1887	1967	So-112
SOMERS, Dora G.	1900	1977	So-68
SOMERS, Edna P.	1888	1962	So-112
SOMERS, Emma W.	1962	1944	So-132
SOMERS, Ephraim	1803	1876	So-46
SOMERS, Freddie	13 Feb 1890	11 Feb 1891	So-112
SOMERS, George A.	1856	1923	So-132

Name	Birth	Death	Ref
SOMERS, Howard R.	1904	1977	So-68
SOMERS, Isadora grdau/o C.W. Nutter	1882	1898	So-109
SOMERS, J. F. Dr.	9 Aug 1859	10 Oct 1930	So-67
SOMERS, James A.	1867	1958	So-45
SOMERS, John C. WWI	21 Dec 1896	19 Sep 1967	So-67
SOMERS, John F. Dr.	1859	1930	So-67
SOMERS, John Lawrence WW I	6 Dec 1896	3 Aug 1951	So-107
SOMERS, John S.	1869	1960	So-97
SOMERS, Laura E.	1869	1905	So-112
SOMERS, Lorenzo D.	1886	1927	So-112
SOMERS, Maggie S. w/o John S.	1874	1905	So-97
SOMERS, Mamie L. w/o Jacob	20 Sep 1863	3 Nov 1950	So-67
SOMERS, Michael	12 May 1812	5 Jan 1899	So-107
SOMERS, Michael B.	1956	1976	So-68
SOMERS, Mona Riggin w/o James A.	1873	1903	So-45
SOMERS, Morris W.	1908	1953	So-69
SOMERS, Nancy H.	1776	1870	So-57
SOMERS, Rachel H. w/o Michael	20 Dec 1828	28 Oct 1904	So-107
SOMERS, Rudolph W.	3 Feb 1911	7 Aug 1911	So-112
SOMERS, Sallie E.	1872	1947	So-121
SOMERS, William J.	1835	1908	So-110
SOMMERS, Sarah C.	1864	1928	So-172
SOMMERS, Wesley R. s/o Henry & S. G.	28 Feb 1900	10 May 1910	So-172
SPEIGHTS, Charles Henry	1863	1957	So-122
SPEIGHTS, Clara Hall	1865	1956	So-122
SPEIGHTS, Kathryn H. Sigler	1897	1968	So-122
SPENCER, Francis (no stone)	none	Jul 1849	So-119
SPIVA, Absalom	1848	1924	So-120
SPIVA, Harriet M.	1892	1961	So-122
SPIVA, Henrietta M.	1844	1921	So-120
SPIVA, Margaret Dixon w/o William B.	28 Aug 1875	2 Aug 1920	So-119
SPIVA, William B.	1874	1962	So-122
SPRIGGS, Agnes	1885	1957	So-112
SPRIGGS, Francis A.	1908	1909	So-111
SPRIGGS, John	1880	1938	So-112
STACEY, Marion F.	1907	1945	So-67
STACEY, Willis N.	1906	1936	So-67
STACY, Elwood E. Jr. s/o E.E. & Helen	11 May 1958	12 May 1958	So-121
STANFORD, Henry Laurenson Dashiell	2 Oct 1856	10 Aug 1917	So-119
STANFORD, Henry Laurenson Dashiell Jr.	1897	1944	So-119
STANT, Elwood L.	13 Jan 1893	30 Dec 1917	So-67
STANT, John E.	none	2 Jul 1890	So-112
STANT, Peter J.	13 Jan 1884	14 Sep 1886	So-112
STANT, Rachell E.	19 Sep 1851	29 Apr 1870	So-111
STANT, W. Dr.	1865	1946	So-112
STARK, Woldemar G.	1870	1958	So-93
STEIGER, Ferdinand	4 Jul 1829	21 Sep 1907	So-1
STEIGER, Mary	4 May 1828	29 Sep 1907	So-1
STERING, Charles	(d.age 22yr)	7 Sep 1886	So-107
STERING, Lizzie w/o S. E.	10 May 1854	17 Feb 1920	So-107
STERLING, Albert W.	1881	1955	So-137
STERLING, Alice	1875	1887	So-41
STERLING, Archie L.	1 May 1888	3 Dec 1907	So-107
STERLING, Arintha Jane d/o Clement	11 Mar 1840	18 Oct 1853	So-31
STERLING, Arthur	1880	1952	So-4

Name	Birth	Death	Ref
STERLING, Arthur V.		1867	1894	So-4
STERLING, Carolyn Gibbons w/o Jerry R. (d.age 22yr)		Jan 1982	So-123
STERLING, Celia w/o William H.	1878	1932	So-107
STERLING, Charleotte A.	1909	none	So-68
STERLING, Charles N.	1867	1935	So-107
STERLING, Charles W.	1871	1891	So-23
STERLING, Charles W. WW I	23 Feb 1896	14 Oct 1918	So-107
STERLING, Charlotte w/o Stoughton	1892	1955	So-47
STERLING, Christopher	22 Jun 1822	1 May 1870	So-41
STERLING, Christopher C.	9 Feb 1856	19 Jun 1917	So-107
STERLING, Clara Jane	1870	none	So-63
STERLING, Clement	1 Jun 1806	17 Mar 1873	So-31
STERLING, Cornelius	1862	1941	So-29
STERLING, Cornelius L.	1890	1911	So-50
STERLING, David	1797	1873	So-41
STERLING, David	1831	1901	So-23
STERLING, David	19 Aug 1825	24 Mar 1906	So-124
STERLING, E. Blanche Dr.	1872	1957	So-45
STERLING, Effie S.	19 Jul 1875	12 May 1899	So-107
STERLING, Elijah	1795	1869	So-41
STERLING, Elijah W.	1859	1865	So-58
STERLING, Elizabeth	1889	1935	So-4
STERLING, Emma R.	1857	1916	So-50
STERLING, George	1853	1929	So-42
STERLING, George F.	1844	1855	So-48
STERLING, George T.	1852	1916	So-107
STERLING, Grace Bloxom w/o Wm. A.	(d.age 81yr)	30 Aug 1987	So-124
STERLING, Grace C.	1846	1893	So-64
STERLING, Grace w/o Travis	20 May 1814	12 Jul 1900	So-42
STERLING, Harold	1907	1909	So-63
STERLING, Hattie E. d/o John H.	18 Feb 1882	20 Dec 1892	So-42
STERLING, Henry	1784	1852	So-54
STERLING, Henry	1827	1904	So-63
STERLING, Hettie O. w/o Albert	1867	1949	So-137
STERLING, Horace S. s/o S. E. & L.E.	18 Feb 1893	11 Feb 1895	So-107
STERLING, Ida Morris	none	1931	So-68
STERLING, Ida Plummer w/o Charles N.	1867	1952	So-107
STERLING, Isaac C.	1844	1929	So-42
STERLING, James C.	1815	1869	So-55
STERLING, John H.	24 Dec 1847	15 Jul 1909	So-42
STERLING, John N.	1881	1882	So-49
STERLING, John T.	1847	1894	So-4
STERLING, John Thomas	1867	1934	So-68
STERLING, Julia A.	1840	1913	So-50
STERLING, Julia w/o Christopher	8 Sep 1827	22 Nov 1874	So-41
STERLING, Lawson	1914	1943	So-45
STERLING, Leah M.	1822	1869	So-55
STERLING, Leah Tawes w/o Clement	1802	25 Jan 1883	So-31
STERLING, Leah w/o Clement	1802	25 Jan 1883	So-31
STERLING, Lizzie V.	none	none	So-64
STERLING, Lovey	1854	1860	So-35
STERLING, Lucy C. w/o George T.	1853	1926	So-107
STERLING, Mannie E. w/o Abendego	25 Apr 1874	5 Mar 1956	So-45
STERLING, Marianna J.	1870	1884	So-41
STERLING, Mary A.	1828	1839	So-41

STERLING,Mary A.		1835	1914	So-23
STERLING,Mary E.	14 Jun	1888	13 Apr 1905	So-107
STERLING,Mary F.		none	1868	So-48
STERLING,Mary T.		1806	1882	So-41
STERLING,Napoleon		1853	1929	So-42
STERLING,Nellie M.		1813	1842	So-55
STERLING,Newman W.	24 Feb	1905	15 Mar 1950	So-4
STERLING,Noah		1819	1841	So-48
STERLING,Noland B.		1887	1889	So-64
STERLING,Orin W.		1906	1975	So-68
STERLING,Priscilla		1886	1941	So-47
STERLING,Quinn J.		1879	1946	So-63
STERLING,Rachel		1834	1838	So-35
STERLING,Rachel L. w/o David	4 Mar	1828	24 Dec 1883	So-124
STERLING,Robert		1868	1937	So-63
STERLING,Robert D.		1832	1860	So-55
STERLING,Robert H.		1867	1938	So-50
STERLING,Rufus W.		1883	1884	So-64
STERLING,Sadie Taylor		1884	1934	So-68
STERLING,Sallie D. w/o Shadrack		1829	1873	So-67
STERLING,Sally D.		1846	1926	So-42
STERLING,Shadrach		1829	1894	So-67
STERLING,Silas		1844	1872	So-41
STERLING,Stoughton		1857	1894	So-47
STERLING,Stoughton		1892	1976	So-47
STERLING,Thomas G.	20 Dec	1881	10 Nov 1918	So-107
STERLING,Travis	11 Apr	1801	7 Jul 1869	So-42
STERLING,Virginia Dix		1914	1977	So-47
STERLING,William		1810	1904	So-55
STERLING,William E.		1849	1928	So-107
STERLING,William E. s/o S.E. & L.E.	9 Jul	1885	21 Nov 1888	So-107
STERLING,William H.		1826	1907	So-50
STERLING,William H.		1878	1944	So-107
STERLING,William J. Bryan		1896	1925	So-29
STERLING,William Levin		1843	1897	So-22
STERLING,William Rastau		1864	1942	So-63
STERLING,William W.		1836	none	So-55
STEVENS,Alex H.		1864	1865	So-35
STEVENS,Mary D.	(d.age68yr)		9 Jul 1858	So-119
STEVENS,William Esq. Judge	(d.age57yr)		20 Dec 1887	So-1
STEVENSON,Anna Virginia	19 May	1867	15 Nov 1870	So-32
STEVENSON,Arinthia A. w/o Thomas	20 Feb	1838	17 Feb 1906	So-4
STEVENSON,Benjamin F.		1847	1923	So-32
STEVENSON,Benjamin T.	3 May	1809	20 Aug 1886	So-32
STEVENSON,Benjamin T.	24 Sep	1883	18 Dec 1884	So-32
STEVENSON,Charles W. s/o Benjamin F.	1 Mar	1870	19 May 1891	So-32
STEVENSON,Clara J.	7 Aug	1871	14 Oct 1884	So-32
STEVENSON,Cornelia L.		1849	1888	So-67
STEVENSON,Elizabeth W. w/o John B.	(d.age62yr)		18 Jan 1875	So-67
STEVENSON,Ella Sterling w/o Ira E.	12 Mar	1869	27 Sep 1954	So-4
STEVENSON,George Fletcher		1847	1903	So-4
STEVENSON,George R.	1 May	1815	4 Jun 1885	So-67
STEVENSON,Harriet S. w/o Benjamin T.	3 May	1808	20 Aug 1881	So-32
STEVENSON,Ira Edmund	2 Mar	1863	22 Jun 1917	So-4
STEVENSON,John B.	27 Jul	1804	18 Jan 1872	So-67

Name	Birth	Death	Location
STEVENSON, John Benjamin	1907	1979	So-68
STEVENSON, John W.	22 Sep 1842	17 Oct 1853	So-32
STEVENSON, Kassie A. w/o George R.	1 Apr 1819	9 Aug 1896	So-67
STEVENSON, Leonidas W.	2 Mar 1847	28 Sep 1877	So-4
STEVENSON, Lizzie M.	1861	30 Nov 1943	So-4
STEVENSON, Mary Aurinthia	24 Mar 1889	none	So-4
STEVENSON, Mary Jane w/o Benjamin	11 Oct 1844	28 Jun 1910	So-32
STEVENSON, Prettyman	(d.age60yr)	2 Jan 1878	So-67
STEVENSON, Sarah A. w/o George	1851	1911	So-4
STEVENSON, Thelma	1903	1903	So-124
STEVENSON, Thomas	5 Jun 1835	20 Dec 1889	So-4
STEVENSON, Thomas E. s/o George	7 Oct 1840	26 Sep 1868	So-67
STEVENSON, Thomas Edwin	1871	1918	So-124
STEVENSON, William R. s/o George D.	6 Nov 1824	28 Sep 1850	So-119
STEWART, ALice Gale d/o Dr. William	12 Sep 1871	6 Aug 1874	So-119
STEWART, Alfred s/o William H.	25 Jan 1866	4 Aug 1866	So-119
STEWART, Elizabeth Dashiell w/o Wm.	1 Jun 1776	9 Aug 1811	So-121
STEWART, Ellen	7 Feb 1841	2 Nov 1915	So-119
STEWART, H. Jones	23 Feb 1844	11 May 1890	So-119
STEWART, Henrietta Haynie w/o William	2 Aug 1840	8 Dec 1895	So-119
STEWART, James Dr.	none	19 Feb 1847	So-158
STEWART, James R.	1862	1947	So-121
STEWART, James R. (no stone)	none	Sep 1843	So-119
STEWART, Jane d/o Dr. James (no stone)	(d.age36yr)	27 Jul 1858	So-119
STEWART, John Henry	27 Sep 1812	8 Nov 1866	So-119
STEWART, Josephine O.	1886	1964	So-121
STEWART, Margaret w/o Dr. William	none	none	So-119
STEWART, Mary G. w/o John M.	17 Dec 1809	1 Mar 1902	So-119
STEWART, Milton s/o Thomas	1801	1960	So-99
STEWART, Nellie G.H. d/o James	6 Jul 1829	1 Dec 1910	So-119
STEWART, Nelly G. H. w/o Dr. James	24 Sep 1797	16 Nov 1855	So-119
STEWART, Rachael D.	1870	1956	So-121
STEWART, Samue Ker s/o Dr. William	Nov 1873	25 Aug 1874	So-119
STEWART, Thomas	1865	1950	So-99
STEWART, Walter J.	1877	1958	So-121
STEWART, William MD	4 Feb 1827	29 Nov 1881	So-119
STEWART, William Rev.	1719	1734	So-122
STICHNEY, Rhoda G.	1797	1863	So-50
STOBER, Frank C.	1915	1945	So-72
STODDARD, J. A.	1866	1938	So-110
STODDARD, Nellie w/o J. A.	1879	1963	So-110
STOIBER, Nannie A. Johnson w/o John	(d.age82yr)	Jun 1987	So-3
STONE, Fannie	29 Mar 1915	none	So-119
STONE, James Murray s/o Rev. William	1820	1900	So-119
STONE, Jimmie s/o James M. & Lucy G.	(d.age 4yr)	11 Mar 1864	So-119
STONE, Lucy Gillis	11 Apr 1831	24 Apr 1891	So-119
STONE, Netie	1864	1927	So-119
STONE, Sarah d/o Thomas W. (no stone)	(d.age23yr)	1 Aug 1875	So-119
STONE, Susanna Waters d/o Thomas W.	24 Jan 1850	24 Jan 1853	So-119
STONE, William D. James (no stone)	(d.age60yr)	Apr 1891	So-119
STOUGHTON, William	1692	12 Mar 1759	So-132
STOUT, Beulah Cooper	1885	1961	So-121
STOUT, John Wolfe	1891	1967	So-121
STREET, Amanda P. d/o Samuel	(d.age 8mo)	17 Jan 1851	So-144
STREET, Benjamin T.	23 Feb 1798	1 May 1867	So-144

Name	Birth	Death	Location
STREET, Benjamin T. s/o Samuel	(d.age 1yr)	22 Nov 1853	So-144
STREET, Charles S. s/o Samuel	(d.age 1yr)	18 Jul 1861	So-144
STREET, Clarence Spanish Amer.War.	24 Oct 1876	21 Mar 1967	So-3
STREET, George Michael s/o G.U.& Ella	(d.age 18mo)	none	So-144
STREET, John Edward s/o Samuel	24 Sep 1854	15 Apr 1878	So-144
STREET, Lucretia w/o Benjamin T.	(d.age 51yr)	2 Nov 1853	So-144
STREET, Mary Jane	15 Aug 1887	30 Jun 1972	So-3
STREET, Mary Lucretia d/o Samuel	(d.age 12yr)	22 Oct 1869	So-144
STREET, Samuel	(d.age 81yr)	14 Apr 1901	So-144
STREET, Sarah A. Vail w/o Samuel	(d.age 58yr)	19 Jan 1890	So-144
STREET, Sarah T. d/o Samuel	(d.age 9mo)	26 Aug 1869	So-144
SUDLER, Albert	22 Nov 1841	27 May 1935	So-121
SUDLER, Albert Meyer	19 Nov 1884	4 Jul 1906	So-121
SUDLER, Alice E. w/o Albert	5 Oct 1854	16 Apr 1921	So-121
SUDLER, Alphonsa Mrs. (no stone)	none	5 Nov 1864	So-119
SUDLER, Anne Curtis	1850	1937	So-70
SUDLER, Charles Curtis s/o William T.	12 Aug 1876	28 Jun 1906	So-70
SUDLER, Edward Pomeroy s/o Joseph	3 Apr 1863	30 Jul 1863	So-119
SUDLER, Eleanor	18 Mar 1795	11 Sep 1859	So-103
SUDLER, Elizabeth Stewart w/o Tubman	11 Sep 1790	10 Oct 1863	So-103
SUDLER, Elizabeth T. d/o Tubman	16 Jan 1825	7 Aug 1964	So-103
SUDLER, Elizabeth Tubman	1880	1965	So-70
SUDLER, Eula Handy w/o John E.	1869	1951	So-70
SUDLER, Fannie White w/o Samuel S.	13 Oct 1843	9 Nov 1927	So-121
SUDLER, Finley Seon	1 Sep 1881	21 Jan 1919	So-68
SUDLER, Harry s/o Matthias (no stone)	none	3 Nov 1876	So-119
SUDLER, James Emory	29 Dec 1829	22 Nov 1920	So-70
SUDLER, John E. s/o Thomas	1856	1948	So-70
SUDLER, John Stewart	24 Jun 1827	26 Jun 1909	So-70
SUDLER, Joseph	(d.age 5yr)	9 Apr 1831	So-119
SUDLER, Joseph (no stone)	(d.age 44yr)	26 Sep 1872	So-119
SUDLER, Mary Adams w/o Samuel H.	(d.age 81yr)	Jul 1971	So-121
SUDLER, Matthias MD (no stone)	(d.age 31yr)	25 Sep 1861	So-119
SUDLER, Matthias Jones s/o Mathias	29 May 1859	13 Jan 1862	So-119
SUDLER, Nellie	(d.age 79yr)	7 Nov 1836	So-103
SUDLER, Sallie Jane Waters w/o Thomas	14 Jun 1820	1 Aug 1911	So-70
SUDLER, Samuel S.	4 Sep 1846	26 Aug 1906	So-121
SUDLER, Susan E. w/o John Stewart	28 Feb 1837	18 Feb 1914	So-103
SUDLER, Thomas	(d.age 65yr)	8 Jun 1881	So-81
SUDLER, Thomas H.	28 Jan 1793	30 Sep 1831	So-103
SUDLER, Thomas Howard	1874	1951	So-70
SUDLER, Thomas Seon Rev.	(d.age 81yr)	19 Sep 1832	So-103
SUDLER, Tubman Waters	22 Apr 1790	14 Aug 1876	So-103
SUDLER, William Tubman	1847	1946	So-70
SULLIVAN, Mabel D.	1879	1965	So-121
SUTTON, John W. Rev.	1876	1937	So-121
SWAIN, Sallie A. w/o Urie L.	1864	1916	So-120
SWEED, William B.	1842	1862	So-120
SWIFT, Charles U.	1894	1964	So-67
SWIFT, Elizabeth L.	1897	1963	So-67
SWIFT, Marie H. d/o Charles U.	1916	1941	So-67
SYDNOR, Annie w/o Phlem	1862	1942	So-110
SYDNOR, Phlem	1859	1926	So-110
SYMINGTON, Nellie A.	1800	1851	So-121
SYMINGTON, Nellie Handy Mrs. d/o Wm.	1804	1881	So-121

Name	Birth	Death	Section
TANKERSLEY, Charles Wilson s/o Zachariah	1892	1928	So-97
TANKERSLEY, Clarence	1886	1932	So-72
TANKERSLEY, Howard G.	1895	1918	So-72
TANKERSLEY, Lottie E.	1857	1930	So-72
TANKERSLEY, Maggie w/o William J.	1872	1941	So-97
TANKERSLEY, Paul V. s/o William	1894	1914	So-97
TANKERSLEY, William J.	1869	1933	So-97
TANKERSLEY, Zachariah W.	1867	1932	So-97
TARLETON, Aaron	none	1978	So-72
TARLETON, Esther P.	4 Jan 1850	28 Jun 1918	So-72
TARLETON, Lillie C.	(d.age77yr)	2 Dec 1969	So-72
TARLETON, Nellie	1895	9 Nov 1981	So-72
TARLETON, Theodore J.	8 Nov 1840	15 Aug 1913	So-72
TARLETON, William A.	1892	9 Aug 1978	So-72
TARR, William E.	none	none	So-4
TAWES, Charles W.	1871	1964	So-72
TAWES, Clifton h/o Leah E. Kelley	7 Feb 1894	14 Aug 1896	So-72
TAWES, Esther E.	1871	1969	So-72
TAWES, George W.	5 Dec 1852	1925	So-68
TAWES, Grace L. w/o John E.	1824	1909	So-45
TAWES, Jack T.	1874	1961	So-97
TAWES, John Edward	27 Jan 1821	1890	So-45
TAWES, John Maurice	1886	1973	So-4
TAWES, John P.	1850	1926	So-45
TAWES, Kathryn F.	1910	1978	So-68
TAWES, Lillian W. w/o George W.	1872	1935	So-68
TAWES, Mae V.	1890	1943	So-97
TAWES, Olevia F. w/o John T.	1862	1920	So-45
TAWES, Robert L. Sr.	1904	1980	So-68
TAWES, S. Edith	1876	1946	So-72
TAWES, Walton H.	1883	1960	So-97
TAWES, William C.	1873	1942	So-72
TAYLOR, Addie B. w/o Ira F.	1896	1957	So-68
TAYLOR, Albert F.	15 May 1901	6 Aug 1969	So-121
TAYLOR, Arthur F.	1897	1954	So-68
TAYLOR, Burleigh H.	1894	1967	So-112
TAYLOR, Charles F. WWII	18 May 1926	29 Mar 1954	So-122
TAYLOR, Charlie R. WWI	25 Apr 1895	12 Nov 1915	So-146
TAYLOR, Clara W. w/o Daniel L.	2 Jan 1875	6 Feb 1943	So-68
TAYLOR, Daniel L.	22 Apr 1867	12 Sep 1927	So-68
TAYLOR, Elec S.	1884	1917	So-68
TAYLOR, Elias W.	8 Oct 1873	7 Mar 1904	So-130
TAYLOR, Emma I. w/o George Travis	10 Jan 1870	24 Jul 1919	So-68
TAYLOR, Ethel M.	1901	1974	So-68
TAYLOR, Eugene W.	1891	1957	So-121
TAYLOR, Frankie	1886	1941	So-68
TAYLOR, George Travis	1869	1941	So-68
TAYLOR, Grover Cleveland	1885	1961	So-68
TAYLOR, Harold E.	1886	1963	So-68
TAYLOR, Ira F. WWI	13 Jan 1895	31 Dec 1964	So-68
TAYLOR, Jack Grover s/o William T.	1903	1972	So-68
TAYLOR, James R.	1903	1934	So-121
TAYLOR, Jessie Lynn	1948	1952	So-63
TAYLOR, John Thomas	1866	1943	So-119
TAYLOR, Katie E. w/o Turman C.	1884	1948	So-68

TAYLOR, Lemuel		1885	1931	So-67
TAYLOR, Levin R.		1875	1953	So-4
TAYLOR, Lola		1867	1938	So-119
TAYLOR, Lucy B.		1897	1976	So-68
TAYLOR, Mabel		1889	1977	So-68
TAYLOR, Madeline F.		1905	1973	So-68
TAYLOR, Margaretta Stevenson		1899	none	So-122
TAYLOR, Martha J. w/o Elias	22 Jul 1833	8 Mar 1916		So-130
TAYLOR, Mary Collins w/o Jack G.		1906	1978	So-68
TAYLOR, Mary D. w/o Arthur F.	15 Feb 1900	none		So-68
TAYLOR, Mary E.		1890	1956	So-121
TAYLOR, Norman,		1883	1967	So-122
TAYLOR, Robert W.		1862	1935	So-121
TAYLOR, Rosa I.		1879	1949	So-121
TAYLOR, Russell WWII		1915	1965	So-3
TAYLOR, Samuel H.		1891	1976	So-68
TAYLOR, Sarah B. w/o Levin R.		1875	1940	So-68
TAYLOR, Stanley Sr.		1922	1975	So-107
TAYLOR, Theodore WWII	11 Mar 1916	20 Dec 1961		So-72
TAYLOR, Theodore T. Jr. Vietnam	12 Feb 1946	17 Feb 1966		So-72
TAYLOR, Thurman C. Sr.		1888	28 Dec 1958	So-68
TAYLOR, Violet W. w/o William T.	30 Jun 1881	1918		So-68
TAYLOR, William T.		1880	22 Oct 1959	So-68
TAYLOR, Wilmore		1861	1907	So-68
TEACKLE, Elizabeth Upshur	12 Mar 1783	28 Sep 1835		So-119
TEACKLE, Littleton Dennis	29 Sep 1777	20 Nov 1850		So-119
TEACKLE, Margaret d/o Thomas & C.	(d.age70yr)	11 Jan 1874		So-121
TESSLER, Margaret M.		1877	1964	So-68
TESTERMAN, Daisy F.		1883	none	So-122
TESTERMAN, Robert T.		1879	1952	So-122
TEUBNER, Edward F. s/o Charles F.H.	30 May 1910	24 Jan 1905		So-130
TEUBNER, Heneritta M.		1884	1927	So-130
THAWLEY, Milton H. L.		1882	1970	So-68
THAWLEY, Phoebe Maddox w/o Milton H. L.		1885	1975	So-68
THOMAS, Alexander J.		1885	1887	So-99
THOMAS, Alice C.		1842	1922	So-148
THOMAS, Areanna w/o Charles G.		1873	1943	So-97
THOMAS, Armand D.		1851	1895	So-97
THOMAS, Arsly L.		1899	1954	So-110
THOMAS, Asbury M.		1885	1886	So-99
THOMAS, Bernard J.		1893	1966	So-99
THOMAS, Bessie M. w/o George W.		1882	1952	So-110
THOMAS, Burleigh B.		1871	1945	So-121
THOMAS, Calvin E. s/o George W.	(d.age15yr)	none		So-110
THOMAS, Charles G.		1870	none	So-97
THOMAS, Cora B. Mason w/o Joseph S.	21 Mar 1892	29 Nov 1918		So-99
THOMAS, Cora S.		1870	1961	So-121
THOMAS, Coulbourne J.		1891	1959	So-68
THOMAS, Eleanor		1884	1958	So-68
THOMAS, Elizabeth R.		1852	1926	So-121
THOMAS, Frank G. Capt.		1880	1958	So-121
THOMAS, George P. s/o Joseph		1875	1876	So-99
THOMAS, George W.		1859	1939	So-110
THOMAS, George W.		1880	1918	So-110
THOMAS, Goldie T. w/o Coulburne J.		1895	1975	So-68

Name	Birth	Death	Location
THOMAS, Gordon C.	1905	1964	So-3
THOMAS, Hilda w/o William	1896	1961	So-97
THOMAS, J. Frank	1841	1913	So-97
THOMAS, J. Wesley	13 May 1837	23 Jun 1919	So-99
THOMAS, James	1919	1946	So-99
THOMAS, John F.	1874	1927	So-121
THOMAS, John W.	(d.age 85yr)	none	So-99
THOMAS, John W. s/o Joseph	1890	1890	So-99
THOMAS, Joseph Capt.	18 Oct 1853	21 Jul 1913	So-99
THOMAS, Joseph S.	1 Jul 1877	26 Dec 1916	So-99
THOMAS, Joshua (Parson)	(d.age 77yr)	8 Oct 1853	So-97
THOMAS, Joshua S.	(d.age 72yr)	none	So-67
THOMAS, Lewis Webster s/o James R.	22 Dec 1898	3 May 1900	So-4
THOMAS, Lille May d/o J. W.	(d.age 5yr)	1887	So-99
THOMAS, Lillian W. d/o J. W.	(d.age 3yr)	1880	So-99
THOMAS, Lillie May d/o J. W.	(d.age 5yr)	1887	So-99
THOMAS, Lula Bayly	1879	none	So-121
THOMAS, Margaret	26 Jun 1826	21 Oct 1863	So-69
THOMAS, Mary E.	1878	1934	So-4
THOMAS, Mary E. w/o Joseph	29 Feb 1853	1 Feb 1918	So-99
THOMAS, Mary G.	none	none	So-121
THOMAS, Mary R.	(d.age 72yr)	none	So-99
THOMAS, Mary w/o Arsly	1905	none	So-110
THOMAS, Nellie w/o William James	1874	1930	So-99
THOMAS, Nettie A. w/o George W.	1861	none	So-110
THOMAS, Palma	1903	1958	So-110
THOMAS, Sarah w/o J. Frank	1858	1946	So-97
THOMAS, Susan J. w/o J. Wesley	1839	1930	So-99
THOMAS, W. C. Wesley	1839	1913	So-148
THOMAS, William	1893	1967	So-97
THOMAS, William H.	1886	1963	So-68
THOMAS, William James	1874	1930	So-99
THOMAS, William Lee	1916	1977	So-68
THOMAS, William Lee	1936	1939	So-68
THOMAS, Willie J.	1853	1928	So-67
THOMAS, Wright S. WWI	none	22 Aug 1936	So-67
THOMPSON, Arthur R. WWII	15 Jun 1814	10 Aug 1854	So-173
THOMPSON, Lillian Wallace	1901	1958	So-122
THOMPSON, Stephen s/o George & E.	21 Nov 1831	9 Jun 1863	So-121
THOMPSON, William Henry	1894	1948	So-122
THORNE, Enos P.	1888	1889	So-112
THORNE, John R.	1862	1896	So-112
TIGNER, Annie	14 Oct 1863	23 Feb 1904	So-72
TIGNER, Eva K. w/o William James	20 Jan 1855	2 Oct 1938	So-72
TIGNER, Infant d/o Annie	23 Feb 1904	23 Feb 1904	So-72
TIGNER, Isaac T. s/o Lewis O.	27 Jul 1894	30 Jul 1894	So-72
TIGNER, John	none	8 Sep 1883	So-72
TIGNER, Josephine d/o Thomas & Sarah	none	3 Apr 1861	So-79
TIGNER, Leonard R.	21 Feb 1882	27 Feb 1882	So-72
TIGNER, Lewis C.	14 Jul 1898	28 Feb 1907	So-72
TIGNER, Paul T. P.	13 Jan 1894	2 Jan 1895	So-72
TIGNER, Sarah Ann	unreadable	unreadable	So-72
TIGNER, Thomas	unreadable	unreadable	So-72
TIGNER, William James	27 May 1852	10 Mar 1917	So-72
TIGNER, William Jr.	24 Mar 1875	24 Mar 1909	So-72

Name	Birth	Death	Ref
TILGHMAN, Annie S. w/o E.J. T.	9 Nov 1868	24 Jan 1913	So-1
TILGHMAN, Edward J.	1869	1957	So-1
TILGHMAN, Emma E. d/o P. M.	28 Oct 1872	22 Apr 1875	So-125
TILGHMAN, Frederick	1876	1925	So-1
TILGHMAN, James	4 May 1799	8 May 1859	So-1
TILGHMAN, Jennie C.	none	1914	So-120
TILGHMAN, John E..	1856	1927	So-1
TILGHMAN, Joseph W.	1874	1950	So-1
TILGHMAN, Mary Dryden	1874	1964	So-1
TILGHMAN, Mary Iona w/o John E.	1871	1945	So-1
TILGHMAN, Minnie E.	1877	1954	So-1
TILGHMAN, Noah H.	1887	1929	So-130
TILGHMAN, Nora E.	1880		So-1
TILGHMAN, Olivia w/o J.R.	17 Mar 1848	13 Feb 1921	So-1
TILGHMAN, Virginia D.	7 May 1913	22 Jul 1969	So-130
TOADVINE, Elijah J.	1842	1907	So-120
TOADVINE, Martha E.	1851	1933	So-120
TODD, Alice M. w/o Major H.	30 Jun 1884	20 Feb 1956	So-72
TODD, Anna M. w/o J.A. & G.E.	(d.age 4mo)	31 May 1877	So-92
TODD, Bette E.	1850	1884	So-109
TODD, Emily	(d.age 3yr)	5 Dec 1867	So-72
TODD, Emily O.	10 Oct 1840	23 Jan 1929	So-72
TODD, Ethridge L.	7 Sep 1886	22 Oct 1911	So-93
TODD, Isaac N. "Buddie"	1899	1962	So-132
TODD, J. Leroy	1890	1924	So-92
TODD, James	13 Nov 1801	9 Jan 1882	So-92
TODD, James A.	(d.age 61yr)	23 Jan 1901	So-92
TODD, John E. L.	3 Sep 1877	11 Aug 1890	So-92
TODD, Julia A.	1854	1933	So-93
TODD, Major	20 Oct 1821	11 Feb 1900	So-92
TODD, Major H.	27 Jan 1877	15 Apr 1954	So-72
TODD, Manheim W.	(d.age 7da)	20 May 1867	So-72
TODD, Manheim W.	14 Sep 1835	24 Jul 1887	So-72
TODD, Margaret E.	1904	1929	So-72
TODD, Margaret E.	23 Nov 1862	22 Dec 1881	So-72
TODD, Margaret Ellen d/o Nathaniel	1842	1858	So-84
TODD, Margaret w/o Nathaniel	27 May 1817	2 Jun 1856	So-84
TODD, Milca Ann w/o James	(d.age 64yr)	14 Mar 1877	So-92
TODD, Nathan J.	13 Mar 1850	25 Aug 1912	So-92
TODD, Nathaniel	(d.age 49yr)	17 Dec 1853	So-84
TODD, Regina E.	19 Apr 1907	19 Dec 1935	So-72
TODD, William H.	19 Mar 1844	26 Oct 1885	So-92
TODD, William S.	1854	1927	So-93
TOWNSEND, A. H.	1906	1906	So-4
TOWNSEND, Bertha G. w/o Elmer O.	1877	1955	So-4
TOWNSEND, Elmer O.	1873	1957	So-4
TOWNSEND, Elton Dr. s/o Z.W. & L.J.	(d.age 23yr)	none	So-121
TOWNSEND, Ernest H.	1883	1946	So-4
TOWNSEND, Essie L. Marriner w/o Harold	(d.age 91yr)	Sep 1987	So-10
TOWNSEND, Ira V.	1 Jan 1895	6 Oct 1918	So-67
TOWNSEND, Ira c.	1868	1951	So-4
TOWNSEND, J. C.	18 Mar 1880	20 Jan 1903	So-4
TOWNSEND, Jacob A.	1845	1899	So-4
TOWNSEND, James	2 May 1841	12 Aug 1909	So-4
TOWNSEND, Josiah	(d.age 82yr)	5 Dec 1917	So-121

Name	Birth	Death	Section
TOWNSEND, Judith E.	(d.age 44yr)	7 Mar 1890	So-121
TOWNSEND, Laura Jane s/o Z. W.	17 Apr 1859	25 Jan 1934	So-121
TOWNSEND, Louise F. d/o Ira	20 Feb 1918	12 Sep 1923	So-67
TOWNSEND, Marcellus	1956	1914	So-68
TOWNSEND, Mary E.	1845	1914	So-4
TOWNSEND, Matilda A.	22 Apr 1838	20 May 1912	So-4
TOWNSEND, Nancy A.	1886	1949	So-4
TOWNSEND, Sarah Ann d/o Z.H. & E. A.	6 Oct 1866	12 Apr 1924	So-132
TOWNSEND, Zadoc William	11 Jan 1853	7 Dec 1930	So-121
TRADER, John W.	1870	1933	So-121
TRADER, Victoria O.	1877	1951	So-121
TRAVERS, Carroll L.	1947	30 Nov 1984	So-72
TRAVERS, Grace N.	1919	10 Feb 1987	So-72
TRAVIS, John T. WWI	7 Jan 1891	17 Sep 1963	So-110
TREHEARN, Frederick	1853	1950	So-98
TREHEARN, Priscilla	1867	1949	So-98
TRIBECK, Frederick J.	1913	1922	So-121
TRIBECK, Harold W.	1911	1932	So-121
TRIBECK, Lily B.	1886	1950	So-121
TRIBECK, Thomas C.	1875	1966	So-121
TRUITT, Cordelia S.	1854	1928	So-1
TRUITT, Richard J.	1868	1941	So-1
TRUITT, Thomas H.	1853	1924	So-1
TULL, Alan Waters	9 Dec 1886	11 May 1913	So-1
TULL, Alonza E.	1854	7 Jan 1934	So-4
TULL, Alonza E. Jr.	1889	1889	So-68
TULL, Annebelle B. w/o H. Alden	5 Apr 1910	none	So-68
TULL, Annie E. w/o Alonza E.	1861	1934	So-4
TULL, Arraner	1839	1850	So-19
TULL, Baldwin H.	(d.age 29yr)	15 Jul 1912	So-67
TULL, Caroline Miles w/o Samuel	1788	9 Apr 1835	So-19
TULL, Carrie L. Miles w/o Edward W.	1859	1936	So-4
TULL, Catharine	1831	1877	So-19
TULL, Clara Wilson d/o Joshua F.A.	(d.age 3mo)	20 Oct 1865	So-119
TULL, Doris C. w/o Edward	1889	1970	So-4
TULL, E. Marie w/o F. Waters	1902	1973	So-68
TULL, Edna J.	14 Sep 1886	31 Mar 1925	So-111
TULL, Edward W.	1857	25 Nov 1930	So-4
TULL, Eliza w/o Joshua W.	(d.age 18yr)	21 Dec 1858	So-173
TULL, Elsie Lee	1906	1964	So-4
TULL, Elsie V.	1905	1948	So-111
TULL, Esther A. w/o J. F. A.	(d.age 25yr)	27 Aug 1866	So-119
TULL, F. Waters	1897	1937	So-68
TULL, Francis	1874	1894	So-4
TULL, Francis H.	1868	1942	So-4
TULL, Francis H.	24 Mar 1877	3 May 1903	So-4
TULL, George E.	1856	1935	So-67
TULL, Gordon	1861	1926	So-4
TULL, Gordon	4 Jan 1870	3 Dec 1944	So-4
TULL, H. Alden	24 Mar 1904	21 Oct 1971	So-68
TULL, Harding Parker	12 Feb 1883	17 Aug 1946	So-4
TULL, J. William	1876	1962	So-4
TULL, James Albert WWII	27 Aug 1910	30 Jul 1945	So-3
TULL, James Ray	1886	1886	So-47
TULL, Jennie F. Milles w/o N.J.P.	5 Sep 1847	21 Aug 1922	So-4

Name	Birth	Death	Section
TULL, John A.	(d.age 27yr)	21 Jan 1853	So-2
TULL, John Emory MD	8 Apr 1824	30 Oct 1873	So-116
TULL, John Hawk	2 Jun 1895	9 Aug 1895	So-1
TULL, Joshua	1814	1877	So-4
TULL, Joshua Merrill	14 May 1785	20 Apr 1864	So-17
TULL, Joshua Merrill s/o Samuel J.	23 Jan 1869	13 Dec 1900	So-4
TULL, Joshua W.	1760	1822	So-4
TULL, Kate	1819	1858	So-4
TULL, Louis	11 Dec 1872	25 Oct 1914	So-4
TULL, Louisa H.	1818	1897	So-4
TULL, Louisa H.	1883	1961	So-4
TULL, Mabel	1894	1894	So-4
TULL, Manie D.	(d.age 59yr)	22 Apr 19--	So-4
TULL, Mary B.	1893	1969	So-67
TULL, Mary C. Winterson w/o Francis H.	none	27 Jun 1900	So-4
TULL, Mary Crooke	1877	1900	So-4
TULL, Mary E.	17 Oct 1848	29 Jun 1927	So-4
TULL, Mary Long	1889	1959	So-121
TULL, Mary Ruby d/o William H.	1887	1887	So-4
TULL, Mary Sewell w/o Samuel J.	14 Dec 1836	9 Sep 1899	So-4
TULL, Mildred E.	1890	1978	So-4
TULL, Miles Tawes	27 Aug 1915	17 Aug 1941	So-4
TULL, Miles s/o N.J.P.	16 Jun 1877	18 Aug 1898	So-4
TULL, Milton L.	8 Sep 1868	8 Dec 1963	So-121
TULL, Morris R.	17 Feb 1904	13 Nov 1907	So-111
TULL, Nancy Long w/o Joshua M.	20 Nov 1794	29 Dec 1877	So-17
TULL, Nathan J. P.	11 Jan 1842	8 May 1900	So-4
TULL, Nellie T. w/o Harding P.	12 Feb 1883	30 Sep 1964	So-4
TULL, Norman C.	1885	1965	So-67
TULL, Olevia	1894	1963	So-111
TULL, Reginald R.	1 Jan 1892	2 Jan 1898	So-1
TULL, Robert J.	7 Sep 1841	10 Feb 1924	So-4
TULL, Roger P.	1890	1913	So-1
TULL, Roland	1866	1926	So-4
TULL, S. Oscar	14 Dec 1848	1922	So-1
TULL, Sallie E. w/o S. Oscar	1854	1937	So-1
TULL, Samuel	1773	1826	So-19
TULL, Samuel Ashton	15 Sep 1856	8 May 1919	So-4
TULL, Samuel Francis s/o Samuel	27 Jun 1874	28 Sep 1894	So-4
TULL, Samuel H.	1910	1932	So-4
TULL, Samuel J.	4 Aug 1829	28 Jul 1890	So-4
TULL, Samuel Julius	1863	26 Nov 1865	So-17
TULL, Samuel L.	1826	1906	So-19
TULL, Sarah Rebecca	31 Mar 1901	10 Nov 1910	So-4
TULL, Stanley Phillip	1899	1938	So-4
TULL, Stella K. w/o William A.	1860	1938	So-4
TULL, Susan A. w/o George E.	1858	1937	So-67
TULL, Thomas H.	12 Jan 1882	22 Jul 1882	So-1
TULL, Virginia M.	2 Feb 1870	1 Mar 1961	So-121
TULL, William Alfred	1861	1899	So-4
TULL, William F.	1893	1924	So-1
TULL, William J.	1876	1952	So-4
TULL, William T.	1819	1885	So-17
TULL, Wilson G.	1901	1902	So-73
TURNER, Charles T.	(d.age 63yr)	17 Jul 1972	So-68

TURNER, Clementine	none	1932	So-68
TURNER, George C.	1889	1965	So-68
TURNER, George W.	1860	1941	So-68
TURNER, Leila	1886	1978	So-68
TURNER, Viva	1901	1958	So-68
TURNER, William Oscar	1871	1907	So-98
TURPIN, Alfred Bell	17 Apr 1838	24 Jan 1918	So-4
TURPIN, Elizabeth w/o Alfred Bell	16 Dec 1819	30 Dec 1928	So-4
TURPIN, Sydney s/o Alfred Bell	14 Apr 1887	12 Nov 1908	So-4
TURPIN, William s/o John U. & Z.	(d.age12yr)	21 Sep 1868	So-104
TWILLEY, Alice d/o G. W. & Elizbeth	25 Sep 1857	16 Jul 1859	So-121
TWILLEY, Elizabeth w/o George W.	20 Aug 1822	25 Aug 1861	So-121
TWILLEY, Fannie D. w/o George W.	14 Mar 1864	16 Sep 1898	So-130
TWILLEY, George W.	15 Jan 1817	16 Jan 1877	So-121
TWILLEY, Julia C. d/o George W.	1851	1871	So-121
TWINNING, Harry Bucher	1886	1863	So-121
TWINNING, Hulda M.	1900	none	So-121
TWINNING, Mary L.	1864	1950	So-121
TWINNING, Paul V.	1895	1971	So-121
TWINNING, Perry E.	1863	1944	So-121
TWINNING, Ronald E.	1891	1920	So-121
TWINNING, Sallie L. w/o Harry B.	1894	1940	So-121
TYLER, A. Merrill	1889	1947	So-69
TYLER, A. Shultz	1882	1965	So-112
TYLER, ALice V. d/o E. S. & H. A.	1 Jan 1880	10 Jun 1882	So-170
TYLER, Ada C.	1897	1972	So-122
TYLER, Alexander D.	1834	1879	So-111
TYLER, Alice	1874	1955	So-112
TYLER, Andrew G.	1856	1899	So-112
TYLER, Andrew Jr. USN	1887	1917	So-110
TYLER, Andrew Sr.	1846	1913	So-110
TYLER, Ann	1804	1864	So-111
TYLER, Anna Maria	(d.age55yr)	30 Apr 1869	So-72
TYLER, Annie	1876	1937	So-72
TYLER, Arthur F. s/o John F.	28 Oct 1882	12 Jul 1909	So-72
TYLER, Asbury A.	1862	1921	So-112
TYLER, Asbury Milton	8 Mar 1886	29 Mar 1943	So-69
TYLER, Blanche	15 Oct 1886	3 Sep 1928	So-72
TYLER, Britain	13 Sep 1819	15 Apr 1896	So-112
TYLER, C. Newman	Jul 1895	Nov 1922	So-111
TYLER, Catherine w/o John W.	1845	1910	So-110
TYLER, Charles W.	1871	1966	So-72
TYLER, Charlotte	6 Feb 1856	7 Nov 1925	So-112
TYLER, Cooper A.	1905	1908	So-112
TYLER, Curwood	1923	1925	So-69
TYLER, David	1755	1823	So-111
TYLER, David R.	23 Aug 1874	10 Feb 1904	So-112
TYLER, Demma J.	1890	1890	So-43
TYLER, Dora L.	1887	1888	So-112
TYLER, E. P.	1857	1921	So-111
TYLER, Earl C.	1897	1930	So-69
TYLER, Edith Pearl	1908	1943	So-64
TYLER, Edward F.	1877	1959	So-112
TYLER, Edward N.	11 Aug 1874	25 Mar 1941	So-69
TYLER, Edward P.	1902	1953	So-111

Name	Birth	Death	Plot
TYLER, Edwin	1890	1959	So-72
TYLER, Edwin	14 Mar 1862	10 May 1934	So-72
TYLER, Eleanor M.	1869	1946	So-132
TYLER, Ella B. w/o George W.	1 Dec 1876	1 Oct 1946	So-110
TYLER, Ella D.	1893	1958	So-112
TYLER, Ella J. w/o John F.	1855	1957	So-72
TYLER, Ella Marion d/o John F.	(d.age 1yr)	7 Jul 1889	So-72
TYLER, Ephraim	1796	1879	So-112
TYLER, Ernest	21 Dec 1885	4 Apr 1908	So-110
TYLER, Esther E. w/o Charles W.	1871	1969	So-72
TYLER, Flora Marie	1905	1955	So-112
TYLER, Francis Marie	1930	1930	So-112
TYLER, George (Purn)	1871	1963	So-68
TYLER, George E.	9 Sep 1854	19 Dec 1923	So-43
TYLER, George H.	3 Jun 1883	14 Oct 1919	So-43
TYLER, George R.	1909	8 Mar 1985	So-107
TYLER, George W.	26 Dec 1874	8 May 1947	So-110
TYLER, Hattie P.	1880	5 Dec 1883	So-111
TYLER, Henrietta w/o E. J.	(d.age 39yr)	Feb 1863	So-71
TYLER, Herman	(d.age 81yr)	1868	So-111
TYLER, Hiram	1874	1925	So-72
TYLER, Hiram P.	(d.age 28yr)	16 Mar 1874	So-72
TYLER, Horner	1918	1921	So-112
TYLER, Ida V.	none	1 Oct 1885	So-111
TYLER, J. Thomas	Jun 1872	14 Sep 1925	So-112
TYLER, James H.	2 Apr 1849	8 Jun 1915	So-110
TYLER, Jennie W. w/o Joseph	(d.age 24yr)	6 Feb 1898	So-4
TYLER, John	none	23 Feb 1871	So-112
TYLER, John	(d.age 59yr)	22 Nov 1871	So-72
TYLER, John F.	1859	1950	So-72
TYLER, John F.	1884	1954	So-111
TYLER, John S.	1793	1854	So-111
TYLER, John T.	1880	1947	So-112
TYLER, John T.	1892	1963	So-112
TYLER, John W.	1839	1908	So-110
TYLER, John W. s/o E. J.	29 Nov 1859	13 Aug 1860	So-71
TYLER, Julius	1896	1938	So-72
TYLER, Laban A.	1860	1868	So-111
TYLER, Lacy	1853	1930	So-112
TYLER, Lacy W. WWI	6 Jan 1890	27 Nov 1947	So-112
TYLER, Lara E.	15 Sep 1890	8 May 1949	So-111
TYLER, Leah J.	(d.age 59yr)	10 May 1881	So-72
TYLER, Lindsey	1900	1966	So-72
TYLER, Lizzy	1818	1847	So-111
TYLER, Lloyd S.	1878	1957	So-69
TYLER, Lorane Alma	6 Mar 1919	11 Jul 1933	So-69
TYLER, Louise	24 May 1917	29 May 1917	So-112
TYLER, Luther J.	20 Apr 1893	15 Mar 1913	So-69
TYLER, Lydia Shaw d/o Andrew & Mamie	7 Feb 1890	27 Aug 1906	So-132
TYLER, Maggie A.	1861	1902	So-111
TYLER, Mahaly	none	20 May 1840	So-69
TYLER, Mamie S. w/o Andrew	1864	none	So-110
TYLER, Manie S.	1888	1964	So-112
TYLER, Manie S.	17 Sep 1874	12 Aug 1943	So-69
TYLER, Margaret A.	1850	1915	So-112

TYLER,Marie		1900	1909	So-72
TYLER,Mary A. M. w/o George		1882	1972	So-68
TYLER,Mary Ann		1752	1850	So-111
TYLER,Mary C. w/o J. L.		1855	21 Apr 1915	So-112
TYLER,Mary V.	13 Mar 1865	14 Mar 1945	So-72
TYLER,Mildred A. Evans w/o C.Larry	(d.age46yr)	16 Jul 1987	So-124
TYLER,Milky	13 Mar 1862	17 Oct 1920	So-69
TYLER,Minerva		1888	1958	So-112
TYLER,Nancy		1808	1869	So-60
TYLER,Nellie	10 Oct 1830	21 Aug 1896	So-43
TYLER,Noah A. W.		1849	1936	So-112
TYLER,O. Vernon		1888	1955	So-108
TYLER,Ollie M. Evans w/o Earl W.	(d.age91yr)	29 Jul 1987	So-124
TYLER,Patience	26 Jan 1893	10 Jan 1906	So-112
TYLER,Polly	14 Oct 1829	9 Jul 1962	So-111
TYLER,Rachel		1779	1811	So-111
TYLER,Rollins s/o John T.& Alice E.	(d.age83yr)	Jun 1987	So-112
TYLER,Rose Marie		1918	1967	So-112
TYLER,Rufus	22 Feb 1881	4 Apr 1908	So-110
TYLER,Sarah E.	(d.age76yr)	1907	So-111
TYLER,Severn		none	1886	So-112
TYLER,Severn	23 Oct 1851	7 Oct 1910	So-69
TYLER,Severn Cooper		1867	1937	So-4
TYLER,Tenie Ballard w/o Severn Cooper	1866	1927	So-68
TYLER,Thomas		1813	1857	So-59
TYLER,Thomas	18 Nov 1861	none	So-111
TYLER,Thomas Jr.	none	11 Jun 1865	So-111
TYLER,Underwood	unreadable	unreadable	So-72
TYLER,Virginia A.		1838	1907	So-112
TYLER,Wilber E. s/o Edward J.	31 Oct 1880	19 Jan 1904	So-110
TYLER,William		1733	1808	So-111
TYLER,William		1826	1851	So-111
TYLER,William		1854	1857	So-111
TYLER,William	(d.age57yr)	22 Sep 1873	So-72
TYLER,William A.	28 Jul 1879	3 Dec 1899	So-112
TYLER,William Asbury	30 Mar 1889	20 Jun 1908	So-112
TYLER,William F.		1866	1933	So-34
TYLER,William H. s/o Edward J.	(d.age 9yr)	Nov 1865	So-71
TYLER,William S. (no stone)	none	23 Sep 1873	So-72
TYMERSON,Ruby Roach		1894	1959	So-67

Name	Birth	Death	Section
UCLOVICH, Joseph B. WWII	21 May 1925	24 Mar 1967	So-3
ULMAN, Nellie Leatherbury	1887	1959	So-130
UPSHUR, Anne Elizabeth	1 Sep 1809	Jul 1865	So-121
UPSHUR, Anne Elizabeth d/o Thomas T.	1857	1926	So-121
UPSHUR, Elizabeth Teackle w/o Thomas T.	1822	1886	So-121
UPSHUR, Emily d/o Wm. W. Johnston	30 Mar 1839	10 Apr 1904	So-119
UPSHUR, Thomas T.	1817	1889	So-121
VALUE, John Burnside	29 Oct 1857	20 Sep 1932	So-121
VALUE, Mary Roberts Foote w/o J.B.	13 Oct 1860	1 Jan 1938	So-121
VAN GINHOVEN, Herbert C.	1894	1972	So-3
VANCE, James M.	19 Aug 1849	27 Apr 1927	So-121
VANCE, Nannie R. w/o James M.	30 Jan 1860	6 Jan 1953	So-121
VANORIO, Blance M.	1877	1964	So-121
VANORIO, Joseph A.	1876	1959	So-121
VANORIO, Rose Pia	1912	none	So-121
VASSEY, Gladys R.	1912	1971	So-3
VENABLE, Addison A.	1873	1954	So-112
VENABLE, Lizzie A.	1870	1948	So-112
VENABLES, Seth D.	1821	1897	So-120
VENABLES, Susan A.	1832	1894	So-120
VESSEY, Alice L.	1865	1941	So-1
VESSEY, William J.	1852	1926	So-1
VETRA, Martha W.	1882	1917	So-98
VON HELENSTEIN, Edward	1812	1861	So-119
VON HELENSTEIN, Juliana w/o Edward	1831	1904	So-119
WAGNER, Amanda F.	1889	none	So-121
WAGNER, Charles H.	1912	1959	So-121
WAGNER, Charles M. WWI	3 Aug 1895	17 Jul 1948	So-121
WAGNER, Harold T.	1884	1968	So-121
WAGNER, Ruth B.	1919	1957	So-121
WAILES, Eleanor T.Dashiell w/o William	16 Aug 1792	2 Sep 1866	So-119
WAINWRIGHT, Charles W. Dr.	1 May 1858	1 Oct 1923	So-121
WAINWRIGHT, Edward J.	1819	1965	So-121
WAINWRIGHT, Estella M.	30 Nov 1860	12 sep 1941	So-121
WAINWRIGHT, Olivia w/o Edward J.	1824	1902	So-121
WALBANK, Kenneth S.	1857	1914	So-121
WALES, Anna M. w/o Zeb B.	1902	none	So-146
WALES, Zeb B.	1898	1950	So-146
WALKER, Charlie F. s/o J. W.	(d.age 1yr)	23 Oct 1881	So-109
WALKER, Edgie	1901	1967	So-67
WALKER, Elsie L.	1894	1930	So-67
WALKER, Harry R.	1890	1966	So-110
WALKER, Henry H.	20 Aug 1877	8 Mar 1936	So-107
WALKER, Hiram T.	10 Jun 1882	26 Jan 1904	So-119
WALKER, Jake F.	1895	1966	So-132
WALKER, Jennie V. w/o Jake F.	1902	none	So-132
WALKER, John Mervin s/o Isaac	21 Jun 1885	12 Aug 1886	So-132
WALKER, John William s/o J.S. & Mary	8 Jan 1861	9 Jul 1861	So-119
WALKER, Leonore Hanna	1864	1909	So-119
WALKER, Mary B. w/o Henry H.	5 Apr 1882	4 Feb 1955	So-107
WALKER, Mary E. w/o Sidney L.	1874	1953	So-67
WALKER, Mary Edith (no stone)	(d.age 3mo)	Aug 1892	So-119
WALKER, Nora T. w/o William H.	1870	1950	So-67
WALKER, Sallie	1880	1885	So-109
WALKER, Sidney L.	1866	none	So-67

Name	Birth/Death	Death Date	Section
WALKER, Thelma H. w/o Harry R.	1898	none	So-110
WALKER, Theodore A.	1851	1927	So-119
WALKER, Walton S.	1887	1940	So-67
WALKER, William H.	1865	1937	So-67
WALKER, William H.	1878	1894	So-119
WALLACE, Allie w/o George T.	1874	1951	So-110
WALLACE, Charles Dryden	(d.age 7yr)	21 Mar 1902	So-90
WALLACE, Effie N. w/o John W.	1864	1937	So-29
WALLACE, George H.	(d.age 12yr)	28 Feb 1859	So-99
WALLACE, George T.	1875	1945	So-110
WALLACE, Hettie A. w/o William D.	14 Mar 1846	12 Nov 1917	So-110
WALLACE, John M.	1886	1950	So-4
WALLACE, John W.	1860	1883	So-29
WALLACE, John h/o Mary	(d.age 77yr)	11 May 1910	So-141
WALLACE, Levin J.	12 Nov 1835	Dec 1880	So-106
WALLACE, Levin S.	1872	1926	So-110
WALLACE, Levin S.	(d.age 72yr)	4 Feb 1872	So-72
WALLACE, Maria	(d.age 78yr)	24 Mar 1884	So-72
WALLACE, Martha E.	1933	18 Dec 1947	So-72
WALLACE, Martha E. w/o Levin S.	1876	1926	So-110
WALLACE, Mary w/o John	1823	2 Jul 1908	So-141
WALLACE, Virginia C. w/o Levin J.	1830	11 Dec 1877	So-106
WALLACE, William A. s/o L. J. & C.	(d.age 1 yr)	16 Oct 1865	So-106
WALLACE, William D.	24 Oct 1844	20 Aug 1907	So-110
WALLER, Alan Patterson	(d.age 4yr)	Feb 1886	So-127
WALLER, Albert A.	8 Sep 1827	18 Feb 1877	So-127
WALLER, Ann Thomas (no stone)	none	14 Nov 1843	So-119
WALLER, Anne Ellen d/o Robert J.	(d.age 15mo)	7 Feb 1848	So-127
WALLER, Annie Ellen d/o Robert J.&M.	11 Oct 1846	Sep 1847	So-127
WALLER, Biddie Eleanor d/o George	(d.age 25yr)	25 Jul 1852	So-127
WALLER, Charles A.	1878	1931	So-72
WALLER, Clarence C.	18 Jun 1850	10 Mar 1908	So-119
WALLER, Dorothy Price	(d.age 64yr)	5 Feb 1983	So-72
WALLER, E. Franklin Capt.	9 Jan 1830	8 Feb 1879	So-127
WALLER, Earl G.	1890	1964	So-122
WALLER, Edna M.	1895	1962	So-122
WALLER, Edward Reid Dr. s/o Robert J.	3 Feb 1845	15 Feb 1876	So-127
WALLER, Elizabeth A.R.Phoebus w/o Wm.	23 May 1824	4 Oct 1852	So-178
WALLER, Elizabeth Reid w/o George B.	(d.age 74yr)	5 Feb 1872	So-127
WALLER, Ellen Wilson w/o Clarence	11 Sep 1854	2 Mar 1913	So-119
WALLER, Emma V.	1878	1952	So-72
WALLER, Erma V.	1878	1952	So-72
WALLER, Franklin E. Capt.	9 Jan 1830	8 Feb 1879	So-127
WALLER, Franklin P. Jr.	1922	1930	So-121
WALLER, George B.	27 Aug 1789	19 Oct 1870	So-127
WALLER, George Ballard Reid s/o Geo.	(d.age 22yr)	8 Mar 1854	So-127
WALLER, George Barton s/o W. W.	27 Mar 1868	9 Aug 1899	So-127
WALLER, Henrietta Ann Miss	(d.age 59yr)	30 May 1876	So-127
WALLER, Henry Sillman s/o Wm.T.	17 Jul 1875	18 Oct 1875	So-128
WALLER, Hiram C.	14 Apr 1854	9 Mar 1933	So-121
WALLER, Isaac	1867	1945	So-72
WALLER, Isabella M. w/o George B. R.	(d.age 27yr)	7 Aug 1850	So-127
WALLER, Isabella Patterson w/o E. F.	3 May 1834	7 Dec 1909	So-127
WALLER, James B.	(d.age 56yr)	Dec 1891	So-130
WALLER, John B.	6 Jan 1832	22 Nov 1893	So-127

Name	Birth	Death	Location
WALLER, John B.	(d.age60yr)	23 Nov 1893	So-127
WALLER, John Bozman s/o Robert J. & M.	18 Sep 1832	15 Sep 1854	So-127
WALLER, John T.	1817	17 Dec 1893	So-130
WALLER, Lester J.	1874	1943	So-99
WALLER, Lucinde	1847	1917	So-120
WALLER, Lucy V.	1884	1925	So-72
WALLER, Maria w/o Robert J.	(d.age46yr)	7 Jul 1863	So-127
WALLER, Mary Amelia w/o J. B.	14 Feb 1854	11 Jul 1885	So-127
WALLER, Mary E. w/o W. W.	23 Nov 1835	24 Jan 1898	So-127
WALLER, Mary Ellen w/o William T.	none	17 Jan 1881	So-128
WALLER, Mrs. B. D. (no stone)	none	23 Jul 1842	So-119
WALLER, Mrs. John B.	none	7 Apr 1890	So-132
WALLER, Musie L.	1894	1898	So-72
WALLER, Ora J.	1876	1925	So-99
WALLER, Robert Bruce	(d.age 6mo)	Dec 1891	So-127
WALLER, Robert J.	2 Sep 1848	3 Apr 1915	So-132
WALLER, Robert J.	18 Mar 1819	13 Jun 1891	So-127
WALLER, Roberta Kate d/o Franklin & I.	1 May 1869	29 Jun 1870	So-179
WALLER, Sallie E.	16 Jun 1867	31 Jan 1910	So-132
WALLER, Sarah E. w/o John T.	1825	28 Jun 1894	So-130
WALLER, Sheldon s/o Robert J.	23 Mar 1900	15 Mar 1917	So-132
WALLER, Washington	none	9 Aug 1855	So-129
WALLER, Wilhelmia P.	2 Mar 1859	22 Mar 1950	So-121
WALLER, William	30 Sep 1864	24 Oct 1918	So-72
WALLER, William Catherwood s/o W. W.	31 Jan 1865	17 Jan 1866	So-127
WALLER, William D.	1920	none	So-72
WALLER, William Jones s/o Wm. T.	19 Jan 1870	21 Aug 1871	So-128
WALLER, William L.	1846	1917	So-120
WALLER, Woodie	31 Jan 1865	16 Jan 1866	So-127
WALLER, Woodrow W.	1912	1914	So-72
WALLOP, Bertha E.	29 Jun 1892	10 Aug 1959	So-121
WALLOP, J. Douglas	1864	1944	So-121
WALSTON, Bell B. w/o Walter W.	15 Jan 1888	11 Apr 1923	So-67
WALSTON, George D.	1855	1908	So-4
WALSTON, George D.	27 Nov 1858	31 Mar 1908	So-68
WALSTON, Lester F. s/o Walter W.	1919	1940	So-67
WALSTON, Marcella W.	2 May 1855	18 Apr 1809	So-68
WALSTON, Maryville F.	1855	1908	So-4
WALSTON, Vivia R. Nelson Mrs.	(d.age81yr)	Jul 1987	So-124
WALSTON, Walter W.	1886	1966	So-67
WALSTON, Walter W.	1888	1923	So-67
WALTER, Bartlett I.	1887	1954	So-4
WALTER, Edith M.	1873	1925	So-97
WALTER, Julia G.	1892	1950	So-4
WALTER, Sarah E. w/o William J.	1839	1904	So-97
WALTER, William J.	1836	1903	So-97
WALZ. A. R.	1897	1969	So-121
WANGEMAN, Norman Dashiell s/o John C.	(d.age 3yr)	31 Aug 1867	So-119
WAPLES, Mary W. d/o Wm. Coulbourn	(d.age30yr)	21 Dec 1834	So-2
WARD, Alice Ann	1849	1851	So-32
WARD, Alma	1889	1924	So-68
WARD, Alonza	1876	1924	So-68
WARD, Alverta S.	1850	1852	So-32
WARD, Carl Parker	12 Sep 1918	5 Jun 1978	So-68
WARD, Carrie B. w/o Elijah S.	1836	1892	So-4

Name	Birth	Death	Ref
WARD, Carrie Blades w/o Noah R.		1907	1969	So-68
WARD, Daisy A.		1880	1964	So-4
WARD, Elijah S.	15 Sep 1836	8 Jun 1921	So-4
WARD, Elizabeth w/o John S.	21 Apr 1841	22 Feb 1881	So-67
WARD, Ella H. w/o George F.	1863	1928	So-68
WARD, Ella S. d/o John S.	(d.age 8yr)	15 Apr 1867	So-67
WARD, George Bell	22 Jul 1909	25 Apr 1986	So-4
WARD, George F.	1858	1937	So-68
WARD, George W.	(d.age78yr)	26 Sep 1900	So-67
WARD, Hance N.	13 Jan 1832	1 Dec 1913	So-4
WARD, Harriet D.	1859	1860	So-32
WARD, Hattie J. w/o Ira	1883	1941	So-67
WARD, Henry B.	1854	1945	So-68
WARD, Henry W.	8 Feb 1839	18 Nov 1909	So-107
WARD, Indea	1845	1908	So-68
WARD, Ira J.	1882	1938	So-67
WARD, J. Herbert Jr.	1911	1970	So-68
WARD, J. Herbert Sr.	1885	1942	So-68
WARD, James H.	1841	1917	So-62
WARD, James H.	1873	1937	So-1
WARD, John Bell	14 Jul 1840	4 Oct 1916	So-4
WARD, John M.	1909	1971	So-68
WARD, John W.	20 Jun 1868	2 Sep 1896	So-4
WARD, Kissie J.	15 Jun 1853	29 Nov 1915	So-107
WARD, Laura I. w/o Lemuel T.	1862	1933	So-36
WARD, Leah w/o Walter B.	16 Jan 1830	14 Dec 1910	So-4
WARD, Lemuel Travis	1863	1926	So-36
WARD, Letha Alice	1875	1949	So-68
WARD, Louis S.	1904	1978	So-68
WARD, Louise	1870	1893	So-62
WARD, Lucille L.	1914	none	So-68
WARD, Madee J.	1893	1962	So-67
WARD, Manie A.	1858	1892	So-67
WARD, Margaret J. Tull w/o John B.	8 Nov 1840	1 Jun 1908	So-4
WARD, Mary A. "Mollie"	1875	1960	So-1
WARD, Mary A. w/o Henry W.	11 Feb 1840	22 Oct 1903	So-107
WARD, Mary B.	(d.age82yr)	30 Jan 1920	So-67
WARD, Mary Shores	1905	1928	So-110
WARD, Maude J.	1853	1907	So-67
WARD, Maude Johnson	1 Nov 1893	28 Mar 1962	So-67
WARD, Mortimer A.	1865	1949	So-4
WARD, Myra W.	1880	1965	So-1
WARD, Nancy R.	1830	1844	So-62
WARD, Noah R.	1905	1972	So-68
WARD, Patty D.	1803	1859	So-62
WARD, Raleigh M.	12 Apr 1878	6 Nov 1958	So-124
WARD, Roland Van	8 Dec 1872	29 Jan 1930	So-67
WARD, Ross A.	none	1944	So-68
WARD, Ruth M. w/o Elisha J.	21 Mar 1866	13 Sep 1888	So-107
WARD, Sallie Somers	1841	1891	So-62
WARD, Samuel T.	1860	1945	So-4
WARD, Sarah E.	1833	1860	So-22
WARD, Sula Mae w/o Raleigh M.	Apr 1885	14 Nov 1978	So-124
WARD, Susan	14 Feb 1828	7 Dec 1898	So-67
WARD, Susan E.	1880	1956	So-68

Name	Birth	Death	Plot
WARD, Thomas	15 Jul 1814	15 Jan 1894	So-67
WARD, Thomas B.	1833	1844	So-62
WARD, Thomas H.	15 Feb 1852	25 Jul 1921	So-67
WARD, Vivian L.	1944	1971	So-4
WARD, Walter B.	22 Nov 1925	7 Dec 1910	So-4
WARD, William E.	1805	1834	So-32
WARD, William E.	1875	1946	So-1
WARD, William T.	22 Jun 1853	21 May 1907	So-67
WARD, William of E.	1866	1872	So-35
WARD, William s/o E. J. & R. M.	1778	1866	So-62
WARNER, Irene Lusk	unreadable	unreadable	So-107
WARREN, B. Raymond	1919	1929	So-1
WARREN, Infant d/o Rev. B.C. & Mamie	2 Jun 1887	8 Jul 1913	So-1
WARREN, John K. P. s/o John P. & Kate	none	6 Apr 1886	So-67
WARREN, John P.	8 Dec 1882	20 Feb 1903	So-1
WARREN, Kendall B.	1856	1927	So-1
WARREN, Kenneth B. s/o John P. & Kate	5 May 1825	17 Feb 1909	So-1
WARREN, Mary A. C.	23 Aug 1895	14 Sep 1896	So-1
WARREN, Rachel T.	1866	1939	So-1
WARRINGTON, Elenora w/o Elmer C.	9 Feb 1829	19 Mar 1907	So-1
WARWICK, Gertrude Miles w/o Joseph	9 Oct 1879	12 Sep 1909	So-121
WARWICK, Joseph M.	(d.age 86yr)	Oct 1873	So-3
WARWICK, Mildred Dryden w/o Lewis	1874	1969	So-3
WASHBURN, Marvin W. WWII	(d.age 72yr)	Sep 1973	So-122
WATERS, Ada M.	5 Mar 1920	29 Nov 1944	So-121
WATERS, Anna Maria	1890	1976	So-132
WATERS, Annie M.	(d.age 71yr)	17 Sep 1887	So-119
WATERS, Arnold s/o Dr. W. E. (no st)	1884	1905	So-132
WATERS, Artha S.	(d.age 14 yr)	Nov 1853	So-119
WATERS, Charlotte F.	1881	1951	So-110
WATERS, Edward C.	1850	1933	So-132
WATERS, Elizabeth A.	1872	1952	So-110
WATERS, Elizabeth W.	1788	1856	So-121
WATERS, Elizabeth W. Hyland w/o Levin	(d.age 84yr)	20 Feb 1898	So-70
WATERS, Emily J.	9 Mar 1806	17 Apr 1846	So-119
WATERS, Fred H.	(d.age 52yr)	1 Jul 1904	So-70
WATERS, Frederick Stanley s/o Dr. Wm.	1880	1964	So-132
WATERS, George C.	22 Aug 1849	21 Aug 1852	So-119
WATERS, Herbert F.	2 Feb 1921	14 Dec 1967	So-110
WATERS, John Thomas	1846	Dec 1891	So-132
WATERS, Kate	1827	1887	So-122
WATERS, Levin L.	1874	1907	So-132
WATERS, Levin Lyttleton s/o Levin L.	(d.age 28yr)	12 Feb 1833	So-119
WATERS, Levin Lyttleton s/o Levin L.	8 Sep 1866	9 Apr 1912	So-119
WATERS, Lucretia Jones w/o Levin L.	9 May 1829	8 Jan 1900	So-119
WATERS, Maria E. d/o Anna Maria & W.	22 Dec 1827	17 Apr 1910	So-119
WATERS, Oden B.	15 Dec 1837	4 Sep 1847	So-119
WATERS, Robert H.	1882	1893	So-132
WATERS, Sallie Elzey d/o Wm.E. & Ann	1912	1975	So-132
WATERS, William Harold	19 Oct 1845	25 Oct 1845	So-119
WATERS, Willie B.	1915	1946	So-110
WATERS, Willie s/o S. W. E. (no stone)	5 Dec 1889	5 Feb 1963	So-110
WATSON, Cecil E.	none	19 Aug 1854	So-119
WATSON, Charles S. s/o J. B.	1872	1952	So-99
	none	12 Oct 1876	So-86

Name	Birth	Death	Ref
WATSON, Cheryl	1944	1947	So-122
WATSON, Hessie T.	1885	1929	So-120
WATSON, Mary	(d.age 2yr)	20 May 1870	So-86
WATSON, Nehemiah J. s/o J. B.	none	Apr 1871	So-86
WEBB, Caroline V.	1883	1954	So-106
WEBB, George R.	1883	1970	So-106
WEBB, T. Jefferson	1908	14 Aug 1970	So-68
WEBSTER Gessie H.	1824	1903	So-97
WEBSTER, Addie w/o J. Elmer	17 Mar 1871	4 Jul 1896	So-72
WEBSTER, Baine	1877	1957	So-88
WEBSTER, D. Olney	24 Mar 1887	18 Feb 1888	So-72
WEBSTER, D. Wilmer	1899	1971	So-99
WEBSTER, David	1872	1960	So-99
WEBSTER, David Carl s/o D.O.	(d.age 80yr)	Dec 1976	So-3
WEBSTER, Della w/o Moody	1880	1918	So-97
WEBSTER, Donald	1932	5 Feb 1981	So-72
WEBSTER, Elinor W.	none	none	So-121
WEBSTER, Elizabeth	(d.age 50yr)	18 Sep 1848	So-78
WEBSTER, Elmer J.	22 Sep 1870	31 Sep 1890	So-72
WEBSTER, Ethel J.	14 Sep 1878	31 Dec 1897	So-98
WEBSTER, Eva w/o Victor	1873	1966	So-99
WEBSTER, Fletcher	14 Oct 1858	Mar 1939	So-99
WEBSTER, Fred T.	1885	1947	So-97
WEBSTER, Fred T. Jr.	1911	1930	So-97
WEBSTER, Gabriel	(d.age 56yr)	23 May 1842	So-78
WEBSTER, George W.	18 Oct 1845	15 Dec 1914	So-72
WEBSTER, Gerald N.	1929	1964	So-3
WEBSTER, Grace C. d/o M. E.	1931	1931	So-99
WEBSTER, Grace W. w/o Fred T.	1887	1968	So-97
WEBSTER, Granville P.	1869	1948	So-72
WEBSTER, H. J. C.	22 Nov 1830	21 May 1930	So-130
WEBSTER, H. Roland	1885	1905	So-97
WEBSTER, Hamilton	1789	5 Sep 1856	So-78
WEBSTER, Herman V.	5 Feb 1886	2 Jul 1906	So-72
WEBSTER, Jack Dempsey Jr.	1949	1966	So-3
WEBSTER, Jack Dempsey Sr.	1927	none	So-3
WEBSTER, James Hamilton s/o F. L.	2 Feb 1900	9 May 1909	So-130
WEBSTER, John A. P.	15 Aug 1842	1 Jul 1897	So-72
WEBSTER, John H.	1832	1922	So-97
WEBSTER, John H.	1880	1957	So-97
WEBSTER, John W.	1896	1961	So-97
WEBSTER, John W.S.	1871	1965	So-3
WEBSTER, Joseph	21 Oct 1832	24 Feb 1917	So-99
WEBSTER, Joseph Stewart s/o J. S.	(d.age 1yr)	20 Sep 1869	So-140
WEBSTER, Julia A.	14 Nov 1871	5 Jul 1939	So-99
WEBSTER, Lewis	22 Dec 1898	3 May 1900	So-4
WEBSTER, Lewis H.	1892	1954	So-121
WEBSTER, Lillie D. d/o J. S.	18 Sep 1877	30 May 1893	So-99
WEBSTER, Lillie F.	1872	1952	So-72
WEBSTER, Louise E.	7 Sep 1852	18 Feb 1879	So-98
WEBSTER, Lucretia	1808	5 Dec 1899	So-72
WEBSTER, Marcellus S.	14 Feb 1851	5 Oct 1909	So-98
WEBSTER, Margaret E.	1913	1933	So-121
WEBSTER, Martha W.	16 Aug 1847	25 Jan 1919	So-72
WEBSTER, Mary	1887	1911	So-88

Name	Birth	Death	Ref
WEBSTER, Mary	(d.age77yr)	19 Apr 1834	So-78
WEBSTER, Mary G.	(d.age97yr)	14 Jun 1906	So-72
WEBSTER, Mary G. w/o Michael	(d.age77yr)	19 Mar 1903	So-144
WEBSTER, Matilda A. s/o Joseph	28 Oct 1840	12 Jul 1892	So-99
WEBSTER, Michael		17 Feb 1888	So-144
WEBSTER, Milcah d/o Jabez	(d.age64yr)	16 Oct 1811	So-78
WEBSTER, Moody	(d.age29yr)	1931	So-97
WEBSTER, Olive	1877	1923	So-72
WEBSTER, Olney D.	1921	18 Feb 1888	So-72
WEBSTER, Oscar	24 Aug 1887	24 Mar 1908	So-130
WEBSTER, Rupert	4 Jan 1861	1939	So-72
WEBSTER, Sadie Blanche d/o James	1924	26 Mar 1908	So-99
WEBSTER, Sadie M. w/o John W.	21 Apr 1881	1961	So-97
WEBSTER, Sadie W.	1896	17 Nov 1926	So-98
WEBSTER, Sallie Roberts	27 Mar 1863	12 Sep 1859	So-78
WEBSTER, Samuel J. s/o Samuel J. & C.	19 Oct 1783	14 Jul 1895	So-72
WEBSTER, Samuel James	5 Aug 1894	1958	So-97
WEBSTER, Sarah A.	1856	13 Aug 1856	So-78
WEBSTER, Sarah A.	2 Mar 1848	17 Jan 1915	So-130
WEBSTER, Sarah w/o Samuel James	17 Mar 1830	1909	So-97
WEBSTER, Seon D.	1864	1962	So-97
WEBSTER, Signe E. Isberg w/o Mason E.	1891	23 Jul 1987	So-99
WEBSTER, Susie A.	(d.age82yr)	1911	So-97
WEBSTER, Thurman H.	1843	27 Jan 1918	So-99
WEBSTER, Ursulla Mason	1 Oct 1888	1962	So-99
WEBSTER, Victor	1879	1920	So-99
WEBSTER, William I.	1860	1966	So-3
WEBSTER, William T. WWII	1909	19 Jan 1966	So-3
WEIDEMA, Duke	6 May 1900	1968	So-1
WELDON, Evans Jr.	1899	1956	So-111
WELSH, Annie E.	1951	1948	So-98
WELSH, Annie E. s/o Levin Ross	1885	15 Dec 1884	So-98
WELSH, Hazel E. d/o Michael & V.	8 Mar 1841	1 Jun 1907	So-98
WELSH, Michael	(d.age19yr)	6 Jan 1912	So-98
WELSH, Victoria w/o Michael	10 Aug 1840	29 Nov 1964	So-98
WETHEY, Edward E.	17 Aug 1853	1963	So-1
WETHEY, Mabel F.	1888	1963	So-1
WETTER, Augusta	1889	1922	So-121
WETTER, William	1855	1927	So-121
WHARTON, Ira C.	1855	1963	So-122
WHATEY, Robertie	1872	1900	So-67
WHEALTON, Sarah A. B.	1872	1917	So-54
WHEATLEY, S. Mary	1827	1927	So-132
WHEATLEY, Arinthia E. w/o J. E.	1858	none	So-132
WHEATLEY, Clara B.	12 Sep 1878	18 Sep 1969	So-132
WHEATLEY, Delcie V. d/o J.E. & A.	1 Dec 1893	7 Oct 1901	So-132
WHEATLEY, Elizabeth d/o Capt Joseph	27 Aug 1901	Feb 1855	So-119
WHEATLEY, Elwood C.	none	1973	So-72
WHEATLEY, Emily M.	1912	1895	So-109
WHEATLEY, Georgia E. w/o Thomas W.	1839	10 Sep 1896	So-132
WHEATLEY, Gertrude E.	20 Jun 1878	1916	So-72
WHEATLEY, Gertrude E.	1872	6 Dec 1916	So-72
WHEATLEY, Joseph C. Capt.	28 Jun 1872	1895	So-119
WHEATLEY, Josiah H.	1815	16 Feb 1911	So-132
WHEATLEY, Lottie	6 May 1841	none	So-72
	(d.age 7yr)		

WHEATLEY, Margaret L. w/o William P.	1875	1961	So-72
WHEATLEY, Martha R. w/o Edward C.	1916	none	So-72
WHEATLEY, Milton Robert Sr.	30 Sep 1913	none	So-132
WHEATLEY, Robert B.	13 Feb 1885	9 Mar 1955	So-132
WHEATLEY, Robert H.	1868	1903	So-72
WHEATLEY, Robert H.	2 Apr 1900	11 Nov 1920	So-72
WHEATLEY, Rosa P.	24 Aug 1844	9 Feb 1919	So-132
WHEATLEY, Samuel H.	1855	1926	So-132
WHEATLEY, Sarah E. w/o Joseph	11 May 1815	30 Jul 1865	So-119
WHEATLEY, Sydney s/o Joseph Jr.(no st)(d.age 6mo)		8 Nov 1870	So-119
WHEATLEY, Tillie F.	1872	1952	So-72
WHEATLEY, Virginia E.	1863	1944	So-72
WHEATLEY, William G. Jr.	(d.age16yr)	6 Apr 1979	So-72
WHEATLEY, William G. Jr.	(d.age16yr)	6 Apr 1979	So-72
WHEATLEY, William L.	17 Aug 1902	9 Aug 1916	So-132
WHEATLEY, William P.	1865	1941	So-72
WHEELER, Joseph M	1 Apr 1828	27 Aug 1900	So-76
WHERRETT, Harry B.	1882	1958	So-121
WHITE, A. B. h/o Annie	6 Apr 1862	20 Aug 1913	So-90
WHITE, Ada M.	6 Dec 1895	6 May 1971	So-72
WHITE, Alexander	1829	1912	So-97
WHITE, Alexander J.	(d.age39yr)	23 Jul 1869	So-90
WHITE, Alexander J.	11 Sep 1810	19 Apr 1885	So-72
WHITE, Ann Mrs. (no stone)	none	Aug 1842	So-119
WHITE, Anne Stone w/o Henry A.	3 Apr 1817	25 Jul 1864	So-121
WHITE, Annie d/o J. W. & Mary	25 Sep 1891	2 Feb 1892	So-91
WHITE, Arthur William	3 Jun 1918	6 Dec 1918	So-121
WHITE, Aurelia W.	13 Jan 1832	13 Jul 1912	So-121
WHITE, Bertha B. w/o Milton	1912	1932	So-99
WHITE, Charles E. S.	1844	1912	So-132
WHITE, Charles Edgar	1860	1956	So-121
WHITE, Clarence C.	1905	1964	So-3
WHITE, Clementine J.	8 Aug 1867	20 Sep 1944	So-72
WHITE, Daniel W.	1856	1931	So-130
WHITE, Dora R. w/o Frank C.	1900	1967	So-110
WHITE, Edgar E.	2 May 1908	none	So-3
WHITE, Edna Croswell	1884	1961	So-132
WHITE, Edward A. s/o Alexander	24 Jan 1840	26 Nov 1924	So-72
WHITE, Edward W.	22 Jul 1873	none	So-82
WHITE, Elijah J.	20 Jan 1915	4 Jun 1971	So-106
WHITE, Elizabeth	23 Sep 1870	13 May 1880	So-72
WHITE, Elizabeth H.	3 Oct 1826	14 Sep 1879	So-82
WHITE, Elizabeth M. w/o James A.	1889	1968	So-97
WHITE, Elodie E.	1883	1961	So-1
WHITE, Emma Truitt	1851	1912	So-121
WHITE, Ernest H.	1877	1962	So-122
WHITE, Fannie	1897	27 Jun 1981	So-130
WHITE, Frank C.	1897	none	So-110
WHITE, George	(d.age22da)	3 Nov 1871	So-88
WHITE, Hamilton	(d.age59yr)	10 Sep 1860	So-90
WHITE, Harold Humm s/o D. W. & Hattie	1 Aug 1899	24 Apr 1924	So-130
WHITE, Harriet A. w/o Major	(d.age31yr)	26 Nov 1851	So-84
WHITE, Henry A.	13 Feb 1818	25 Jul 1868	So-121
WHITE, Henry F.	Déc 1822	Jan 1898	So-82
WHITE, Henry Wyatt s/o Henry	10 Sep 1847	30 Sep 1866	So-121

WHITE, Howard E.	23 Jul 1863	26 Oct 1925	So-82
WHITE, Howard s/o J. W. & Mary	25 Nov 1881	14 Feb 1883	So-91
WHITE, Ida B. Mrs.	(d.age92yr)	20 Sep 1968	So-72
WHITE, Inez G. w/o J. Arthur	1878	1923	So-121
WHITE, Infant d/o D. W. & Hattie	7 Jul 1888	15 Aug 1888	So-130
WHITE, J. Arthur	1879	1933	So-121
WHITE, J. Roger s/o Joseph M.	10 May 1888	23 Sep 1889	So-93
WHITE, James	(d.age12yr)	1 Jul 1871	So-88
WHITE, James A.	1882	1956	So-97
WHITE, James A. S. s/o Thomas	(d.age21yr)	21 Oct 1847	So-90
WHITE, James C. s/o William J. C.	26 Apr 1846	15 Sep 1896	So-72
WHITE, James S. Parker	1851	1942	So-121
WHITE, Jeanette w/o Silas	(d.age52yr)	9 Feb 1876	So-129
WHITE, John C.	1845	1914	So-106
WHITE, John H.	none	19 Apr 1852	So-89
WHITE, John W. s/o William H.	(d.age20yr)	12 Jan 1863	So-90
WHITE, John Wesley s/o Bozman	(d.age 2da)	12 Jan 1871	So-90
WHITE, Julia A.	1852	1935	So-132
WHITE, Kathryn V.	24 Jan 1918	18 Oct 1972	So-3
WHITE, Laura J. d/o Thomas	(d.age 5yr)	19 Mar 1854	So-90
WHITE, Leah	(d.age43yr)	18 Apr 1847	So-84
WHITE, Leolin F.	15 Jul 1877	27 Mar 1952	So-106
WHITE, Levin	none	21 Aug 1857	So-129
WHITE, Littleton Stevens	10 Apr 1797	9 May 1866	So-119
WHITE, Louella A.	14 Jun 1867	17 Feb 1939	So-82
WHITE, Major J. C. s/o Stephen	25 Oct 1814	19 Sep 1868	So-94
WHITE, Margaret w/o William	15 May 1815	9 Jul 1871	So-90
WHITE, Martha A. w/o J. C. & W. A.	(d.age 8mo)	9 Nov 1877	So-106
WHITE, Martha w/o William	none	1811	So-84
WHITE, Mary Ann D. w/o Alexander J.	Dec 1813	1850	So-72
WHITE, Mary E.	17 Feb 1850	14 Jan 1919	So-121
WHITE, Mary Elizabeth	1823	1918	So-121
WHITE, Mary F.	4 Jun 1851	11 May 1922	So-72
WHITE, Mary G. d/o Henry	17 Nov 1857	4 Feb 1866	So-91
WHITE, Mary Gillis d/o H. H.	(d.age 1yr)	30 Nov 1871	So-91
WHITE, Mary Jane d/o William H.	(d.age15yr)	23 Feb 1863	So-90
WHITE, Mary L. d/o Wm. R. & C. J.	13 Jun 1884	14 Jun 1891	So-72
WHITE, Mary T.	(d.age33yr)	28 Jan 1832	So-84
WHITE, Mary Va.	1877	1901	So-121
WHITE, Mathilde E.	29 Sep 1862	14 Apr 1915	So-99
WHITE, Matilda Jane	Dec 1814	Sep 1885	So-83
WHITE, Mattie Cox	28 Jul 1880	5 Oct 1965	So-106
WHITE, Maurice E.	1890	1962	So-1
WHITE, May T.	19 Nov 1861	4 Feb 1913	So-89
WHITE, Merrill E. WWI	22 Oct 1893	19 Mar 1962	So-72
WHITE, Myrtle d/o William R. & C. J.	(d.age 1mo)	none	So-72
WHITE, Nathaniel	(d.age64yr)	Mar 1884	So-94
WHITE, Nora E.	1868	1960	So-122
WHITE, Orpha d/o J. C. & W. A.	(d.age 1yr)	9 Oct 1874	So-106
WHITE, Orra R.	1888	24 Oct 1979	So-130
WHITE, Perry S.	1880	1945	So-97
WHITE, Rebecca	5 Dec 1785	23 Feb 1849	So-90
WHITE, Robert F. B.	8 Apr 1884	17 Dec 1884	So-72
WHITE, Roger B.	1886	1961	So-130
WHITE, Roland	1891	1961	So-97

WHITE,Rose Alba d/o Alexander	1856	1857	So-90
WHITE,Rossie W. s/o Edward A.	(d.age 25yr)	30 Mar 1909	So-72
WHITE,Ruth M.	1890	1968	So-3
WHITE,Ruth M.	1917	1970	So-110
WHITE,S. Catia O. Seala d/o Henry	6 Jun 1898	18 Jul 1904	So-132
WHITE,S. Hattie d/o Daniel W.	1867	1937	So-130
WHITE,Samuel	5 Sep 1880	27 Jun 1884	So-72
WHITE,Samuel E.	10 Aug 1854	9 Jun 1920	So-99
WHITE,Sarah E. d/o Major	12 May 1838	11 Jul 1856	So-84
WHITE,Sarah E. w/o John	none	unreadable	So-89
WHITE,Sarah w/o Thomas	20 Jun 1805	15 Feb 1892	So-90
WHITE,Severn A.	1898	1969	So-110
WHITE,Silas	(d.age 70yr)	7 Apr 1878	So-82
WHITE,Stella M.	20 Dec 1871	Sep 1955	So-106
WHITE,Stephen F. s/o Major	23 Mar 1842	6 Sep 1856	So-84
WHITE,Susie Alberta Willing w/o R.M.	(d.age 94yr)	27 Jul 1987	So-119
WHITE,T. Floyd	1881	1952	So-1
WHITE,Theodore	1858	1925	So-97
WHITE,Theodosia Dashiell	19 Nov 1885	30 Dec 1965	So-99
WHITE,Thomas	(d.age 68yr)	26 May 1869	So-90
WHITE,Thomas G. (d.Baltimore)	(d.age 61yr)	18 Sep 1865	So-129
WHITE,Thomas W.	(d.age 42yr)	6 Apr 1870	So-88
WHITE,Timothy Bryan	(d.age 28yr)	19 Oct 1879	So-82
WHITE,Virginia Alice d/o Thomas	(d.age 8yr)	23 Mar 1853	So-90
WHITE,Virginia w/o Theodore	1867	1940	So-97
WHITE,Walter W.	1875	1938	So-148
WHITE,Wesley Anne w/o John C.	25 Mar 1846	6 May 1888	So-106
WHITE,Wesley J.	21 Mar 1854	none	So-89
WHITE,William	4 May 1771	23 Sep 1830	So-84
WHITE,William G.	(d.age 16yr)	26 Jan 1847	So-84
WHITE,William J. C.	(d.age 41yr)	5 Mar 1862	So-85
WHITE,William M. Stone s/o Henry	15 Sep 1845	31 Aug 1866	So-121
WHITE,William R.	15 Sep 1868	23 Aug 1950	So-72
WHITE,William R. s/o Elisha & Nancy R.	1849	6 Jul 1906	So-148
WHITE,William W.	10 Oct 1852	18 May 1898	So-88
WHITE,WilliamAnner	(d.age 3yr)	22 Feb 1860	So-90
WHITE,Wilmer s/o Hamilton	17 Mar 1850	30 Mar 1853	So-90
WHITELOCK,Allen	1908	1961	So-72
WHITELOCK,Dora E.	1890	1964	So-99
WHITELOCK,Earnie	1877	1958	So-72
WHITELOCK,Edwin J.	1910	1960	So-112
WHITELOCK,George W.	1848	1920	So-98
WHITELOCK,John E.	1875	1943	So-112
WHITELOCK,John W.	1854	1924	So-99
WHITELOCK,Lafayette	2 Oct 1870	30 Sep 1946	So-72
WHITELOCK,Lavinia w/o John W.	1858	1924	So-99
WHITELOCK,Leland B.	19 Jan 1900	23 Sep 1914	So-112
WHITELOCK,Melissa J.	1858	1931	So-98
WHITELOCK,Monna E. d/o Leonard J.	20 Apr 1911	14 Feb 1921	So-99
WHITELOCK,Olive S.	24 Mar 1872	15 Mar 1967	So-72
WHITELOCK,Phillip L. s/o Leonard	18 Sep 1924	16 Feb 1925	So-99
WHITELOCK,Sarah	1875	1947	So-112
WHITELOCK,Theodore	2 Dec 1876	6 Oct 1926	So-98
WHITNEY,B. F.	1839	1910	So-112
WHITNEY,Elizabeth w/o Samuel C.	18 Jul 1835	27 Sep 1915	So-98

Name	Birth	Death	Source
WHITNEY, Emma Swann	1880	1971	So-130
WHITNEY, Erasmus B.	1876	1914	So-130
WHITNEY, J. P.	1847	1926	So-130
WHITNEY, Priscilla Mrs.	(d.age81yr) 20 Aug	1872	So-133
WHITNEY, Samuel C.	8 Aug 1838	(d.age70yr)	So-98
WHITNEY, Sarah A. w/o J. P.	1850	1937	So-130
WHITNEY, William J. s/o S. D. & M.E.	(d.age44yr) 22 Aug	1870	So-176
WHITT, Martha J. Hitzelberger	1857	1936	So-121
WHITT, Milburn L.	1861	1930	So-121
WHITTINGTON, Adelia C.	24 Sep 1849	3 Jul 1932	So-4
WHITTINGTON, Alfred A.	1861	1939	So-68
WHITTINGTON, Alice	1848	1921	So-4
WHITTINGTON, Alijah	(d.age85yr) 15 Apr	1906	So-100
WHITTINGTON, Amos W.	5 Mar 1876	3 Jan 1959	So-4
WHITTINGTON, Austin L.	(d.age89yr) 20 Oct	1975	So-4
WHITTINGTON, Bertie M.	19 Mar 1879	25 Jun 1881	So-4
WHITTINGTON, Bessie	1875	1876	So-4
WHITTINGTON, C. S.	1851	1932	So-4
WHITTINGTON, Carl S. s/o Charles S.	1884	1935	So-68
WHITTINGTON, Caroline G. w/o Robert	1819	1895	So-6
WHITTINGTON, Carrie A. w/o Alfred A.	1864	1934	So-68
WHITTINGTON, Charles Lee	15 Jul 1864	20 Dec 1952	So-68
WHITTINGTON, Charles Southy	1851	1932	So-68
WHITTINGTON, Charles W. (d.Baltimore)	(d.age20yr) 20 Mar	1865	So-119
WHITTINGTON, Clara w/o Robert P.	2 Feb 1866	29 Nov 1944	So-67
WHITTINGTON, Clarence	14 Nov 1855	14 Sep 1921	So-4
WHITTINGTON, Clarence D.	1873	1942	So-4
WHITTINGTON, Edith C.	1873	1942	So-4
WHITTINGTON, Edna A. d/o George	1865	1865	So-4
WHITTINGTON, Eliza Jane w/o Stephen H.	30 Apr 1838	2 Nov 1926	So-4
WHITTINGTON, Elton Rona	1900	1970	So-124
WHITTINGTON, Emma d/o G. E.	1865	1865	So-4
WHITTINGTON, Ernest E.	1830	1951	So-4
WHITTINGTON, Eva Anna Miles	11 Apr 1870	6 Sep 1896	So-4
WHITTINGTON, Father	1814	1899	So-4
WHITTINGTON, Finley Seon Sudler	1 Sep 1881	21 Jan 1919	So-4
WHITTINGTON, George E.	1830	1915	So-4
WHITTINGTON, George E.	6 Sep 1830	1 Apr 1895	So-4
WHITTINGTON, Hannah	1854	1887	So-4
WHITTINGTON, Hannah A. w/o Littleton	(d.age33yr) 15 Oct	1854	So-4
WHITTINGTON, Harry	1872	1947	So-4
WHITTINGTON, Hattie K.	1862	1945	So-68
WHITTINGTON, Horace B. s/o S. H.	5 Jan 1871	13 Oct 1888	So-4
WHITTINGTON, Ida Miles w/o Charles S.	1857	1922	So-68
WHITTINGTON, Isaac S.	1805	1873	So-4
WHITTINGTON, Jane Tull w/o Stevenson	1819	1899	So-68
WHITTINGTON, Jennie w/o Harry	1884	1926	So-68
WHITTINGTON, John Mervin	7 Nov 1905	8 Jun 1906	So-67
WHITTINGTON, Joseph H.	1848	1929	So-4
WHITTINGTON, Julia A. w/o Littleton	1 Apr 1834	16 Nov 1906	So-68
WHITTINGTON, Lavitha J. w/o Stephen H.	1842	1881	So-4
WHITTINGTON, Lida W.	1867	1882	So-4
WHITTINGTON, Littleton	1808	1891	So-4
WHITTINGTON, Luther A.	25 Dec 1825	13 Sep 1892	So-4
WHITTINGTON, M. Virgie	1867	1955	So-4

WHITTINGTON, Marijean		1919	none	So-4
WHITTINGTON, Mark Festus		1879	1916	So-68
WHITTINGTON, Mary		1849	1863	So-4
WHITTINGTON, Mary E.		1840	1963	So-68
WHITTINGTON, Mary E.		1852	1927	So-4
WHITTINGTON, Mary J.	3 Dec 1836	10 May 1918		So-4
WHITTINGTON, Mary J. w/o George E.	20 Sep 1835	19 Apr 1915		So-4
WHITTINGTON, Mary Rowley d/o George E.	11 Feb 1871	15 Feb 1877		So-4
WHITTINGTON, Mary Sudler w/o Charles	26 Sep 1874	18 Jun 1944		So-68
WHITTINGTON, Mary Virgie w/o Joseph H.	23 Jan 1871	1955		So-68
WHITTINGTON, Mary W. Mrs. (no stone)		none	3 May 1872	So-119
WHITTINGTON, Norman T.	12 Feb 1891	29 Mar 1965		So-68
WHITTINGTON, O. Clarence	14 Nov 1855	14 Sep 1921		So-4
WHITTINGTON, Olive May w/o William R.	1871	1915		So-4
WHITTINGTON, Rebecca C. Polk w/o Thomas	12 Sep 1828	13 Dec 1913		So-4
WHITTINGTON, Reese		1887	1888	So-4
WHITTINGTON, Regina		1899	1909	So-4
WHITTINGTON, Robert E. s/o Southy		1819	1890	So-6
WHITTINGTON, Robert H. W.		1841	1929	So-4
WHITTINGTON, Robert P.	11 Jan 1859	3 Aug 1920		So-67
WHITTINGTON, Rose Tyler w/o Austin Lee		1890	1948	So-68
WHITTINGTON, Rowden P.		1901	1970	So-124
WHITTINGTON, S. Frank		1858	1927	So-68
WHITTINGTON, Sallie L.		1806	1884	So-4
WHITTINGTON, Sally Adams w/o S. Frank		1863	1951	So-4
WHITTINGTON, Sarah E. Polk w/o Wm. C.	17 Nov 1823	25 Dec 1914		So-68
WHITTINGTON, Sarah J.	(d.age79yr)	6 Feb 1904		So-100
WHITTINGTON, Stephen Frank Jr.		1937	1940	So-68
WHITTINGTON, Stephen H.	28 May 1837	28 Oct 1915		So-4
WHITTINGTON, Sterling		1826	1862	So-33
WHITTINGTON, Stevenson		1814	1899	So-68
WHITTINGTON, Thelma w/o Rowden		1813	1970	So-124
WHITTINGTON, Thomas E.	1 Jan 1822	22 Feb 1902		So-4
WHITTINGTON, Villa L.		1880	1881	So-4
WHITTINGTON, W. L.		1872	1956	So-4
WHITTINGTON, W. R.		1895	1895	So-4
WHITTINGTON, W. R. s/o W. R.		1901	1902	So-4
WHITTINGTON, William C.	(d.age77yr)	29 Dec 1886		So-4
WHITTINGTON, William E.	24 Nov 1850	29 Dec 1920		So-4
WHITTINGTON, William J.		1840	1874	So-4
WHITTINGTON, William J. Sr.		1872	1942	So-4
WHITTINGTON, William J. s/o Stephen H.		none	none	So-4
WHITTINGTON, William L. Jr.	4 Nov 1905	1980		So-4
WHITTINGTON, William Rowe		1869	1945	So-4
WHITTINGTON, William Wade s/o W. E.	4 Jan 1880	13 Jul 1881		So-4
WICKES, Ethelinde Page w/o Joseph L.	19 Apr 1869	30 Nov 1933		So-121
WICKES, Joseph Lee	3 Dec 1862	22 Jun 1946		So-121
WIDDOWSON, Carlisle M. WWII	9 Nov 1914	13 Jan 1958		So-121
WIDDOWSON, Christena E.		1889	1971	So-121
WIDDOWSON, Gilbert L. s/o L.G. & Lydia L.		1939	1946	So-121
WIDDOWSON, Lloyd T.		1888	Jul 1983	So-121
WIDDOWSON, Mildred I. w/o Carlisle		1919	none	So-121
WILKINS, Darline M. w/o Frank A.		1877	1935	So-1
WILKINS, Frank A.		1871	1930	So-1
WILKINS, Henrietta	2 Jun 1791	11 Jul 1861		So-4

Name	Birth	Death	Loc
WILKINS,Laura Ann w/o Ogden H.	27 Sep 1848	3 Sep 1933	So-2
WILKINS,Ogden H.	24 Feb 1828	20 Apr 1926	So-2
WILLIAMS,Adeline	1800	1812	So-7
WILLIAMS,Amelia C.	1848	1915	So-68
WILLIAMS,Austin J.	8 Sep 1913	none	So-68
WILLIAMS,Beatrice A.	1908	1961	So-68
WILLIAMS,Benjamin	1743	1812	So-67
WILLIAMS,Benjamin F.	1941	1913	So-68
WILLIAMS,Bertha B. w/o John O.	1878	1951	So-68
WILLIAMS,Brice	1900	1966	So-99
WILLIAMS,Cecie	1890	1971	So-99
WILLIAMS,Charles R. w/o Thomas J.	7 Apr 1855	14 May 1888	So-98
WILLIAMS,Donald Edward Rev.	8 Feb 1886	22 Jul 1964	So-72
WILLIAMS,Donald Edward Rev.	8 Feb 1886	22 Jul 1964	So-72
WILLIAMS,Elijah	3 Jul 1776	11 Apr 1859	So-91
WILLIAMS,Elizabeth	1872	1896	So-68
WILLIAMS,Elizabeth B.	1850	1894	So-68
WILLIAMS,Elizabeth S. w/o John F.	1881	1946	So-68
WILLIAMS,Ellen Clarinda w/o Donald	29 Oct 1885	5 Nov 1969	So-72
WILLIAMS,Emily Maddox w/o Emmett J.	29 Aug 1911	none	So-68
WILLIAMS,Emmett J. s/o William L.	13 Oct 1909	Dec 1974	So-68
WILLIAMS,Franklin H.	1909	1978	So-68
WILLIAMS,George Brady	23 Jul 1892	9 Jan 1930	So-99
WILLIAMS,Golda N. ww/o Austin J.	16 Jul 1912	none	So-68
WILLIAMS,James K. P.	4 Mar 1845	2 Apr 1901	So-20
WILLIAMS,Jesse H.	1889	1928	So-99
WILLIAMS,Jesse M.	11 Sep 1850	28 Feb 1916	So-99
WILLIAMS,John	1701	1787	So-67
WILLIAMS,John B.	1886	1969	So-68
WILLIAMS,John F.	25 Dec 1873	Dec 1934	So-68
WILLIAMS,Katie	(d.age13yr)	none	So-148
WILLIAMS,Lovey Smith w/o John F.	c1879	c1898	So-68
WILLIAMS,Margaret L. w/o William	23 Jan 1883	1961	So-68
WILLIAMS,Mary	1739	1792	So-14
WILLIAMS,Mary E.	1866	1943	So-99
WILLIAMS,Mary E. w/o Thomas J.	12 Apr 1835	27 Mar 1913	So-98
WILLIAMS,Planner (Dr.)	1763	1787	So-14
WILLIAMS,Rachel w/o Elijah	(d.age63yr)	6 Sep 1849	So-91
WILLIAMS,Thomas	1685	1765	So-14
WILLIAMS,Thomas J.	10 Jul 1826	14 May 1904	So-98
WILLIAMS,Thomas s/o John of Dorc.Co.	(d.age29yr)	1 Sep 1807	So-119
WILLIAMS,Vida S.	6 Oct 1877	3 Oct 1961	So-99
WILLIAMS,William	1893	1970	So-98
WILLIAMS,William J.	6 Sep 1876	1965	So-68
WILLIAMS,William R.	24 Mar 1875	2 Nov 1939	So-99
WILLING,Addie M. w/o George	1874	1900	So-109
WILLING,Annie C. w/o George E.	1866	1951	So-110
WILLING,Clarence T. WWI	1891	1963	So-110
WILLING,Eldon Capt.	1905	9 Sep 1979	So-72
WILLING,George E.	1857	1940	So-110
WILLING,Guy A.	1887	1948	So-110
WILLING,Henry E.	1904	1937	So-110
WILLING,Herman s/o Omar	21 Jul 1905	7 Sep 1905	So-110
WILLING,Hilda	1902	1906	So-110
WILLING,Isaac A.	1809	1885	So-109

Name	Birth	Death	Ref
WILLING, John W. s/o Isaac	1860	1881	So-109
WILLING, Leslie s/o L. F. & M. H.	30 Dec 1911	18 Jun 1920	So-72
WILLING, Mary	1906	none	So-110
WILLING, Ruth E. w/o Alonzo	1876	1894	So-109
WILLING, Thomas W.	1879	1930	So-110
WILLING, Tubman	1861	1944	So-72
WILLING, W. T.	1862	1934	So-110
WILLIS, Christina T.	9 Oct 1841	18 Jun 1911	So-4
WILLIS, John	(d.age 72yr)	Jun 1892	So-127
WILSON, Ada d/o S. D. & K.	none	none	So-72
WILSON, Aileen Lawson	20 Feb 1898	23 Jan 1963	So-137
WILSON, Andelancy	1802	1853	So-67
WILSON, Benjamin Franklin	19 Jun 1875	1 Apr 1948	So-138
WILSON, Carl A.	1902	none	So-4
WILSON, Carmel	5 Mar 1903	24 Jan 1947	So-68
WILSON, Caroline E. w/o Wm. A.	26 Mar 1849	27 Nov 1916	So-98
WILSON, Cathryn	1905	1967	So-4
WILSON, Charles	27 Aug 1862	5 Feb 1923	So-4
WILSON, Charles H. Jr.	31 Mar 1904	1977	So-68
WILSON, Charles H. Sr.	27 Aug 1862	5 Feb 1923	So-68
WILSON, Charles L.	1905	1958	So-110
WILSON, Charlie L.	21 Aug 1857	15 Sep 1926	So-121
WILSON, Clara Jane d/o James W. & Jane	25 May 1863	17 Aug 1863	So-119
WILSON, Coulbourn	8 Oct 1888	4 Mar 1964	So-68
WILSON, Delia w/o John	20 Oct 1860	9 Dec 1919	So-98
WILSON, Denard	1808	1855	So-67
WILSON, Dwight O.	1879	1958	So-110
WILSON, Dwight O.	1920	1943	So-110
WILSON, E. Conner	21 Dec 1823	Aug 1863	So-21
WILSON, Edith L. w/o John H.	1882	1955	So-137
WILSON, Edwin E.	1898	1900	So-68
WILSON, Elijah	1866	1889	So-12
WILSON, Elizabeth S. w/o John W.	1831	1905	So-97
WILSON, Ella Kate Coulbourn w/o Oliver	5 Apr 1858	7 Nov 1933	So-68
WILSON, Emma Louise w/o George T.	20 Mar 1841	7 May 1919	So-4
WILSON, Esther Jane w/o James W.	19 Nov 1820	23 Feb 1879	So-119
WILSON, Ethel Taylor w/o Walter S.	1905	7 Feb 1959	So-68
WILSON, Eugenia (no stone)	(d.age 16 mo)	30 Aug 1860	So-119
WILSON, George T.	16 Dec 1819	30 Aug 1889	So-4
WILSON, George W.	1865	1941	So-122
WILSON, Harriett Polk w/o John C.	15 Jul 1880	15 Dec 1950	So-137
WILSON, Harry A.	20 Feb 1895	7 May 1974	So-72
WILSON, Harry W.	23 Aug 1884	27 Jan 1955	So-121
WILSON, Henry	2 Aug 1894	3 Oct 1970	So-68
WILSON, Henry W.	20 Oct 1900	17 Mar 1914	So-68
WILSON, Hester Green	30 Jan 1838	27 Apr 1908	So-4
WILSON, Hilda B. w/o Charles L.	1905	1970	So-110
WILSON, Horace Edward s/o John	30 Jun 1901	17 Oct 1926	So-137
WILSON, Howard s/o M. Lee	1899	1936	So-110
WILSON, I Mitchell s//o Isaac	(d.age 28yr)	27 May 1878	So-178
WILSON, Ida Laird w/o M. Lee	1877	1936	So-110
WILSON, Isaac Rev.	2 Feb 1814	1 Feb 1891	So-178
WILSON, James D.	1880	1956	So-119
WILSON, James D. WWII	1925	1960	So-110
WILSON, James L.	18 Mar 1863	26 Jun 1933	So-137

Name	Birth	Death	Section
WILSON, James M. Rev.	1832	1895	So-109
WILSON, James W.	8 Jun 1817	20 Dec 1892	So-119
WILSON, John	none	none	So-72
WILSON, John Coulbourn	29 Mar 1872	25 May 1954	So-137
WILSON, John Coulbourn s/o John	17 Jan 1906	3 Apr 1868	So-124
WILSON, John H.	1876	1959	So-137
WILSON, John T. s/o Charles & Julia	(d.age 84yr)	10 Sep 1987	So-3
WILSON, John W.	1828	1898	So-97
WILSON, John W. s/o S. D. & K.	7 May 1875	none	So-72
WILSON, Juanita	15 Nov 1915	2 Jul 1951	So-122
WILSON, Julia L.	22 May 1859	27 Jan 1955	So-121
WILSON, Kate	1855	1940	So-119
WILSON, Keziah J.	1855	1943	So-97
WILSON, Keziah w/o Samuel O.	(d.age 32yr)	9 Jul 1869	So-72
WILSON, Levin James	1844	1931	So-119
WILSON, M. Alice	1899	24 Jan 1986	So-72
WILSON, M. Lee	1872	1939	So-110
WILSON, Margaret	11 Oct 1786	3 May 1845	So-121
WILSON, Margaret E. w/o James M.	1838	1892	So-109
WILSON, Margaret d/o William W.	7 Feb 1851	29 Sep 1859	So-119
WILSON, Mary C.	1867	1936	So-122
WILSON, Mary Esther	1878	1924	So-119
WILSON, Mary Evalyn	1850	1934	So-119
WILSON, Mary J.	1882	1908	So-110
WILSON, Mary S.	(d.age 56yr)	17 Oct 1837	So-121
WILSON, Matilda S. w/o Moses	1852	1924	So-45
WILSON, May C.	1891	1978	So-68
WILSON, Melissa F. d/o W. H. & M.A.	(d.age 20mo)	3 Jul 1868	So-39
WILSON, Melissa J.	none	1822	So-39
WILSON, Miranda J. w/o Isaac	12 Jun 1818	4 Jan 1896	So-178
WILSON, Moses	1850	1900	So-45
WILSON, Olive C.	1890	1890	So-68
WILSON, Oliver W.	8 Aug 1864	1 Apr 1916	So-4
WILSON, Peggy w/o Samuel d/o J.Custis	(d.age 26yr)	14 Oct ----	So-96
WILSON, Ralph W. WWI	2 Jul 1897	28 Oct 1949	So-121
WILSON, Raymond W.	1892	1966	So-122
WILSON, Reginald H.	1879	1941	So-122
WILSON, Rosie Adams w/o Benjamin F.	11 Aug 1882	6 Nov 1924	So-138
WILSON, Rotha E.	1890	1934	So-110
WILSON, Sallie Elizabeth	1864	1908	So-4
WILSON, Sally W.	5 Jul 1848	14 Feb 1848	So-72
WILSON, Sally w/o E. C.	none	none	So-21
WILSON, Sarah A. w/o Charles H.Sr.	1868	1896	So-68
WILSON, Sarah Ella w/o Olver	5 Jun 1858	10 Nov 1933	So-4
WILSON, Sarah Hopkins	2 Dec 1871	8 Apr 1855	So-99
WILSON, Serepta J. w/o John H.	5 Apr 1832	10 Sep 1950	So-72
WILSON, Stanley W.	1927	1946	So-122
WILSON, Susan w/o Charles H.	25 Nov 1864	1 Feb 1962	So-68
WILSON, Susan V.	1896	none	So-122
WILSON, Suzanne M.	15 Mar 1938	17 Sep 1959	So-4
WILSON, Suzanne M. w/o Charles	25 Nov 1864	1 Feb 1962	So-4
WILSON, Theodore T.	1893	1896	So-68
WILSON, Theresa Catherine d/o George	1890	1903	So-109
WILSON, Thomas I.	12 Nov 1859	26 Sep 1889	So-12
WILSON, Walter S.	9 Jul 1899	14 Nov 1960	So-68

Name	Birth	Death	Location
WILSON, William A.	6 Dec 1850	25 Jan 1914	So-98
WILSON, William Byrd s/o William J.	29 Sep 1918	20 Oct 1919	So-137
WILSON, William Edward	1 Jul 1861	9 Feb 1939	So-4
WILSON, William Henry	12 Aug 1827	19 Nov 1889	So-12
WILSON, William J.	1894	1955	So-99
WILSON, William R.	none	8 Dec 1975	So-107
WILSON, William R. WWI	8 May 1892	6 May 1966	So-122
WINDSOR, Adaline	none	19 Nov 1864	So-72
WINDSOR, Adaline D.	15 Sep 1844	8 Dec 1864	So-72
WINDSOR, Annie R.	1872	1944	So-99
WINDSOR, Atwood	1879	1944	So-110
WINDSOR, Bessie M. w/o Jack W.	1881	1953	So-97
WINDSOR, Betty K.	1933	1978	So-68
WINDSOR, Beulah O.	1895	1932	So-110
WINDSOR, Cynthia M.	1893	1908	So-110
WINDSOR, Elizabeth w/o Frank	190-	none	So-110
WINDSOR, Eloise w/o Harry W.	1891	1970	So-72
WINDSOR, Essie P. w/o Isaac W.	1881	1960	So-100
WINDSOR, Estella Laird w/o Thomas J.	1880	1970	So-110
WINDSOR, Frank	1900	1955	So-110
WINDSOR, George W.	1886	1941	So-110
WINDSOR, Harry Wilmore	1889	1973	So-72
WINDSOR, Henry	1846	1905	So-97
WINDSOR, Hodges	none	none	So-72
WINDSOR, Horace M.	1916	1964	So-68
WINDSOR, Isaac G.	1838	1910	So-110
WINDSOR, Isaac W.	1882	1959	So-110
WINDSOR, Jack W.	1887	1964	So-97
WINDSOR, Lazarus	20 Jan 1766	22 Jan 1813	So-78
WINDSOR, Mary w/o Lazarus	(d.age66yr)	18 Nov 1839	So-78
WINDSOR, Robert W. Jr. WWII	8 Dec 1923	24 Apr 1966	So-68
WINDSOR, Robert W. Sr.	21 Feb 1901	20 Feb 1967	So-68
WINDSOR, Rose Lee d/o Isaac W.	1912	1967	So-110
WINDSOR, S. J. Dr.	15 Sep 1863	21 Jun 1951	So-72
WINDSOR, Samuel I.	15 Sep 1837	24 Nov 1864	So-72
WINDSOR, Samuel J. E. s/o Samuel J.	1894	1895	So-72
WINDSOR, Susan	(d.age34yr)	22 Dec 1952	So-72
WINDSOR, Susan V. w/o Isaac G.	1842	1911	So-110
WINDSOR, Teresa Ann	none	1963	So-68
WINDSOR, Thomas	1873	1945	So-99
WINDSOR, Thomas J.	1867	1932	So-110
WINDSOR, William	(d.age50yr)	6 Dec 1860	So-72
WINDSOR, William D.	1920	none	So-72
WINK, David Robinson	1886	1962	So-121
WINSLOW, Margaret Long w/o Hugh M.	(d.age77yr)	1 Jul 1987	So-124
WINTER, Calvin Cullen	1881	1952	So-4
WISE, William Wilson	1815	25 Oct 1879	So-119
WOLFRAM, Emmy	1902	1954	So-3
WOOD, Caroline A. E. d/o William T.	8 Aug 1834	12 Sep 1865	So-19
WOOD, Elizabeth Tull	1805	1831	So-19
WOOLFORD, Anna Irving /o John	5 Feb 1777	11 Oct 1839	So-119
WOOLFORD, Annie d/o Levin & Ann	·infant	19 Oct 1854	So-131
WOOLFORD, Caroline Mrs.	(d.age81yr)	12 Aug 1888	So-131
WOOLFORD, Caroline G.	(d.age 3mo)	1811	So-175
WOOLFORD, Carrie d/o Wm. T. G. & Mary	22 Jun 1862	22 Apr 1863	So-121

WOOLFORD, Ellen Gillis			1811	1847	So-175
WOOLFORD, Ellen Polk			(d.age29yr)	27 Jul 1875	So-131
WOOLFORD, Euphemia Ann			1864	1948	So-119
WOOLFORD, John	(no stone)		(d.age58yr)	17 Mar 1862	So-121
WOOLFORD, John MD			27 Oct 1761	15 Nov 1836	So-119
WOOLFORD, Levin Col.			(d.age71yr)	Sep 1890	So-119
WOOLFORD, Mary Louise	(no stone)		(d.age21mo)	8 Mar 1861	So-119
WOOLFORD, Matilda Chase w/o William G.			2 Jul 1807	27 Oct 1847	So-119
WOOLFORD, Thomas G.			(d.age78yr)	4 May 1888	So-131
WOOLFORD, William Gillis			1862	1948	So-119
WOOLFORD, William Gillis			19 May 1807	19 Aug 1868	So-119
WOOLFORD, Williamanna w/o Wm. G.			none	25 Apr 1866	So-119
WOOSTER, Eleanor			1908	none	So-119
WOOSTER, Ellen D.			1881	1949	So-119
WOOSTER, John S.			1900	1944	So-1
WOOSTER, William M.			1877	1967	So-119
WORKMAN, F. S.			none	Jan 1931	So-121
WYATT, Albert C.			1896	1959	So-68
WYATT, Carlton B.			21 Feb 1879	13 Apr 1966	So-132
WYATT, Emma B.			24 Sep 1883	12 Sep 1947	So-132
WYATT, Milbert B.			28 Jun 1912	27 Sep 1914	So-132
WYATT, Vivian Brittingham w/o Albert C.			2 Jul 1893	1978	So-68
YERBY, Daisey	(no stone)		(d.age 8yr)	11 Jun 1889	So-119
YERBY, Infant daughter			none	14 Nov 1899	So-132
YERBY, J. Barton			28 Jan 1868	29 Dec 1899	So-132
YERBY, Lemmie			1856	8 Feb 1867	So-119
YERBY, Lemuel	(no stone)		(d.age55yr)	7 Oct 1885	So-119
YERBY, Russell B.			23 Oct 1890	29 Mar 1905	So-132
YERBY, Sallie E. w/o Lemuel			(d.age43yr)	19 Feb 1877	So-119
YOUNG, Alice A.			1876	1950	So-121
YOUNG, Bessie B.			1871	1949	So-119
YOUNG, Charles			(d.age24yr)	Apr 1891	So-130
YOUNG, Charles A.			1866	1944	So-121
YOUNG, Charles E.			1893	1954	So-3
YOUNG, Edmund D.			1867	1929	So-119
YOUNG, Edward G. (New Jersey Pvt)			none	20 Aug 1942	So-122
YOUNG, Elizabeth T.			1898	none	So-3
YOUNG, Florence E.			1880	1952	So-122
YOUNG, George Hurlbert			1864	1945	So-122
YOUNG, Hattie Virginia			(d.age 3mo)	Jul 1891	So-130
YOUNG, Mary Long Gamble w/o George H.			1864	1936	So-122
YOUNG, Mary Stewart Fitzgerald w/o Ed.G.			1899	1936	So-122
YOUNG, Mary T. w/o Samuel W.			26 Dec 1874	18 May 1931	So-130
YOUNG, Samuel Washington			1879	1939	So-130
YOUNG, Susie M.			1875	1912	So-121
YOUNG, Warren E.			1881	1946	So-122

Other Heritage Books by Ruth T. Dryden:

Cemetery Records of Somerset County, Maryland

Cemetery Records of Worcester County, Maryland

Land Records of Somerset County, Maryland

Land Records of Wicomico County, Maryland

Land Records of Worcester County, Maryland

Maryland Mortality Schedule: 1850 and 1860

Parish of Somerset: Records of Somerset County, Maryland

Rent Rolls of Somerset County, Maryland, 1663–1723

Somerset County Will Books, 1748–1749

Somerset County Will Books, Liber EB1, 1788–1799

Somerset County Will Books, Liber WK, 1777–1788

Stepney Parish Records of Somerset County, Maryland

Worcester County, Maryland 1850 Census

Worcester County, Maryland Administration Bonds and Inventories, 1783–1790

Worcester County, Maryland Wills, Liber LPS, 1834–1851

Worcester Will Books, Liber JBR, 1799–1803

Worcester Will Books, Liber JBR, 1803–1806

Worcester Will Books, Liber JW, 1790–1799

Worcester Will Books, Liber JW4, 1769–1783

Worcester Will Books, Liber MH, 1806–1813

Worcester Will Books, Liber MH, 1813–1822

Worcester Will Books, Liber MH, 1822–1833

www.ingramcontent.com/pod-product-compliance
Lightning Source LLC
Chambersburg PA
CBHW051104160426
43193CB00010B/1307